BY F. M. CONFORD,
EDITED WITH AN INTRODUCTORY MEMOIR BY W.K.C. GUTHRIE

이 도서의 국립중앙도서관 출판시도서목록(CIP)은 e-CIP 홈페이지 (http://www.nl.go.kr/ecip)에서 이용하실 수 있습니다. (CIP 제어번호: CIP2008001945)

쓰여지지 않은 철학
The Unwritten Philosophy and other essays

F. M. 콘퍼드 지음
이명훈 옮김

라티오

목차

콘퍼드를 회고함 | 7
주(註) | 23

1 문학과 철학에 깃든 무의식적 요소(1921) | 24
2 천체의 음악(1930) | 42
3 쓰여지지 않은 철학(1935) | 62
4 플라톤의 국가(1935) | 86
5 플라톤의 《향연》에 나타난 에로스(1937) | 112
6 희랍의 자연철학과 근대의 자연과학(1938) | 130
7 헤시오도스의 《신들의 계보》에서 제의(祭儀)의 기반(1941) | 148
8 고대철학에 대한 마르크스주의적 관점(1942) | 176

부록: 콘퍼드의 고전학 관련 연구목록 | 204
역자후기 | 207

* 이 책은 Francis Macdonald Conford, *The Unwritten Philosophy and other essays*(Cambridge University Press, 1950)를 우리말로 번역한 것이다.

콘퍼드를 회고함

◆

콘퍼드는 "나는 철학자도 아니고 신학자도 아니어서…"라는 말로 서두를 꺼낸 적이 있다. 그러면 그는 대체 누구란 말인가? 내가 생각하는 최선의 대답은 그는 역사가이자 시인이라는 것이다. 시인이었기에 그가 선택한 희랍사상사 분야에서 그는 더 훌륭한 역사가였다는 것이다. 피타고라스 학파의 천문학은 당연히 수리철학의 관점에서 설명되어야 할 것이지만, 그에게는 무엇보다 달빛 어린 초원에 누워있는 로렌조와 제시카의 장면을 떠올리게 한다. 그 내용을 보자.

> 저기 보이는 아주 작은 별들도 하늘을
> 돌며 천사와 같이 노래하고 있소.
> 맑은 눈빛의 아기 천사들의 합창소리에 맞추어
> 그렇듯 조화로움이 불멸의 영혼 속에 깃들어 있소.

이런 접근방식은 상쾌함을 더해 줄 뿐 아니라 더 깊은 진실을 담고 있다. 플라톤이 그랬던 것처럼, 콘퍼드는 어떤 사람의 사유에서 드러나는 장점을 묘사할 때 극의 형식으로 말하고 있다. "그러한 움직임은 역사적 사실의 수준을 넘어서 시의 영역과 보편적 진술로 상승해 가는 것이다. 아리스토텔레스는 이를 역사의 개별진술보다 '더 철학적이고 장중한 의미'라고 기술했다." 철학자라고 해서 심지어 최근 유럽의 철학에 관심을 가진 역사가라 할지라도 분명 시인이 되어야 할 필요는 없다. 그러나 시인이 본래 지닌 시심(詩心)의 공감적 통찰은 고대 사유의 토대를 추적하기로 그 스스로 정한 과제에서 필요한 것과 정확히 일치한다. "표현수단이 추상적 사변의 요구를 따르기에는 기이하게도 부적합했던 사회에서 플라톤이 태어났다. 철학적 이야기는 옹알거리는 유아의 단계에 놓여 있었다. 서기전 5세기는 심오하고 원대한 사유가 구속받지 않고 풀려나면서, 말하자면 육체에서 분리된 상태로 떠돌아 다녔고, 간결한 표현으로 사유가 지닌 단편적인 뜻 이상을 파악할 수 없었던 사람들의 마음을 괴롭히던 시기였다." 이런 글을 썼을 때, 그는 희랍인들에 대한 자신의 탐구방식을 옹호하려는 것이 아니라, 오히려 그 글은 그 자체로 내가 말한 통찰이 필요한 이유를 아주 잘 설명하고 있다.

또한 엠페도클레스에 관해, 그리고 영혼의 윤회설에 대해 말하면서 그는 (그의 마지막이자 미완의 저작에서) 이렇게 적고 있다.

"모든 생명의 단일성은 곧 모든 생명체의 유사성인데 이것이 근본적인 원리이다. 우리는 단지 윤회를 믿지 않고 그렇다고 시인도 아니라는 이유로, 어떤 순수한 심리적 경험에 기반을 둔 개념을 버릴 수는 없다. 심리학 관련 저서를 쓰는 사람들은 시적인 상상(우리가 그렇게 부르는 것처럼)에는 적합하지 않은 사유 태도를 지닌 철학자와 과학 종사자들이다. 시적 상상이란 '대상의 생명을 들여다 볼' 수 있고 감정이 자연과 온통 교감함으로써 독립된 존재의 감각을 잃어버릴 수도 있는데, 이것은 마치 기억의 여신의 딸들이 시간의 한계뿐 아니라 공간의 한계로부터 영혼을 자유롭게 하는 것과 같다. 위대한 시인들의 경험이 일상인의 범위를 넘어서 있고 보통 '설명'이라는 용어로 번역할 수 없다는 이유로, 그들의 경험을 한낱 헛된 망상이나 케케묵은 미신으로 치부하는 것은 현명한 처사도 아니고 심지어 순전히 과학적인 태도도 아니다. 엠페도클레스의 철학은, 우리가 그것을 좋아하든 그렇지 않든, 이러한 시적 · 예언적 통찰력에 의해 내면으로부터 영감을 얻고 빛을 얻게 되었던 것이다. 물론 다른 곳에서처럼 여기서도 무사(Mousa) 여신들이 종종 참인 것으로 보일 뿐인 거짓된 이야기를 전해줄 수도 있다."

최근에 그는 일생동안 하나의 동일한 저작만을 저술했던 것 같다는 느낌을 종종 받았다고 말한 적이 있다. 그가 지은 저서인 《투키디데스의 신화이야기 *Thucydides Mythistoricus*》와 《플라톤과 파르메니데스 *Plato and Parmenides*》 사이에는 온갖 차이점들이 놓여 있지만, 사실 전체적으로 주목할 만한 하나의 주도적인 생각이 저작을 관통하고 있다. 이것은 그가 항상 우리의 무딘 생각에 확신을 심어주려고 노력한 그런 탁월한 가르침이다. 그리하여 여기에는 첫째, 인간사유의 본성에 관한 근본적 진리가 담겨있고 둘째, 그것을 희랍인들에게 적용하는 문제가 담겨 있다. 그는 1931년에 있었던 교수 취임 강의에서, 일반적 진리란 다음과 같이 언표된다고 하였다.

"만일 우리가 철학적 논변의 이면으로 탐구해 들어가면, 논변의 진행과정은 간혹 가다가 언급하거나 또는 아예 언급되지 않았던 전제들이 지배하고 있다는 사실을 목격한다. 내가 말하고자 하는 것은, 현행 개념들의 기반은 주어진 문화의 소유자들 모두가 공유한 것이고 당연히 명백한 것으로 간주했기 때문에 전혀 언급이 되지 않았던 기반이라는 것이다."

그는 이를 화이트헤드(A. N. Whitehead)로부터 내용을 인용하여 옹호한다. "당신이 한 시대의 철학을 비판할 때, 그 시대의 대표자가 명백하게 옹호해야 한다고 느끼는 그러한 지적인 입장들에 관해 직접 관심을 쏟지 않도록 하라. 어느 때이고 당대에는 온갖 다양한 체계들의 지지자들이 무의식적으로 전제해 놓은 몇몇 근본적인 가정들이 있을 것이다."[1] 그러나 1907년에 출간된 그의 첫 저서의 서문에서 밝힌 내용은 이렇다. "어느 시대에서나 대상세계의 일반적인 해석에는 저항할 수 없고 의심의 여지도 없는 몇몇 체계들이 지배하고 있다. 그리고 한 개인의 마음은 그가 당대의 사람들과 공감한다고 생각하는 부분이 아무리 적을지라도 분리된 채 칸막이로 된 구역이 아니라, 오히려 그가 사는 공간과 시간을 에워싼 대기와도 같이 하나의 연속된 매개체를 가진 물웅덩이와 같다. 물론 이러한 사유의 요소를 탐지해 내서 분석하기란 어느 때이고 매우 어렵다. 왜냐하면 그것은 항상 온통 다양한 개성을 가진 수많은 마음들을 떠받치는 불변의 요소이기 때문이다."[2]

이런 가르침을 특정한 경우에 적용하는 문제에서, 현행 개념들의 기반은 무엇인가라는 물음은 곧 무의식적 전제들로 인해 언급이 되지 않은 것들이 희랍인들의 경우에는 무엇인가 라는 물음이다. 이 물음에 대한 답변이 여기서는 쉽게 드러날 수 없을 것이다. 이는 콘퍼드가 스스로 투키디데스에서, 철학자들에게서, 그리고 비극이나 희극의 시인들에게서 발견한 것을 따라감으로써 밝혀질 수 있을 것이다. 그리고 각자가 그 답변이 얼마나 폭넓게 정당화되는지를 읽어가면서 결정해야 한다. 그렇지만 우리는 그 점을 간략하게 시사할 수 있다. 희랍의 철학적·역사적 저술은, 의도가 아무리 합리적이고 과학적이라 하더라도 그리고 그 작가들이 지닌 심적인 힘이 무엇이었든, 근대에 나온 대응 작품과는 전혀 다른 사유의 분위기에서 탄생한 저작이었다. 거기에는 체계적으로 축적된 지식의 배경이 빠져있을 뿐 아니라 그 배경이 형성된 이후 그 안에 놓인 학적 개념과 범주 체계도 빠져있다. 오늘날 이 둘은 수준이 높은 일부의 사람들과 우리들 중 재능이 부족한 일부의 사람들 모두에게 공동의 유

---

[1] A. N. Whitehead, *Science and the Modern World* (1925), p. 71. Cf. p. 39 이하.
[2] *Thucydides Mythistoricus* (1907), p. ix.

산이 되어 있다. 아주 자유롭게 생각하는 사람들조차도 그들이 원한다고 해도 이 유산으로부터 벗어나기가 어렵다는 사실을 알게 될 것이다. 그렇지만 "철학적 무사 여신은 어머니가 없는 아테나 여신이 아니다." 경험으로 확신을 얻게 된 사실과 애써 구축한(비록 지금은 거의 무의식적으로 적용하지만) 논리학을 결합시킨 장치가 빠졌기 때문에, 그녀의 이미지는 어쩔 수 없이 또 다른 틀로 형성될 수밖에 없었다. "만일 개별적 지성이 그녀의 아버지라면, 나이가 더 많은 그리고 더욱 엄한 그녀의 어머니는 종교이다." "종교는 신화적 인물을 통해 그리고 시적 상징으로 표현된다. 철학은 무미건조한 추상의 언어를 더 선호하고 실체, 원인, 질료 등에 관하여 언급한다. 그러나 외형상의 이런 차이는 동일한 의식에 대해 연속하는 이 두 결과물들 간의 내적·본질적 유사성을 확인시켜줄 따름이다. 철학에서 명료한 정의와 명시적인 진술에 이르는 사유의 양식은 이미 신화의 비-추론적 직관에 함축되어 있다."[3]

이렇게 철학자들에게 접근하는 길은 대부분 심리적이다. 그리고 융의 저작에서 "철학은 내적으로 세련되게 승화시킨 신화에 다름 아니다"라는 구절을 볼 때, 우리는 심리학자들로 구성된 취리히 학파를 통해 콘퍼드가 마음으로 깨닫게 된 심층적 관심을 이해할 수 있을 것이다. 이런 사실을 또 다른 영역에서 확인한다는 것은 분명 놀라운 일임에 틀림없다. 그 자신이 이와 똑같은 결론을 향해 나아갈 때, 그는 심리 분석의 유사성을 통해 도움을 받았던 것은 아니다. 그보다는 오히려 사회조직의 초기 유형과 거기서 비롯된 심적 상태에 관한 이론의 도움을 받았고, 그것들이 프랑스 학파들의 탐구로부터 드러남으로써 '집단-영혼'과 '집단 표상'이라는 설명을 따르게 되었다. 이 학파들 중에서는 에밀 뒤르껭과 레비-브륄이 잘 알려져 있다. 융의 '집단 무의식'은 후에 그가 확신한 내용들을 한층 강하게 뒷받침해 주고 깊이를 더해 주었다.

---

[3] *From Religion to Philosophy* (1912), pp. ix, vii.

희랍사유의 전개에 대한 이런 관점은 명쾌하고 설득력 있는 논증으로 된 명저 《투키디데스의 신화이야기》를 썼을 때 그가 이미 염두에 두었던 것이다. 서문은 이렇게 되어 있다. "철학사는 마치 탈레스가 갑자기 하늘에서 땅으로 쿵 하고 떨어지자 '모든 것은 틀림없이 물로 되어있다!' 라고 소리를 질렀던 것처럼 기록되어 있다."[4] 그러나 우선 그것은 1912년에 나온 《종교에서 철학으로》에서 제목이 함축하는 바대로 충분하게 다루었다. 뒤늦게 콘퍼드를 알게 되었을 뿐인 사람으로서, 그래서 그 당시 그가 취한 영감(靈感)의 개인적이고 문학적인 원천에 의해 영향을 받지 못했던 사람에게, 이 저작을 적절하게 평가한다는 것은 아마 쉽지 않을 것이다. 그렇지만 이는 충분한 이해를 돕는 하나의 실례라기보다는 그가 그 후 도달하게 된 희랍의 정신을 포괄적으로 이해하는 과정에서 꼭 필요한 단계를 그 저작이 보여준다고 말하는 것이 온당하다. 그 저작의 논증에 따르면 밀레토스학파들은, 신화적·신학적 치장을 그들의 우주에 대한 설명방식에서 걷어내고, 그렇게 함으로써 그들 자신이 몸소 자연의 실상을 파악하게 되고 순전히 합리적 설명을 제공한다고 하지만, 실은 종교적 어휘의 참뜻을 캐내고 무의식적으로 줄곧 밑바닥에 남아있는 종교 이전의 사유양식을 재생하고 있다는 것이다. 그들이 지닌 자연에 대한 개념은 체계적 관찰로부터 나올 수 있었던 것은 아니다. 더구나 (인도철학에서뿐만 아니라 이것이 인류학자들에 의해 폭로되었던 원초적 사유에서도 대비가 이루어지고 있으므로) 단번에 영감을 얻은 한 개인의 상상력으로부터 나올 수도 없었던 것이

---

[4] *Thuc. Myth.* p. x. 언급된 내용에서 분명한 것은, 콘퍼드의 고대 사상에 대한 접근방식은 중요한 관점에서 고(故) 콜링우드(R. G. Collingwood)가 주장한 역사개념에 대응한다. 따라서 우리는 콘퍼드가 "그들이 스스로 물었던 질문, 그들의 탐구를 촉발시킨 동기들, 그리고 그들이 지식의 원천을 위해 주목했던 영역, 이것들은 지금이나 그때나 똑같다"고 비평하고 있음을[미출간된 장(章)에서] 확인할 수 있다. 콜링우드의 '질문과 대답의 논리학'을 비교해 보라. 콜링우드 자신의 *Thucydides Mythistroricus*에 관한 논평은 간략하고 솔직하다. "그는 물론 완벽하게 옳았다"(*The Idea of History*, p. 18).

다. 그러니까 앞서 언급한 프랑스 사회학자들의 학파에 주로 의존해서 거슬러 올라가 토템사회의 심리상태에서 그 기원을 찾는다. 토템사회는 인간뿐 아니라 동물과 식물, 하늘, 땅 그리고 동일한 종족의 영역 안에 있는 우주 전체를 포괄하고 그들 각각에게 일정한 영역을 고유한 것으로 배당한다.

그러나 이런 이론은 사람들에게 적절치 못한 일단의 감정을 안겨준다. 마치 그 기원은 단 하나라고 가정을 하고 게다가 현존하는 미개종족을 관찰하고 조사함으로써 별다른 어려움 없이 밝혀질 수 있는 것처럼 탐구하는 이들이 여전히 종교의 '기원'에 관해 말할 때, 그것은 어디까지나 현대와 관련된 것이다. 그래서 콘퍼드는 "만일 그 출발점에 관해 우리가 옳다면, 우리는 손 안에 사슬의 양쪽 끝을 갖고 있는 것이다"라고 하였다. 사슬의 중간단계를 잇는 고리를 재구성할 때, 즉 희랍의 다신교가 발전해 나간 곳이 밀레토스 학파가 더 이상 받아들이기를 거부했던 그때까지라고 할 때, 그는 그 설명이 지닌 가설적 특징을 강조하고 그 가설이 확실하다거나 또는 완벽하다는 것은 가능하지 않다는 점을 강조한다. 물론 초기의 단계에 관한 한 이 점은 옳다. 그러나 확실한 것은 출발점 역시 가설이라는 것이다. 즉 "밀레토스 학파가 피시스(physis)라고 부른 것은 원시인들이 마나(mana)라고 부른 것과 똑같다"라는 것도 어쨌든 마찬가지로 가설이다. 그가 아득히 멀고 희미한 출발점을 넘어서 올림포스와 신비-종교를 각각 자연스럽게 이어받은 철학의 다양한 유형을 증명하기 시작할 때, 그리고 올림포스는 밀레토스 학파와 연결하고 신비-종교는 피타고라스학파와 잇는 고리를 드러내기 시작할 때—그 고리는 추론으로 이루어진 것이 아니라 콘퍼드의 시각으로 보는 사람에게 현존 희랍문학 안에 들어있다—그때 그는 적어도 어느 정도는 필시 유럽에서 철학적·과학적 정신의 탄생과 초기의 성장과정에 관한 설명이 한층 견고하고 또한 한층 효과적이라는 바탕 위에 서 있을 것이다.[5]

콘퍼드 자신은 이러한 연구를 수립하는 동안 개인적인 친분이 있던 두 사람, 베럴(A. W. Verrall)과 해리슨(Jane Harrison)이 준 영향에 열렬한 찬사를 보내고 있다. 베럴의 강의는 흥미가 넘치고 새로운 것을 발견하게 하였으며 근대의 시나 산문에서 그러하듯이 고대문학의 위대한 고전을 해석하는 하나의 방법을 전해주었던 것이다. 그것은 고대의 정신을 우리의 사고방식으로 해석하는 데 있는 게 아니라—이런 것과는 전혀 거리가 멀다—상식적이고 보편적인 비판의 기준을 작품의 내용에 적용하고, 작가의 정신이 그 자신이 처한 배경보다 더 중요하다는 점을 과감하게 일깨우는 데 있다. 제인 해리슨과 나눈 콘퍼드의 우정 그리고 그 우정이 그에게 소중했다는 점에 대해, 그녀를 모르는 사람은 쉽게 얘기할 수 없을 것이다. 그러나 이 시점에서 그녀가 지닌 감수성 깊은 열정과 동정어린 이해 그리고 그녀가 흔히 하는 칭찬을 과하게 평가하기는 어려운 일이다. 케임브리지 학파에서는 여전히 엄격한 언어학파의 전통 그리고 형식에서의 세밀함이 지배적이었다. 이렇듯 꽉꽉한 장벽에 둘러싸여 지내다 보니 콘퍼드의 마음은 그녀가 자신만의 시간에 회고록을 쓰는 동안 고전들이 긴 수면상태로 접어드는 것을 기뻐한다는 것에 쏠려 있었다. 그녀에게는 프레이저(James Frazer)라는 한 동료가 있었다. 슐리만(Schlieman)이 트

---

5 | 《종교에서 철학으로》의 논변이 충분히 만족스럽지 못하다고 할 때, 나는 적어도 부분적으로는 콘퍼드 자신으로부터 내가 알게 된 것을 언급하고 있다. 그가 작고했을 때 저술하고 있던 저작에서, 그는 일생의 연구를 통해 한층 성숙하고 풍요로워진 정신으로 똑같은 문제에 돌아온다. 그리고 그는 신인동형론의 발흥에 대한 문제에 새로운 해결책을 시사하고 그 문제가 애초의(a prioi) 논변에 의존하는 것을 줄이고 대신 역사적인 증거에 크게 의존하는 철학으로 발전해 갔음을 시사한다. 특히 그는 자신이 의도하는 바를 바꿔 후크(S. H. Hooke)의 성과물과 그가 신화와 제의식에 기울인 노력에 관심을 돌려 거기에 동화시켜 나갔다(*Myth and Ritual*, 1933 그리고 *The Labyrinth*, 1935). 또한 외형상 희랍의 합리주의 철학자들과 그의 후계자 및 당대의 예언자, 시인, 음영시인들 간의 진정한 관계를 평가하는 데 이르러, 채드윅 여사(Mrs Chadwick)가 아시아 북부에서 샤먼과 그와 유사한 인물들의 복합적인 개성에 관해 수집한 자료(*Poetry and Prophecy*, 1942) 덕분에 그는 한층 선명하게 알게 됨을 느꼈다. 희랍과 신화 및 바빌로니아 제의식을 연결하는 고리에 대해, 그는 이제는 시리아 북부 연안의 라스샴라에서 발견된 유물과 거기서 드러난 가나안(Canaanite) 신화를 접하게 되었다(Schaeffer, *The Cuneiform texts of Ras Shamra Ugarit*, 1939). 그들 북부 샤먼들과의 연결고리는 이미 오르페우스, 잘목시스(Zalmoxis) 그리고 아리스테아(Aristeas)와 아바리스(Abaris)와 같은 북방인들한테 넘어갔다.

로이 유적을 발굴하기 시작할 즈음 그녀는 아직 젊은 대학원생이었다. 그리고 이런 사람들과 고전연구의 연계가 학자들의 관심을 끌어 영향을 주게 되자, "에반스(Arthur Evans)는 새로운 아틀란티스를 향해 항해를 떠났고 자신의 미로 정원으로부터 미노타우로스에 관한 소식을 알려왔던 것이다."[6] 이와 같이 새롭고 흥미로운 사유의 영향에 힘을 얻어, 그는 신화를 진정한 역사로서 비중있게 평가하게 되었다. 신화가 무시되거나 교묘한 변명에 빠져버릴 때 인간의 지성에 관한 역사는 단지 허위에 지나지 않고 모호한 상태로 머물러 있을 뿐이다.

콘퍼드의 생각은 교육받은 대로 멈춰 있지 않았다. 그렇다면 어떤 방식으로 그는 이런 생각을 넘어서고 그 생각을 정교하고 복합적인 그의 후기 작품에서 하나의 중요한 요소로서 자리매김했을까? 이 물음에 답을 한다는 것은 그가 이룩한 주요 업적을 다루는 것이 된다. 그리고 이와 같은 주제에 관심을 가진 이는 몸소 그 자신이 발견하기를 바라는 것들을 분리해 낼 수 있다는 점을 조심스럽게 기대하면서 나는 이 문제를 다루어 나갈 생각이다.

그가 가진 별난 장점은 모든 종교적·철학적 사유는, 의식적이든 무의식적이든 또는 (거칠지만 다른 개념의 쌍으로 말하자면) 지적이든 본능적이든, 양쪽 면을 두루 지녔다는 사실을 늘 깨닫고 있다는 것이다. 희랍의 정신은 생동감 있게 지적이어서 논리적이며 종종 수학적인 활동으로 기울어 있고 정교한 사유의 구조를 세우는 일을 즐겨한다. 그렇지만 우리가 주목하는 바와 같이 이런 구조들은 사실과 관계없이(in vacuo) 창안된 것이 아니라, 알게 모르게 내적인 선개념(先槪念)에 바탕을 두고 있다. 이 선개념은 수세기에 걸쳐 선지성(先知性)의 심적 과정이 심어놓은 것이다. 이런 선개념들의 존재와 본성에 대한 그의 초기 설명에 따르면, 콘퍼드는 주로 다른 사람들의 연구 성과에서 영감

---

[6] *Reminiscences of a Student's Life* (1952), p. 83.

을 얻고 있다. 특히 그는 프랑스 사회학자들 또는 해리슨의 비교신화학에 대한 연구로부터 영향을 받았다. 그 자신의 것은 역사적인 의미와 심적 균형성으로, 이것들이 그가 계속 연구를 진행한 대로 양쪽의 두 측면들 각각에 적절한 지위를 부여하고 그 각각의 것들을 구성요소로 하여 완성된 것들을 적절하게 평가하도록 했다. 인간의 사유에 대한 이러한 획기적인 관점은 그에게는 계시와 같은 것이고, 희랍사유의 초기상태의 근원을 파악하는 것이 그가 보기에 희랍사유의 전성기를 이해하는 핵심이었던 것 같다. 그것은 하나의 목적을 향한 불가피한 수단이었다. 그러나 궁극의 목적은 마찬가지로 플라톤, 아이스킬로스 또는 투키디데스의 사상을 이해하는 것이다. 여기서 우리는 그 자신과 그가 초기에 도움을 받은 사람들 사이의 차이점을 확인해 볼 수도 있다. 아주 엄격한 교육환경에서 벗어나 자유를 얻으려는 열정으로 해리슨은 이렇게 고백한다. "내가 언급하는 것은 제의식의 춤, 제의식의 드라마 그리고 예술과 삶을 잇는 연결고리이다. 왜냐하면 내가 일생을 통해 일편단심으로 찾으려 했던 것은 이런 것들이기 때문이다. 휘황찬란한 화려함 뒤에서 점점 더 암울하고 더 쇠락해 가는 모습을 보며 나는 문학에서, 예컨대 희랍의 연극에서 중대한 것들을 한껏 만끽했던 것이다." 분명한 것은 그에게 초기의 배경은 희랍문학의 연구에서 목적이라기보다는 수단이었다. 콘퍼드가 《종교에서 철학으로》를 출간한 이후 20여 년이 지난 뒤에 썼던 원고의 내용과 그녀의 말을 비교해 보라. 섬세한 모방의 언어로 그가 '플라톤주의에 대한 분석적 설명'이라고 묘사한 내용을 말하고 난 뒤, 그는 계속해서 이렇게 말한다. "그러나 그러한 묘사는 대화편에서 드러나듯이 플라톤의 생각이 전개되는 과정과 상당히 똑같은 관계에 놓여 있다. 그래서 분석에 따른 도표는 숨 쉬며 살아 움직이는 자와 관련을 맺고 있다. 이들은 자신의 내적 섭리에 관해 기이하고 섬뜩한 묘사로부터 어떤 도움도 받지 못한 채 살아가고 사랑하며 일하고 죽게 되는 사람들이다."

그가 가진 관심의 초점은 항상 살아 숨 쉬며 움직이는 사람이었다. 원시인,

집단표상 내지 집단영혼과 같은 추상성과 가설적 구성물은 물리칠 수 없는 본능적 관심사항이지만 기껏해야 유용한 수단일 뿐이다. 그가 제시한 이 수단들을 이해하는 것이 첫째 과제이다. 따라서 이런 개념들이 그의 초기 저작에서 어렴풋이 드러난다. 그리고 그가 직접 전개하려고 한 것은 어떤 의미에서는 '종교에서 철학으로'의 과정이었음이 분명하다.

희랍사상에 관한 그의 관심은 별도의 두 영역, 즉 소크라테스 이전의 철학과 플라톤의 정신에서 나타났다. 소크라테스 이전의 철학에 관한 그의 강의를 들을 수 있었던 우리들로서, 그 문제에 몰두했던 저작을 그가 완성하지 못한 채 세상을 떠났다는 점이 못내 아쉽다. 그가 펼친 강의는 사람들에게 능숙하고 치밀하며 물론 마땅히 복잡하지만 결코 애매하지 않은 논변에서 비롯되는 심적인 평화로움을 특별히 느끼게 하였다. 강의는 변함없이 신선했다. 왜냐하면 그는 새로운 탐구를 시도하는 데 전혀 피곤해 하지 않았기 때문이다. 그가 제시하는 해석과 사유는 관련된 문제에 대해 더 나은 해결책에 이르기도 하고, 주제가 제시한 새로운 사고를 검증할 기회를 그 자신이 아주 흔쾌하게(그의 강연은 잔잔하고 무겁게 진행되기는 하지만) 받아들이고 있다. 잠시 여담으로 흐를 위험이 있지만, 강의의 적절한 용도에 대한 그의 생각은 언급할 만한 가치가 있다. 강의라는 것은 학생들이 책에서 더 쉽고 빠르게 그리고 효율적으로 얻을 수 있을 것을 단순히 반복하는 것으로 종종 (그리고 정당하게) 치부되고 있다. 콘퍼드의 견해에 따르면, 체계를 세우고자 하는 착상은 학자가 그것을 출판하려고 준비하기에 앞서서 그러한 생각이 형성되어 가는 과정에서 강의를 통해 시험해 볼 수 있고 또 시험해 보아야 한다. 강의는 수강생들에게 더없이 귀한 이점을 주는 것으로 인문학자에게는 실험실의 주요 부분이어야 한다. 물론 연구실에서 더욱 잘 읽을 수 있는 완성된 논문을 발표하는 것은 아니지만 현장에서 생생한 생각을 접하고 방법에서 통찰을 얻기도 한다. 그러나 콘퍼드의 생각은 결코 자신이 구사하는 언어적 표현에서 생각한 만큼 잘 표현될 수 없다. "강의는 대부분 언제나 최근에 직접 연구한 성과물이어야 한다. 누군가의 생각이 새로운 아이디어로 가득하고 흥미로운 발견으로 활기를 얻게 될 때, 그때가 강의를 할 때이다. 왜냐하면 그럴 때 교실에서 흥미를 끌 기회를 얻기 때문인데, 그런가 하면 설명에 따른 훈련이 그가 한 강의의 결과를 검증할 것이고 명확하게 해 줄 것이다. 강의가 끝나면 그 결과는 많은 경우 곧 책으로 나와야 한다. 끝으로 휴식기에 접어들면 다른 주제에 대해 새로운 연구를 하게 된다. 이렇게 하나의 과정은 또 다시 펼쳐진다."[7]

그는 직접 플라톤의 단편에 대한 강의와 저서를 통해 그의 가르침을 충실하게 진행하였다. 소크라테스 이전의 철학자들에 관한 강의가 단행본으로 나오지 않았지만, 그들에 대해 그가 한 성찰의 결과물은 그의 저술 여러 곳에서 볼 수 있다. 그가 이 분야에서 취한 역사의식에 관한 어떤 확실성은 여기서 제시된 한두 가지의 시론(試論)으로부터 나온 것으로 생각된다. 그것들은 《케임브리지 고대철학 Cambridge Ancient History》 IV권의 '신비-종교와 소크라테스 이전의 철학'이라는 장에서 분명히 보완될 것이다. 전반적인 희랍 철학의 전통에서 소크라테스 이전의 철학자들의 지위가 일반인을 위해 설명이 잘 된 것은 《소크라테스 이전과 이후 Before and After Socrates》라는 간단명료한 해설서이다. 이 책은 일반 대중 강좌의 성과물이다.

플라톤의 후기에 속한, 그러면서 한층 난해한 대화편들을 다룬 그의 첫 저작이 1935년에 나왔다. 그 후 두 권이 더 출간되었는데 1937년에 하나 그리고 1939년에 또 한 권이 나왔다. 이 책들은 대학교에서 행한 강의의 성과물로 그 덕분에 독특한 형식을 갖추게 되었다. 제목은 각각 《플라톤의 인식론 Plato's Theory of Knowledge》, 《플라톤의 우주론 Plato's Cosmology》 그리고 《플라톤과 파르메니데스 Plato and Parmenides》이다. 그 저작들은 '현행 주석을 덧붙여

---

[7] *The Cambridge Classical Course* (1903), pp. 28 이하.

번역한'《테아이테토스》와《소피스트》라든가《티마이오스》라든가《파르메니데스》편으로 구성되었다는 부제가 딸려있다(맨 끝에 언급한 저작에는 파르메니데스 자신이 지은 단편《진리의 길》을 번역한 내용이 들어 있다). 그 자신도 다른 사람들이 강의할 때 자연스럽게 구사하는 방법을 그대로 썼던 것이다. 흔히 한 구절을 번역하고 다음 구절로 넘어가기 전에 자신의 설명과 논평을 곁들이는 그런 방법이다. 독자는 결과를 잘 알려주는 설명을 들으며 마치 수업시간에서처럼 논증을 통해 지도를 받으며 쫓아가게 된다.

그 저술들에서 그는 완결된 연구 성과를 다룬 것이지 희랍사유에 관해 막연한 시론이나 초고상태의 자료를 다룬 것이 아니다. 민감한 심리적·역사적 분별력은 항상 증거를 갖추는 데 있다. 통찰과 추론을 통해 초기의 사상가들에 관한 단편적인 실마리가 채택되고, 그들의 정신은 더 오래된 개념들을 바탕으로 해서 드러난다. 그렇다고 통찰과 추론이 똑같은 필요성을 위해 있는 것은 아니다. 완결된 대화편들을 곧바로 접할 수 있다는 점에서 그는 철학자들이 세워놓은 구조를 한층 더 정확하게 평가할 기회를 갖추었다. 그는 주로 견고하고 충실한 논변들을 분류하는 데 몰두하였다. 그렇게 해서 그는 역사적 상상력을 발휘하고 특히 역사적 맥락의 어휘에 대한 연상을 예리하게 포착함으로써 시간을 절약하고 또한 단순히 언어상의 모호한 말씨로 엉클어지는 데에서 벗어날 수 있었다. 그렇지만 만일 그가 작업을 벌인 지적 환경에 친숙해지고 정신적으로 받은 영향력에 익숙해짐으로써 그의 저작을 이해하려는 일정한 목적을 이루는 데 성공했다면, 떠맡아야 하는 외형상의 독해 분량만해도 상당했을 것이다. 그가 플라톤 이전 사상가들에 대해서도 연구에 몰두했다는 것은 이미 알려져 있다. 또 한 가지 다른 예를 들자면, 그가 희랍의 수학적 사유와 관련된 영역에 대해 진지하고 철저하게 독해를 했다는 것인데, 수학 분야는 플라톤을 자연스럽게 잡아끈 매력이 있었고 여러 가지 중요한 관점으로 볼 때 그가 수행한 사변의 방향을 결정짓도록 하였다. 그 당시 콘퍼드를 잘 알고 있던 우리들은 도저히 소화해 낼 수 없는 이 모든 자료들을 받아들여서 바꿔나가는 그 능숙함을 보고 그저 놀랄 따름이었다. 그래서 완결된 주석서를 받은 독자라 해도 그가 저작을 쓰는 데 들인 끈기 있는 노고가 얼마나 큰지를 가늠하기는 어려울 것이다.

플라톤의 후기 대화편들은 결코 한정된 범위를 넘어서 더 많은 독자들에게 매력을 주지는 못할 것이다. 그러나 《국가》편에서 사정은 다르다. 그리고 그가 마지막으로 출간한 저작에서 저 대화편을 새롭게 번역함으로써 더 많은 독자들이 그의 덕을 보게 되었다. 그의 목적은 이 판본이 희랍어를 모르는 이들에게도 확실하게 관심을 불러일으키는 데 있다. 아니면 가능한 한 원전이 그 당시의 독자들에게 했던 것과 같은 효과를 일으킬 수 있도록 영국인들을 교육시키는 데 있다고 하겠다. 이를 위해 그는 자신이 한 말에 따르면 '일종의 자유로운 특권들'을 가졌는데, 이것들을 "플라톤이 현대의 출판사를 위해 준비한 판본에서 허가했을 것이라고 상정하는 것이 합당하다"는 것이 그의 생각이다. 그런 것들 중에서 한 가지 아주 분명하게 드러난 것은 많은 논의과정에서 관례를 무시해 버린 것이다. 관례란, 독자들의 편에 서서 의례적 찬사를 보냄으로써 소크라테스의 논변전개가 번번이 중단되어 버린 것을 말한다. 이 관례는 영어로 된 산문과 어울리지 않는다. 그리고 이렇게 관례를 무시하는 방식을 사용함으로써 플라톤과 현대인들 사이에 놓인 사실상의 장벽이 제거되었다는 점을 부정할 수는 없을 것이다. 군사 교육당국이 그들의 강의계획을 위해 이 책을 채택했을 때, 일반대중의 교양으로서 이 책이 지닌 가치가 기꺼이 환영을 받았고 뜻밖의 인정도 받았다.

젊은 시절 콘퍼드에게 몇 가지 관점에서 대학교 수업의 개혁이 긴요한 일로 떠올랐을 때, 그는 중년기의 현상유지(status quo)의 지지자들에 대항해서 '성급하게 덤비는 젊은이(Young Men in a Hurry)'편에 확고한 신념으로 서게 되었다. 그리고 그는 〈아카데미의 소우주형상지(小宇宙形狀誌)〉*Microcosmo-*

graphia Academica〉(1908)라는 제목으로 대학을 풍자하는 글을 썼고, 그의 확신은 대학의 범위를 넘어 널리 퍼져 나갔다. 공무원들과 상인들은 다 같이 저 책이 묘사하는 전형들을 그들 자신의 생활공간에서 깨닫게 되기를 요구하였다. 그가 만년에 이르렀을 때, 나는 그가 본래 논쟁을 선호하는 성격이 아니었다고 생각하게 되었다. 그렇지만 그가 보기에 희랍인들이 그들 스스로 말하도록 놔두지 않는 일부 학자들에 대항해서 그는 불가피하게 그 분야를 연구하게 되었던 것이다. 답을 찾으려 했던 그때 당시의 독자적인 문제들이 무엇인지를 탐구함으로써 그들을 이해하려고 하는 대신에, 이들 일부 학자들은 저 문제들을 현재 상황의 문제와 현재 상황의 갈등을 빌어서 해석했던 것이다. 그러다 보니 이오니아학파와 에피쿠로스는 정치적 성향을 지닌 탐구자로 치부하게 되었다. 이들은 물리적인 자연계에 순수하게 합리적인 설명을 제공하고, 이와 더불어 보수집단의 관심을 끊임없이 북돋워 주는 종교적 사유 대신 이렇게 물질에 관해 제시한 설명을 파악하는 데 관심을 갖게 된다. 이런 논변의 맥락이라면 플라톤은 보수성향의 수장이 되고도 남는다. 정치적으로 보면, 콘퍼드는 과두제 지지자와 반대 입장에 서있다. (여기는 그의 정치적 견해를 탐구할 자리는 아니다. 그는 정치적 견해를 희랍인들에 대한 진리 탐구와 연관지어 고찰하지 않았다. 그러나 그의 입장은 점진적(Fabian) 사회주의자와 같다고 말할 수 있을 것이다.) 그렇지만 오만하고 수수께끼 같은 헤라클레이토스는 저 탐구를 비난하고 그 자신의 내면을 성찰함으로써 지혜를 발견하였다고 주장하였고 그런 그가 실험적 경향이 강한 탐구자의 지위로 각인되었을 때, 또는 플라톤의 《국가》에서 사유재산의 소유자들을 모두 포함한 계급을 힘써 일하는 다수의 집단으로 묘사하였을 때, 그는 진리에 대한 관심에서 저항하지만 한계를 느낄 수밖에 없었다. 그가 뒤에 남긴 주석은 이 주제를 더 깊이 표현하고 싶었을 것이라는 사실을 시사해 준다. 아직 출간되지 않았지만 그가 심혈을 기울인 논문을 이 저서에 포함시키는 것은 적절한 일이라 하겠다.

고전학자라고 해서 그가 연구한 주제로 보나 그의 저술의 훌륭한 점과 그의 저작을 이루는 솜씨로 보나 아무나 독자들에게 추천할 수는 없다. 따라서 콘퍼드에 관해 말할 때에도 이 점이 언급되어야 하겠지만 간단하게 해야 한다. 왜냐하면 책이나 논문이 하나의 예술품이라는 점을 배우는 데에는 그 저작에 대한 책을 읽는 것보다 저작 자체를 읽는 것이 더 낫기 때문이다. 그의 솜씨는 그 자체 희랍적 재능을 지녔다. 그런 일을 하는 사람들 중에서 실제로 그다지 드문 일이 아니라면, 희랍문화의 다양한 관점을 면밀하게 갈무리하는 데 일생을 바친 인물의 이러한 재능에 대해 논평을 할 필요는 없을 것이다. 그의 책을 읽는 것은 내가 《파이돈》편에서 얻은 것과 다른 사람들이 희랍의 꽃병의 장식과 외양을 관찰하는 데서 얻은 것과 똑같은, 넘치는 즐거움을 가져다준다. 중요한 특성들이 모두 거기에 있다. 즉 생생한(기계적이 아닌) 형상의 대칭성, 세밀함과 우아함, 정교함, 유머, 아이러니, 그리고 이따금 기반을 이루는 진지한 주제에 활기를 불어넣는 환상 등이 거기에 있다. 그럼에도 이것은 서툰 묘사가 아닐 수 없다. 그러나 누군가 동시에 그것이 지나치다는 생각이 든다면 나는 그에게 이 책에 실린 〈천체의 음악〉을 읽어보기를 권한다.

콘퍼드를 생생하게 묘사하는 더욱 까다로운 작업은 그를 친밀하게 잘 아는 다른 사람들에게 맡겨두고, 여기서 나는 단지 학적인 주제와 관계된 한 저자로서의 콘퍼드에 관심을 기울일 따름이다. 꼭 덧붙이고 싶은 것은, 내가 받은 인상을 정갈하게 나타내려고 할 때 나의 뇌리에는 최상의 요점을 제공하면서 끊임없이 떠오르는 호메로스의 두 형용 어휘를 함께 만난다는 사실이다.

그는 우의가 넘칠 뿐 아니라 존엄하였다.
φίλος τ' ἦν αἰδοῖός τε.

1949년 11월
W. K. C. 거스리

주(註)

논문 〈문학과 철학에 깃든 무의식적 요소〉는 1921년 고전학회에서 발표되었다가 그 해에 고전학회 학회지에 실렸다. 〈플라톤의 국가〉는 *Greece and Rome*, IV권(1935)에 수록되었다. 우선 고전학회 위원회에 감사의 말씀을 드리는 바이고, 이 두 논문을 재판하도록 허용해 준 *Greece and Rome*의 편집진에게도 감사드린다. 논문 〈희랍의 자연철학과 근대의 자연과학〉은 원래 '근대과학의 배경(Background to Modern Science)'이라는 심포지엄에 기고한 것으로 1938년 케임브리지 대학교 출판부에서 출간되었다. 그 밖에 이 책에 실린 다른 논문들은 이전에 출간된 적이 없다.

논문은 연대순으로 놓았다. 나는 셋째 논문의 제목을 표제로 삼기로 했다. 왜냐하면 콘퍼드가 말한 바와 같이 만일 그의 일생을 온통 같은 저작을 쓰는 데 몰두했다는 것이 때로는 그에게 틀림없는 것 같다고 할 때, 그것을 상징적으로 나타내는 책의 표제로서는 당연히 '쓰여지지 않은 철학'이라고 해야 할 것이기 때문이다.

1

문학과 철학에 깃든 무의식적 요소
The Unconscious Element in Literature and Philosophy

1921

一

　여러분에게 문학과 철학에 깃든 무의식적 요소를 살펴볼 것을 권고하고자 한다. 그것이 내가 늘 숙고하고 써왔던 것이라는 생각이 최근 나에게 떠올랐기 때문이다. 내가 관찰한 바에 따르면, 고대 문학의 여느 분야에서 내 연구가 주목을 끄는 하나의 결과물이 아주 유순한 사람이라 하더라도 전문가들에게는 혐오감을 불러일으켰는가 하면, 그 외의 다른 분야에서 학자들은 만족감을 내비치기도 했다. 이런 현상은 적어도 한 가지 이상의 설명을 필요로 한다. 뚜렷하게 눈에 띄는 것은(자연히 나는 이것을 선호한다), 만일 우리가 어느 작가의 작품에서 여하튼 무의식적인 그러한 요소들에 주목한다면 그 작가가 매우 높이 평가하는 장점을 깎아 내림으로써 전문가를 자극한다는 것이다. 만일 그가 역사가라면 우리는 그의 신뢰를 허물게 될 것이고, 극작가라면 그가 애써 이뤄 놓은 작품성을 하찮게 볼 것이다. 그리고 만일 그가 철학자라면 우리는 그의 독창성을 거부하게 될 것이 확실하다.

　내가 생각하기로는 여기에는 오해가 깔려있어서 이것을 말끔하게 밝히고 싶다. 나는 주로 초기 희랍 철학자들을 염두에 두었다. 그러나 먼저 역사와 극에 대해 간단하게 언급할 것이다.

　맨 먼저 투키디데스를 살펴보겠다. 오래 전에 나는 '투키디데스의 신화이야기'라는 도발적인 제목을 단 책을 한 권 썼다. 내 뜻은 역사가들 중에서 투키디데스가 아마 가장 믿을 만한 것으로 주장한 내용에 도전하겠다는 것이 아니었다. 내가 제시한 주제는 명백하게 드러난 사실에 관한 간단한 진술을 놓고 그것에 대해 의심을 품었던 것이 아니다. 그렇지만 내가 보건대 분명한 것은 기록된 사실들에 대해 역사가들이 무엇을 선택하는가 하는 문제, 사실들을 강조할 때 차별을 둔다는 점, 그리고 사실들이 가진 중요성에 대한 판단과 균형감각 등은 이 모든 것들이 역사가의 삶과 관련된 철학에 의해 지배되어야 한다는 것이다. 펠로폰네소스 전쟁사에 관한 한, 우리에게 최고의 권위를 가진 이는 바로 투키디데스이다. 그가 사실에 관해 표현하는 문제를 우리는 어떤 방식으로 검토해야 하는가? 그런 경우 비판이 단 하나의 방법일 수 있다. 그것은 작가가 반드시 동반하게 되어 있는 선개념의 전체구조를 이야기체로부터 벗어나게 하는 데 있다. 왜냐하면 그 전체구조는 그의 정신을 둘러싼 환경, 한마디로 말하면 그의 삶의 철학이기 때문이다. 투키디데스에서 이런 요소는 다소 느슨하고 대중적인 의미에서 '무의식'이라고 부를 수 있는데, 이를 위해 그는 객관적인 사실을 그가 가진 관심의 중심에 놓으려고 엄청난 노력을 기울였다. 게다가 그는 당파적 편향성과 개인적 열정에 쏠려있다는 것도 잘 알고 있었다. 이런 요소들이 때때로 관심분야에 주제넘게 끼어들기도 한다. 이것들은 간파될 수도 있고 일부러 억눌려 있을 수도 있다. 그러나 마치 미세하게 퍼져 있는 에테르와 마찬가지로 정신의 전 영역을 감싸며 스며든 상태에서, 한 인간의 삶과 관련된 철학이 있다. 이 요소는 특별한 어느 한 시점에 불쑥 끼어드는 것은 아니다. 왜냐하면 그것은 항상 도처에 퍼져있기 때문이다. 그것을 간파하기 위해, 즉 그것을 주시하기 위해 그는 자기 자신의 바깥쪽으로 나가야 할 것이다. 외부 세계로부터 어떤 경고의 주의사항도 그에게 다가오지는 않는다. 자신의 경험으로부터 누구나 다 아는 사실은, 자신의 철학 구조와 어울리지 못할 만큼 그렇게 야만적이고 완고하지는 않다는 것이다. 그렇지 않을 경우 철학은 이따금 사실에 양보해야 할 것이다. 그렇게 되면 철학은 어디에 서 있어야 할까? 객관적 타당성을 요구하는 것은 철학의 본질에 속한다. 이와 마찬가지로 사람들에게 공간보다 더 객관성을 지닌 것은 확실히 없는 것 같다. 그렇지만 칸트는 공간은 직관의 순수형식이라고 단언했다. 이 형식은 우리의 정신이 제공하는 것이다. 삶에 관련된 철학은 칸트적 공간과 유사하다. 공간은 실제로 우리의 정신으로부터 제공받아 외부대상에 순수하게 투사되는 것이다. 아무리 신중하고 정직한 역사가라 하더라도 그는 광학의 원근법칙에서 벗어날 수 없다. 그가 찾고자 하는 객관적 사실은 이미 이런 배경 안에 끼워진 채로, 그 배경과 조화를 이루고 그 배경의 색깔이 이미 입혀진 상태로 나타난 것이다.

그러나 다양한 배율과 색안경을 통해 여러 각도에서 투키디데스의 세계를 살펴보려는 우리들로서는 이러한 철학의 주관적 특징을 파악할 수 있을 것이다. 비판가로서 우리가 가진 첫째 관심은 그 주관적 특징을 떼어내는 것이고, 그리고 따로 그것을 연구하는 일이다. 그럴 경우 우리는 어느 시점에서 어떻게 그 특징이 이야기의 진행방향을 바꾸게 되는지, 그리고 어떤 유형으로 그것이 사실들을 분류하게 되는지도 보게 될 것이다. 나아가 어떻게 이 경우는 설명을 하고 저 경우는 그냥 내버려 두는지 볼 수 있을 것이다.

물론 이것은 투키디데스의 삶의 철학이 어느 정도는 참된 철학이 아니라고 말하는 것이 아니다. 우리의 정신이 제공하는 여타의 대안도 이에 못지않게 참이다. 심지어 그보다 더 참이 될 수도 있다. 15년 전 남아프리카의 전쟁이 끼친 영향에 대한 인상기를 쓰면서 나는 제국주의의 금융자본의 관점을 과장했을 수도 있다. 1914년 이후 투키디데스의 역사에 관한 도덕적 해석은 확실히 전보다 훨씬 더 깊어졌다. 그렇다고 그것이 주된 논제를 다루고 있지 않다. 즉 해석상 다른 대안이 있다는 것을 다루고 있지 않다. 각각의 해석은 한계가 있기 마련이어서 다른 해석에 담긴 진리를 모호하게 하는 경향이 있다. 그리고 대상이 누구이든 고대 역사가에 대한 비판을 하려면 그가 **애초부터(a priori)** 지닌 사유의 양식, 예를 들자면 경제학이 태동하기 이전에 형성된 사유의 양식에 대한 연구에서 시작해야 한다.

이번에는 드라마를 살펴보겠다. 이 경우에는 상황이 전혀 다르다. 어떤 비평가도 아이스킬로스, 소포클레스, 에우리피데스의 철학을 지나칠 수 없다. 게다가 여기에는 객관적 사실에 이르기 위해 그들의 철학을 풀어내는 어떤 물음도 없다. 드라마에 깃든 무의식적인 요소는 (a)전통 형식과 (b)신화라는 두 항목으로 나뉜다.

(a) 화가가 그의 캔버스를 받아들이듯이, 별다른 생각 없이 받아들인다는 뜻에서 고전 드라마의 전통 형식을 무의식적인 요소라고 부를 수 있다.[1] 화가의 생각은 온통 그의 구상에 매달려 있게 마련이다. 반면 극의 작가는 해당 틀과 조화를 이루게 할 세부적인 다양한 줄거리를 고안하는 데 몰두한다. 그렇지만 틀은 이미 거기에 있다. 그리고 우리가 그것을 떼어내서 따로 다루지 않는 한, 우리는 작가가 그것을 고려의 대상으로 한 기법을 충분하게 가늠할 수는 없을 것이다. 틀이 왜 거기에 있는지를 설명하려고 할 때, 억지스럽다거나 또는 당치도 않은 그 어떤 것도 볼 수 없다. 물론 나는 아티카 비극의 '일정한 형식들'이 전 유럽에 걸쳐 민속극에 남아있는 제의(祭儀) 극의 계기들과 합치된다고 보는 머레이(Murray) 교수의 이론을 선호한다. 일부 역량 있는 학자들은 이 이론을 인정했다. 어떤 사람들은 나로서는 전혀 알 수 없는 이유로 그 이론 때문에 격앙된 상태가 된다. 또 어떤 사람들은 거기에 일리가 있고 흥미가 없는 것도 아니지만 아무런 연관성도 없다고 생각한다. 나에게는 더없이 탁월한 스승인 베럴(A. Verrall)과 같은 학자들은 맨 마지막 유형에 해당한다. 그리고 그의 뛰어난 후계자인 셰퍼드(Sheppard)를 추가할 수 있을 것이다. 문학비평가로서 그의 탁월한 능력은 예술가로서의 능숙한 연출기법에 의해 한층 더 돋보인다. 그 역시 주로 시인들이 의식하고 신중을 기하는 기법과 그들의 철학적 반성에 큰 관심을 기울인다. 그리고 그것이 미치는 범위는 치밀한

---

[1] 전통 양식이 실제로 제의식의 형식일 경우 제의 신화와 결합시켜 보는 한, 신화에 대해 이후에 말하는 것은 이 대목과 연관되어 있다.

비판능력을 충분히 보여줄 만큼 넉넉하다. 베럴과 셰퍼드가 그것을 보여줄 때, 나는 기꺼이 찬사를 보내고 싶다. 단지 내가 염려하는 것은 그것이 영역 전체를 포괄하는가 하는 점이다. 셰퍼드가 《일리아스》와 《오뒷세이아》에서 도안(圖案)을 근거로 호메로스의 개인적 존재를 입증할 때, 나는 부(副)주교 팔레이(Archdeacon Paley)가 떠올라 정신이 혼란스러웠다. 베르그송은 인간의 정신이 어떻게 해서 도안에 관해 수없이 많은 증거를 창조할 수 있는지를 설명하는데, 그럼에도 거기에는 (그의 생각에 따르면) 도안을 만든 자가 없다는 점이다. 시적 창작에서 수많은 도안이 있을 수 있다. 그러나 내가 시사하고 싶은 것은 아무리 영특한 비판가라 해도 그가 발견할 수 있는 증거가 생각보다 적다는 것, 아니 훨씬 적다는 것이다. 창조는 전적으로 온통 다 또는 대부분 고안이 아니다. 일부 아주 만족할 만한 창작의 효과는, 주어진 내용이나 전통적인 형식의 한계로부터 자유로운, 흐름을 전혀 알 수 없는 방향으로 향하거나 감지되는 시점에서 일어난다. 이것은 행운이 미술을 촉발하고 미술은 그 행운을 마땅히 즐거워할 하나의 방법인 것이다.

(b) 전통양식의 틀 만큼이나 많은 신화가 있다. 이번에는 이런 틀에 알맞은 비극의 플롯을 살펴보자. 우리가 쓰는 어휘 '플롯'은 꾸며낸 고안물과 줄거리의 음모에 얽힌 이해관계를 뚜렷하게 가리킨다. 음모에 얽힌 책략은 보이지 않던 대단원에 의해 해결될 때까지 긴장관계를 유지한다. 희랍 신희극의 플롯은 이런 종류에 해당된다. 그러나 보통 이런 음모에 얽힌 관계는 희랍비극에서는 낯설다. 우리가 거기서 주로 발견하는 것은 '플롯'이 아니라 신화이다. 오이디푸스의 신화를 예로 들어 보자. 소포클레스가 그것을 고안해 냈다는 점을 잊었다고 해 보자. 그리고 그것이 단순히 하나의 이야깃거리로서 초기 테베의 역사를 다룬 일화라고 해보자. 그러면 그것은 언짢은 것이 될 것이고 사건사고를 다루는 '뉴스잡지' 부류의 글보다 결코 더 나은 지위를 누릴 수 없을 것이다. 시대에 뒤진 에우헤메로스(Euhemerus)의 몇몇 지지자들은 그렇게 생

각하는 데 만족할 수도 있다. 그러나 우리들 대부분은 세계의 주요 신화들은 역사적인 일화 이상이라고 느낄 것이다. 그 신화들은 심지어 우리들에게까지 마음이 잘 통하는 열정으로 채워져서 다가오고, 전설로서 겉으로 드러난 사건의 뒷면에 담긴 신비한 뜻에 호소하게 된다. 음모의 플롯에 담긴 것이 아니라 신화에 담겨 있는 몇몇 보편적인 의미를 우리는 아주 희미하지만 강렬하게 깨닫고 있다. 그 나라의 역사를 잊어도 이런 신화들을 보존하는 민족이 있고 그리고 새로운 이야기를 고안하기보다는 이 신화를 더 선호하는 극작가들이 있다. 이들은 그들 나름의 다양한 방식과 수준으로 이것이 동일한 가치를 지닌 것으로 느꼈음에 틀림없고 그리고 그들이 신화의 실재 여부를 설명하지는 못할지라도 그것을 가치 있게 보았다고 생각하는 것은 확실히 옳다.

최근에 비교인류학은 《황금 가지》를 쓴 유명한 작가에 의해 고전 내용에 관심을 쏟고 있는데, 선사 시대의 사회 관습을 가지고 신화를 해석함으로써 신화의 문제를 나타낸 이전의 모든 실마리들을 제거해 버렸다. 요즘 이런 연구 작업이 신화에 대한 우리의 이해를 넓혀주었다는 점은 거의 부정할 수 없을 것이다. 그러나 이런 선사시대의 관습이 희랍인들 자신한테는 망각된 것이라는 비판에 직면하게 되었다. 그래서 결국 우리가 이런 식으로 신화를 확대해서 이해하는 것은 전적으로 아이스킬로스나 소포클레스의 해석과는 아무런 관계가 없다. 우리는 아이스킬로스가 소아시아의 멜라네시아(Melanesia) 군도를 결코 방문한 적이 없고 소포클레스는 결코 《황금 가지》를 읽은 적이 없다고 논평함으로써 그 문제를 해결할 수도 있다. 셰퍼드는 실제로 그가 난해하게 쓴 학술 저서인 《오이디푸스 왕Oedipus Tyrannus》에서 그럴 것이라고 말한다. 그는 이렇게 말한다.[2]

---

[2] P. xviii, 각주, 볼드체는 지은이가 표시한 것이다.

〔오이디푸스〕 신화의 기원과 초기 역사를 내가 논하고자 하는 것은 아니다. 근대의 이론들은 적절하지 못한 근거와 아주 대담한 가설에 바탕을 두고 있다. 설령 그 이론들이 증명된다 하더라도, **그것들은 소포클레스 시대의 아테네인들에게 알려져 있다는 것이 확립되지 않는 한**, 여기서 아무런 관계도 없다. 이런 이유로 나는 '주술-왕', 생장-정령(生長-精靈), 그리고 대지-모(大地-母)와의 결혼에 대해 아무런 언급도 하지 않았다.

셰퍼드의 논의는 결코 결정적일 수는 없다. 그리고 누구도 '근대 이론'이 소포클레스 시대의 아테네인들에게 알려져 있다는 사실을 확증할 수도 없을 것이다.

그러나 내가 보는 셰퍼드의 논점은 이렇다. 그가 '근대의 지식'을 말하려고 하는 것이 아니기 때문에 그는 '근대 이론'이라고 말한다. 그리고 비록 비교학의 연구를 통해서 얻은 지식도 지식 '이다(is)'라는 것을 인정하더라도, 그는 우리가 너무 많이 안다고—원시 종교에 대해 5세기 희랍인이 아는 것보다 훨씬 많이—생각한다. 그리고 우리는 부당하게 그런 지식을 통해서 연극을 해석한다. 그래서 극작가와 관객들이 갖고 있지 않았던 의미를 그 연극에 부여한다.

솔직히 나는 머레이 교수와 그의 생각에 대체로 동참하는 우리들도 종종 그런 실수를 범한다는 점을 인정한다. 한편 그것은 내가 보기에, 반대로 생각하는 이들, 즉 신화와 희랍비극의 전통적인 틀은 소포클레스의 시대에는 희랍민족의 기억에서 더 이상 회복할 수 없을 정도로 지워져 버렸다고 생각하는 이들의 오류보다 덜 심각한 것 같다. 고대인들은 확실히 대지-모에 대해 알고 있었다. 그들은 신적인 왕 그리고 생장-정령에 대해서도 셰퍼드가 받아들이기로 했던 것보다 더 많이 이해하고 있었을 것이다. 왜냐하면 결국 제임스 프레이저 경 또는 제인 해리슨이 내놓은 저 '대담한 가정'은, 고전기에 조회하는 한, 고대인들이 직접 제시한 근거들에 전적으로 바탕을 두고 있기 때문이다.

그러나 고대인들이 명확한 지식을 거의 갖추지 못했다고 해 보자. 아이스킬로스 자신이 제우스에 관해 아더 쿠크에게서 배웠다면 상당한 지식을 갖추었을 것이라고—이것이 문제를 해결하지는 않겠지만—해보자. 근대의 비평가들은, 구체적인 이미지가 추론적 사유를 대신하는 곳인 마음의 환상적인 공간에서 아무리 애매하고 불확실하지만 이오카스테라는 인물과 대지-모를 연결하고 오이디푸스와 신성한 왕을 결합시켜주는 연결고리가 없다고 어떻게 확신할 수 있을까? 확신하건대 우리는 한 개인의 정신이란 어떤 점에서는 그가 한 경험의 미세한 부분조차도 잊어버리지만 어떤 점에서는 결코 잊지 않는다고, 심지어 그 당시 깨닫지 못했던 경험조차도 잊지 않는다고 할 수 있다. 이와 마찬가지로 전통적인 신화, 전설 그리고 시에 소중하게 간직되어 있는 어느 한 민족의 기억에는 오랜 시간이 흐른 뒤에는 개인이 추상적인 어휘로는 결코 만들어 낼 수 없는 지식이 담겨 있다. 그런 지식이란 비록 우리가 그것이 잊혀졌다고 말할 수 있어도 지워져 버린 것이 아니다. 그것은 상징과 이미지로 살아남아 있다. 그리고 결국 말하자면 비유로 굳어져서, 이것은 마치 이성이 지배하는 사유가 개입하는 일이 없이, 떨리는 현(絃)이 결합하여 연결된 질서체계와 같다. 우리의 생각은 이렇다. 근대에서 기원을 탐구하는 문제는 종교적 표상의 전개과정에서 여러 단계에 걸쳐 있는 시간적인 연결고리를 회복하는 일이다. 뿐만 아니라 그런 사실을 통해 각 단계에서 희랍의 기억과 민족의 전통에 깔려있는 질서체계를 설명해 주는 일이다. 물론 이 체계는 그들의 마음 안에 지속되어 마치 충적기의 층화(層化)를 이루는 단층들과 같다. **시의 원천은 이렇게 감춰진 단층으로부터 샘솟는다.** 이것이 새로운 줄거리의 전개에 따라 희랍의 시를 읽을 때 그 시가 우리에게 풍부한 의미로 다가오는 구절로 가득한 이유이다. 우리가 소포클레스에게 부여할 수 있는 특징은 '근대이론'과 잘 어울리지 않는다. 그것은 역사 이전의 시기에 명백하게 확립되어 있던 지식이 아니라, 궁극적으로 보면 그 시기로부터 나오기는 했지만 무의식의 상태로 잠재되어 있는 체제이다. 게다가 아주 깊이 묻혀있는 것이 아니라 그 체제를 이루는 이미지들이 시적 창작의 배경에서 떠오르게 된다는 점이다.

그러나 한결 더 깊이 들어간 또 다른 답변이 있는데 그것은 이런 체제의 무의식적 연합이 완전히 사라져 버린 것이 아니라는 점을 시사한다. 이 답변은 신화에 대한 심리적 해석에서 제시된 것이다.

한편, 우리는 아이스킬로스와 소포클레스의 시대에 보존되어 있으면서 그들이 신중하게 다루었던 무수한 제례의식(祭禮儀式)을 볼 수 있다. 이런 제의의 주요 맥락에서 우리는 대지-모와 결합한다거나 또는 부당하게도 '생장-정령'이라고 부르면서 자연 전체를 온통 그대로 의인화한 생명체로 수용한다는 생각이 포함되어 있다. 당대에 생생한 사회적 제도로서 제의는 구체적인 행위의 양식을 통해서 이런 생각들을 나타냈다. 또 다른 한편으로는 우리에게 똑같은 틀로 된 생각을 포함한 것으로 다가오는 신화가 있다. 신화는 이때 언어로 표현되며 구체적인 형태의 전설상의 설화로 나타났다. 그러면서 선사시대의 남성과 여성들에 얽힌 역사라는 사실을 털어놓았던 것이다. 이 두 형태의 표현들 또는 상징 방법들―제의와 설화, 사회제도와 신화―을 이어주는 것은 무엇인가?

심리적 해석은 이 두 대안적 상징의 이면에 인간의 보편적인 내적 경험이 놓여있다는 점을 강조한다. 이런 경험은 결코 낡은 것이 아니라 어느 세대에서든 반복되는 경험으로서 멜라네시아에 한정된 것도 아니고 아테네에 한정된 것도 아니며 지금의 영국에 한정된 경험도 아니다. 또 이 경험은, 다양한 편차와 양태로서, 세상에 태어난 온갖 새로운 삶에 따라붙게 된다. 그리고 결국 그곳에서 발견한 것에 적절하게 적응해야 하는 것을 과제로 맞게 된다. 이 경험은 우리가 소포클레스와 함께 공유하는 궁극적인 요소이고, 또한 소포클레스와 우리가 보편적인 삶의 문제와 그 해결책에 대해 상징적인 표현을 물려준 먼 조상들과 공유하는 요소이다. 내가 말한 바와 같이 일화나 인위적 구성에 담겨 있지 않지만 신화에 담겨있는 신비한 호소력을 설명하는 것은(그 밖의 어떤 것도 설명을 하지 않는다), 이런 경험이 오래 지속되고 같은 문제가 반복해서 닥쳐오며 그에 따라 똑같은 해결책이 반복해서 필요하다는 데 있다. 신화는 이런 호소력이 직접 보편성을 띠도록 한다. 왜냐하면 신화는 마치 그에 상응하는 종교적 의식의 사례에서처럼 우리에게 흔히 일어나는 일, 그리고 일어나서는 안 되는 일과 반드시 일어나야 하는 일을 인간의 내면에서 펼쳐지는 흐름을 통해 상징으로 나타내기 때문이다. 결국 그것은 비극《오이디푸스 왕》이 우리에게 단순히 고색창연한 과거의 추억이 아니라 우리의 도덕성에 자리한 모든 감성을 흔들어 놓는 생생한 존재가 되는 이유이다. 그것은 우리가 소포클레스를 이해할 뿐 아니라 그에게 공감을 갖는다고 확신을 갖는 근거이다.

고전 신화의 연구자들이 빈과 취리히의 분석심리학자들이 연구한 성과에 대해 어느 정도나 관심을 기울였는지 나는 알지 못한다. 따라서 내가 방금 말한 것이 대다수에게 평범하게 들릴지 아니면 전혀 알아들을 수 없는 엉뚱한 소리로 들릴지 나는 잘 모르겠다. 그것이 친숙하게 들리기를 바라면서, 그것이 내 주제와 연결된 점만을 시사하게 될 것이다.

심리적인 분석은 이미 오래 전에 알려진 바 있는 사실, 즉 세부적인 내용에서 수도 없이 다양하게 덧쒸워지기는 하지만 근본적으로는 똑같은 몇몇 신화의 주제나 동기가 전설과 설화에 남아있다는 것을 볼 수 있어서, 이것은 급속하게 세계로 퍼져서 결국 한 곳의 발상지에서 사방으로 확산되어 나갔다는 하나의 이동 가설을 설정하는 것이 결국은 매우 어렵게 되었다는 사실을 입증해 준다. 이 이동 가설은 의심할 나위도 없이 민족의 전통유물이 보장하는 한에서 지지될 수밖에 없지만, 누구도 그런 이동현상이 일어난다는 것을 거부하지는 않는다. 그러나 그 가설이 요구하는 바를 충분히 인정한다고 하더라도, 왜 어떤 신화는 사방으로 퍼져 나갔고 어떤 것은 그렇지 않은지에 대한 물음은 여전히 남게 된다. 여기서 심리학이 개입할 수 있다. 그래서 심리학은 이러한 보편적인 신화의 분석으로 그 신화가 다른 곳에서 차용해 온 것이라면 이러한 보편적인 신화의 분석에 의해 그것들이 필요했기 때문이라는 것을 보여줄 수 있을 것이다. 즉 이미 거기에 있었고 이런 경험을 기대하는 것은 어떤 경우에는 실제생활에 필요한 부분을 만족하고 어떤 경우에는 경험을 상징으로 나타내기 때문이라는 것을 보여줄 수 있을 것이다. 이 두 전제 사이에는 반드시 일어날 수밖에 없는 그런 불가피한 충돌이란 없다.

그렇지만 융 박사(Dr. Jung)는 그의 입장을 더 밀고 나간다. 현대의 정신에 담긴 무의식적인 내용들을 탐구함으로써, 요즈음 사람들이 꿈에서 예컨대 재생, 죽음, 부활, 신(神)을 삼키는 풍습 등과 같은 원시 신화의 주제에 담긴 상징성을 활용한다는 점이 드러난다. 이 상징성은 종종 놀라울 정도로 세밀한 면에서 보편적인 신화와 일치한다. 그래서 신화는 꿈으로부터 해석될 수 있고 꿈은 신화로부터 해석될 수 있다. 이런 상징성을 담고 있는 꿈은 개인의 심적인 흐름에서 항상 일어나는 전형적인 갈등양상에 주목한다. 나아가 이런 갈등의 해결책을 제시하고 거기서 가동되는 마음의 활력이, 삶의 요구에 통상적으로 순응하는 것에서 벗어나 자유롭게 방향을 지시해 준다.

게다가 이런 원초적인 상징성은 융이 '개인적인 무의식'이라고 부르는 곳 아래에, 바로 무의식적인 정신의 심층에 놓여있음이 분명하다. 개인적인 무의식으로 그가 의미하는 것은 개인의 경험에서 묻혀버린 기억들―개인에게 우연히 일어났다가 잊혀진 사건들―이라고 규정될 수 있는 내용이다. 그 아래에 한층 깊은 층이 있는데, 그 내용은 융이 보기에는 개인의 경험으로 추적할 수 있는 것이 아니라 보편적인 원초적 상징으로 되어있는 것 같다. 그는 이것은 '비개인적' 또는 '집단적 무의식'이라고 부른다. 설명이 어떠하든 인체의 태아가 선행인류의 발전과정을 거치는 것과 마찬가지로, 현대인에게 개인의 정신이 **마치** 그 진행과정에서 모든 단계를 거치는 것과 같다. 그리고 이것은 **마치** 개인의 정신이 간직하고 있는 어떤 기억과 같다. 그런데 그 기억은 보통 개념적 사유를 추상화하는 전개과정에서 개인적인 정신이 사용하는 상상과 상징에 관련된 모든 단계에서 생생하게 깨어있는 의식으로는 전혀 접근할 수 없는 것이다.

만일 이 개념이 명백한 것으로 판명이 난다면, 서기전 5세기의 아테네가 '근대이론'을 알고 있었음을 입증하는 증거를 요구하는 다소 지나친 주장은 여하튼 더 이상 하지 않게 된다. 만일 예를 들어 대지-모와 결혼하는 저 상징성이 셰퍼드를 포함하여 지금 우리 모두의 정신 안에 실제로 있다면, 우리는 그것이 소포클레스의 정신 안에 들어있다고 가정할 수 있을 것이고 겉모습에서는 아마 한층 가까울 것이다. 오이디푸스의 신화에 숨어있는 상징성에 호소함으로써, 그렇지 않았다면 단순히 혐오감만 줄 뿐인 이야기에 비극의 주제로 선택할 만한 신비로운 특징을 부여한다.

신화를 다루는 이 글에서 사용하는 '무의식'이라는 용어는 어떤 의미로 볼 때 역사가나 시인들의 삶의 철학에는 적용할 수 없는 것이다. 이런 삶의 철학은 심리학자들이 '무의식성'이라고 부르는 것에 의해 도움을 받지 못한다. 그러나 신화는 별개의 문제이다. 신화는 의식을 지닌 정신의 상공에 잎과 꽃들이 있고 이것들을 뿌리가 받쳐주고 있는 형국의 나무와 같고, 그 뿌리는 시야를 벗어나 무의식의 차원으로 깊게 스며 있다. 수세대에 걸쳐 이 나무의 생명을 유지해 주는 것은 눈에 보이지 않지만 끊임없이 흘러 뿌리에서 치밀어 오르는 활액(活液)이다.

결과적으로 거기에 철학의 진상이 있다. 철학에서 무의식의 요소를 말하는 것은 철학자들의 감정을 상하게 한다는 것을 나는 잘 안다. 그렇지만 내가 확신하는 것은 그 점이 확인되기 전까지는 지성사는 충실하게 기록될 수 없다는 것이다.

버넷(Burnet) 교수는 그의 최근 저서 《초기 희랍철학》―이 책에서 모든 학자들이 큰 도움을 얻고 있음이 분명하다―의 한 주석에서 "콘퍼드의 흥미로운 저서인《종교에서 철학으로》에 나타난 근본적인 오류"는 "신화에서 학문을 이끌어낸" 것이라고 지적한다. "이오니아는 과거의 역사가 없는 도시국가였다"는 점과 "거기에 전통적인 배경이 전혀 없다"는 사실을 내가 깨닫지 못했던 것으로 비춰진다. 만일 버넷 교수의 말이 옳다면, 나의 잘못은 아주 근본적인 것이어서 그가 칭찬의 표현으로 구사한 '흥미롭다'는 말도 취소해야 할 것이다. 어쨌든 나의 그 저서는 학적인 체계가 어떤 의미로든 '신화로부터 유래'하지 않는 한 흥미를 끌만한 요인이 전혀 없다. 내가 보기에 잘못은 거기에 있는 게 아니라, 어떻게 이러한 '유래'의 과정이 파악되는가를 명확하게 규명하지 못한 데 있다고 생각한다. 어쩌면 나는 이제 그것을 더 명확하게 할 수 있을지도 모르겠다.

나는 여기서 버넷 교수가 이오니아는 과거가 없다거나 전통적인 배경이 없다고 한 낯선 말을 검토할 수 없다. 이 말은 종종 미국의 경우에 적용된다. 그러나 미국의 지성사는 메이플라워 호가 출항하기 이전 또는 심지어 콜럼버스의 항해 이전에 있던 유럽의 종교와 사변을 수용하기를 거부한다. 그래서 미국의 지성사는 이 문제의 근원으로 향해 가지 않을 것이다. 나는 이렇게 뚜렷이 대조를 이루는 특징을 탐구하지 않겠다. 그러나 이 지구상에 과거도 없고 전통의 배경도 없는 인류사회는 결코 존재하지 않았다는 확신이 나의 생각이라고 말할 수 있을 따름이다. 그리고 철학은 인류가 탐구해서 얻은 성과이지 국가들이 관여해서 이룩한 일이 아니다. 나는 이오니아 철학자들의 정신은 깨끗하게 비어있고 그리고 외부세계에 대해 "주어지는 것이 아무 것도 없도록 내버려 두기"라는 현수막이 내걸려 있는 순수한 지성은 아니라는 입장을 취할 것이다.

아낙시만드로스의 체계를 실례로 들어 내 주장의 요점을 펼쳐보겠다. 여건상 내게는 그 체계에 대해 단지 한 가지 요점만을 검토할 여유가 있을 것이다. 그러나 핵심이 되는 요점은 우주의 원초적인 재료에 있다. 이것은 본성에 있어서 '무한'이어서 모든 개별적인 존재들이 거기에서 나오고 또 그것으로 되돌아간다. 세계를 구성하는 이 재료는 시작도 없고 끝도 없어서 시간을 넘어서 있고, 죽음도 벗어나 있어서 신적인 것으로 묘사되고 있다. 그것은 우리가 질료(matter)에 부여하는 몇몇 특징을 지녔다. 그러나 그 중에 가장 본질이 되는 속성은 우리가 보통 무기물(無機物)에서 수용하지 않는 것, 즉 생명성이고 생명체의 자기운동성을 유지하는 내적인 힘이다. 그것은 '질료'—이 용어는 아직 고안되지 않았다—가 아니라 '신'이라고 불린다. 말하자면 그것은 아직 '정신'과 '질료'로 차별화되어 발전해 가지 않았고, 처음으로 '중립적 소재'와 유사한 것이며 미국의 철학사에서 다시 나타나게 된다.

이런 개념 또는 (내가 그렇게 부르는 것을 더 선호하듯이) 이런 이미지(image)는 어디서 오는가? 이것은 우리가 맞서서 답을 해 주어야 할 물음이다. 이 물음은 내가 알고 있는 그 어떤 철학사에서도 답이 주어져 있지도 않고 심지어 맞서는 것조차도 이루어지지 않았다.

아낙시만드로스는 그가 제시한 개념을 일부러 짜서 만들어 놓았을까? 내가 생각하기에는 그런 것은 아니라고 본다. 사실 우리는 근대 물리학자도 오래된 개념들을 치밀하게 다듬고 재조합을 하고 그가 필요로 하는 명확한 특징을 그리고 오로지 그 특징들만을 임의적인 집합체로 묶어 놓음으로써 예를 들어 에테르와 같은 개념을 짜 만든다고 말할 수 있다. 그렇듯이 근대 물리학자는 그러한 탐구 작업을 임의적인 방식에 따라 수행해 나간다. 그렇게 하는 이유는 수세기에 걸쳐 전개된 비판적인 반성에 의해, 그런 개념이 그에게 주어져 있는 것이 아니라 단지 가설에 지나지 않는다는 것을 알게 되었기 때문이다. 따라서 그는 여하튼 그가 관찰한 현상을 받쳐줄 적절한 개념을 선택하는 데 있어서 비교적 자유롭다는 점을 느낀다. 그러나 이러한 전반적인 방법은 근대적인 것이다. 아낙시만드로스는 관찰에서 시작하여 계속해서 가설을 세워나간 것이 아니었다. 그는 관찰 가능한 영역을 벗어난 문제—세계의 기원—에서 출발했던 것이다. 그리고 그가 제시한 만물의 원초적 이미지는 자신감이 넘치는 예언자의 주장으로 제시되었다. 왜냐하면 그것은 그에게 실재에 대해 직관적 관점을 확고한 권위로서 보여주었기 때문이다. 그가 그것을 하려고 애썼던 것은 결코 아니고, 그에게 그냥 주어진 것이다. 언제 그렇게 되었을까?

그것은 확실히 감각을 통해 외부 세계에 의해 주어진 것이 아니다. 따라서 그것은 철학자가 가진 정신의 일정한 영역에 의해 주어졌음이 틀림없다.

이제 (감각대상과 구별되는) 이미지가 우리의 의식과는 무관하게 권위가 부여되어 객관적으로 타당하게 주어진 것으로 나타날 때, 그것은 다음의 두 가지 중 하나를 의미할 것이다. 이미지나 개념 아니면 신념은 우리 사회에 이어져 오는 전통의 한 부분이라는 것을 의미할 수 있는데, 이것을 우리가 가르칠 수 있고 기억할 수 있었다. 권위로 굳어진 이 특징은 우리 사회의 집단정신을 인정하는 데에서 비롯된다. 이것은 우리의 도덕적 이념과 신념에 잘 들어맞는다. 그렇지만 그것은 우리의 눈앞에 있는 진상에 적용되지 않는다. 우리가 아는 한, 생생하게 살아있는 신적인 단일한 이미지는 이오니아에서는 권위에 의해 부여된 전통적인 표상이 아니었다.

근대 심리학에 의해 제기된 두 번째 대안에 의지하는 일을 어떻게 피해야 할지 나는 알지 못한다. 이것은 우리가 관계하는 이미지는 무의식적인 정신의 차원으로부터 떠오르는 것으로 너무 깊숙이 있어서 우리는 그것을 자신의 일부로서 깨닫지 못한다는 견해이다. 내가 의미하는 바는 융의 집단 무의식이다.

융은 다음과 같이 말한다. "모든 개인들에 있어서, 각 개인의 사적인 기억에 덧붙여 부르크하르트(Jacob Burckhardt)의 탁월한 표현에서 보듯이 장엄한 '원초적 이미지들'도 있다. 이것들은 인간이 잠재된 상태로 물려받은 상상력이며, 항상 잠재된 상태로 인간의 뇌의 조직 안에 숨어 있다. 이러한 유전은 또한 믿기 어려운 현상, 즉 일정한 전설의 소재와 주제가 동일한 형태로 전 세계에 걸쳐 일치하는 현상을 설명해 준다. 나아가 그것은 심리적으로 혼란 상태에 빠진 사람들이 어떻게 똑같은 이미지와 연상을 만들어 낼 수 있는지, 이런 것들은 오래된 원고를 자료로 연구하여 우리에게 알려진 것들인데, 이에 따라 내가 주장하는 것은 **표상의 전이(transmission of representation)**가 아니라 이것과는 전혀 다른 문제에 속하는 **그러한 표상의 가능성(possibility of such representation)**뿐이다."[3]

이 책에서 나는 약간의 불안감을 갖고 후버트(Hubert)와 마우스(Mauss)의 시사를 채택하였는데, 그 시사에 따르면 만물의 본성에 대한 이오니아의 이미지—생기(生氣)를 띤 재료—가 마나(Mana)의 원초적 이미지와 연결될 수 있다. 그러나 그때 나는 그런 연결이 어떻게 성립하는지 알 수 없었다. 확실히 그것은 공공연하게 드러난 전통이나 이동이 일어난 경우가 아니다. 융은 독자적으로 방금 말한 두 이미지를 하나로 묶어놓고 그 연결고리를 제공한다. 이런 관점에서 마나와 피시스(physis)는 같은 '원초적 이미지'를 가졌지만 다른 종류의 차이점—중대한 관점에서 구별되는 차이점이지만—이 있다. (그의 말에 따르면) 이 원초적 이미지에 "지구상의 전혀 다른 영역에 있는 원시 종교들이 기반하고 있다." 나는 마나와 피시스가 모두 영혼의 힘 그 자체의 이미지라고 생각한다. 즉 감각능력을 지닌 자라면 누구나 내면에서 추진력으로서 느끼는 생명력에 관한 이미지이다.

의심할 나위도 없이 융이 말한 집단 무의식에 대해서는 더 많은 분석이 있을 수 있다. 만일 그것이 타당하다면, 철학과 과학의 발전은 중심에 있어서 지적비판의 의식적인 활동에 의해 그 원초적 이미지들이 분화된다는 결론에 이르게 될 것이다. 이 원초적 이미지들은 서로 다른 과정을 통해 이미 온갖 다양한 종교적 표상의 원인이 되었던 것이다. 이 이미지는 처음에는 혼합된

---

[3] *Analytical Psychology* (영어판), 2nd ed. (1920), p. 410.

복합적인 특징, 즉 자연적인 것과 신화적인 것, 주관적인 것과 객관적인 특징이 뒤섞여 나타난다. 철학이 할 일은 이런 혼합된 상태를 풀어서 그것을 명료하고 한층 더 확고한 개념으로 나누는 것이다. 이런 개념들이 과학의 도구가 된다. 철학 또는 과학은 신화에서 곧장 '유래' 되는 것이 아니라, 서로 다른 통로를 거치되 개인과 무관한 일반적인 무의식 상태에 있는 동일한 원천에서 유래한다.

2

천체의 음악
The Harmony of the Spheres

1930

로렌조〈제시카에게〉

　　　사랑스런 여인이여, 들어가서 그들이 오기를 기다려봅시다.
　　　아니 그럴 필요도 없겠지, 왜 우리가 들어가야 하겠소?
　　　이봐요 친구 스테파노, 바라건대
　　　안에 들어가 전해주게, 아씨께서 금방 돌아오신다고.
　　　그리고 악대도 밖으로 내보게 주게.
　　　강가에 스며 잠든 달빛, 그 얼마나 고운가!
　　　여기 우리 앉아, 우리들 귓가에 그 음악소리
　　　살포시 들어봅시다. 부드러운 고요가 깔리고 어둠은
　　　달콤한 화음을 느끼게 하누나.
　　　　　　　　　제시카, 여기 앉아요. 드넓은 하늘은
　　　밝게 빛나는 황금빛 접시로 빼곡하게 아로새겨 있는 것 같소.
　　　저기 보이는 아주 작은 별들도 하늘을
　　　돌며 천사와 같이 노래하고 있소.
　　　맑은 눈빛의 아기 천사들의 합창소리에 맞추어
　　　그렇듯 조화로움이 불멸의 영혼 속에 깃들어 있소.
　　　하나 썩어 문드러질 진흙 같은 몸이
　　　영혼을 우악스럽게 감싸고 있는 한,
　　　우린 그 화음을 들을 수도 없으니….

제시카   달콤한 음악을 듣지만 나는 결코 즐겁지 않아요.

로렌조   그건, 당신의 영혼이 과민한 탓이오.
          난폭하고 제멋대로 구는 짐승들의 무리를 봐요,
          어려서 길들여 있지 않은 망아지들이 날뛰는 모습을 보세요.
          격렬하게 날뛰고, 큰 소리로 울어 제키지 않나요.
          이는 그들의 피가 뜨거운 탓이지요.
          만약 그들이 어쩌다가 트럼펫 소리를 듣거나
          아니면 어떤 가락이 그들의 귀를 울리면
          그들은 하나같이 동작을 멈추고
          그들이 지닌 성난 눈빛은 부드러운 눈길로 바뀌니
          그것은 달콤한 음악의 힘 탓이지요. 그러기에 시인이 따라한 것은
          오르페우스가 나무와 돌들이 눈물짓게 하고 피가 끓게 한 것이지요.
          그 때 음악은 그의 본성을 바꿔버린 것이지요.
          그 자신 음악을 받아들이지 않은 자
          달콤한 소리가 주는 화음에 감동하지 않으니,
          배신과 술책과 탈취에 적합한 자일뿐이지요.
          그의 정신은 어둠처럼 둔감하고
          그의 감정은 에레보스(Erebus)처럼 캄캄할 따름이오.
          그런 사람을 믿을 수는 없어요.

제시카   (아무런 대답이 없다)

로렌조   귀 기울여 들어봐요, 저 조화로운 음악소리를요.

다음과 같은 장면을 상상해 보라. 벨몬트에 있는 포르샤(Portia)의 저택으로 가는 어두운 가로수 길, 나뭇가지에 걸리는 부드러운 바람, 신혼의 연인들 위로 쏟아지는 달빛, 그들 위에 걸친 밤하늘과 별들. 별들이라고 한 것을 보자. 비록 내가 다룬 비평에서, 로렌조가 "드넓은 하늘은 밝게 빛나는 황금빛 접시로 빼곡하게 아로새겨 있는 것 같소"라고 했을 때 충격을 받으며 읽기는 했지만, 그는 "분명 새벽을 알리는 조그마한 조각구름들을 가리키고" 있다. 마치 구름이 바닥에 아로새겨 있기나 한 듯이, 아니면 그런 밤하늘에 수많은 연인들의 행복을, 베네치아의 하늘을 둥글게 수놓는 구름이기라도 한 듯이 말이다. 더 읽어 내려가면서, 나는 적어도 몇몇 학자들이 보여준 생각에서 다시 힘을 얻는다. "어떤 사람은 하늘의 궤도를 가리킨다고 믿는다." 이것들은 당연히 다음 행 즉 "저기 보이는 아주 작은 별들도 하늘을 돌며"라는 구절을 읽는 데 애를 먹게 하였다. 비평가가 그의 시각을 통해 문맥을 살펴보면서 얻게 되는 것이 상당히 큰 도움이 된다고 하겠다. 비록 그의 상상에는 내면의 시선이 누락되어 있기는 하지만 말이다. 여하튼 제시카가 장엄한 하늘 지붕을 바라보고 있지만, 햄릿으로서는 그녀가 창공이 번개무늬를 한—금박 무늬의 구름(섬광)이 아니라—금빛 섬광으로 장식되어 있다는 것을 말하도록 할 필요는 없었다. 그 섬광은 게다가 새벽 동이 트기 전에는 아직 그 빛이 희미해지지 않지만, 지는 달이 엔디미온과 함께 잠 속으로 빠져들면서 점점 환히 밝아온다. 시간상으로 조금 앞서, 포르샤가 동트기 전까지는 집에 있으리라는 소식을 스테파노가 전해오기에 앞서, 크레시다(Cressida)와 다이도(Dido)를 티스베(Thisbe)와 메데이아(Medea)와 연결시키기에 충분할 만큼 제시카의 이해력은 생생했다. 그 이유는 그녀가 몇몇 이탈리아 번역판으로 된 오비디우스를 읽었던 탓이다. 그러나 이제 그녀는 초원에 누워 있다. 한편 로렌조는 들리지 않는 천체의 화음으로 그녀를 설득하며 숙연한 분위기로 유혹한다. 처음에는 말소리가, 그 다음에는 음악의 선율이 그녀의 귓전으로 파고들면서 그녀는 점차 꿈속으로 빠져든다. 그 선율은 향기를 은밀하게 날라다 내뿜으며 늘어선 바이올렛(제비꽃) 위로 내쉬는 달콤한 소리와 같다. 환락이 그녀의 마음에서 빠져나가고―"달콤한 음악을 듣지만 나는 결코 즐겁지 않다"―그녀는 로렌조의 달변에 얼이 빠져버리며 시간이 멈춰버린 상태에서 만족을 느낀다.

그렇지만 우리가 깨어있는 한, 시간은 멈춰버릴 수 없을 것이다. 왜냐하면 뇌는 해시계보다는 괘종시계와 더 깊은 연관성이 있기 때문이다. 괘종시계는 째각대는 뚜렷한 소리로 매분을 측정한다. 그러니 불안하고 심지어 더 상위에 속하는 능력들이 거의 잠자는 상태와 같을 때조차(우리가 그것들을 그렇게 부르기로 정했듯이), 일단의 사유가 제시카의 의식 영역으로 흘러 다니게 마련이다. 그녀는 무엇을 생각할까? 그런다고 말하지만 그녀는 하늘을 응시하는 게 아니라, 남편을 쳐다보고 있다. 한편 그의 남편은 손을 괴어 받친 채 앉아 별을 보는 것도 아니고 그녀를 바라보는 것도 아니며 멀리 수평선을 건너다 보고 있다. "사랑하는 로렌조여. 달빛에 어리는 그는 얼마나 친근하며 또 얼마나 낯설게 보이던가. 그리고 그는 별들에 관해 얼마나 많이 알겠는가. 이제는 우리가 들어가서 포르샤를 기쁜 마음으로 맞아들일 때가 되었다. 그는 나에게 바로 조금 전에야 그렇게 말했다. 그러나 그때 그는 말하기를 '아니 그럴 필요도 없겠지, 왜 우리가 들여가야 하는가?' 그리고 음악가들에게 가서 음악을 연주하라고 했던 것이다. 그렇다면 좋다. 그때 아무 문제될 것도 없다. 포르샤는 사랑에 빠졌으니 그녀는 확실히 우리를 용서해 줄 것이다. 여기 누워 그가 속삭이는 것을 듣기에 알맞다. 그는 대체 뭐라고 속삭이는가?"

로렌조의 목소리가 멈추어 버렸다. 그는 아래를 내려 보다가 왜 아무런 대답이 나오지 않게 되었는지를 알게 된다. 그러나 예의를 갖추되 결국 신혼이라서, "만일 그대가 나에게 관심을 두지 않는다면"이라는 말을 덧붙이지 않은 채, 그는 그녀에게 그저 음악에 귀를 기울이라고 말할 뿐이다. 그렇지만 우리는 제시카를 나무라서는 안 된다. 만일 그녀의 정신에서 사유하는 부분이 작아져서 아주 작은 눈금만큼 되었다면, 그것은 그녀의 의식에서 나머지 부분이 감정의 고요한 기운에 잠겨버렸기 때문이다. 그녀는 모든 것이 멈춰버린 곳으로 들어갔으니 땅 위의 음악과 하늘의 음악이 어우러진 곳으로, 로렌조가 말을 하면서 그의 열렬한 마음이 향해 간 곳이다. 그녀는 그런 말들의 의미에 더 이상 관심을 두지 않았다. 그렇지만 그 말은 또한 그녀의 경험이 평화로움을 얻도록 힘을 북돋워 주었던 것이다.

그리고 로렌조의 마음에는 무슨 일이 일어났던 것인가? 그의 눈은 저택의 창가에 켜 놓은 촛불에 고정되어 있는데, 그것이 연인의 집으로 안내해 준다. 그러나 그는 그 촛불을 보지 않는다. 별들과 달빛이 간직한 힘도 그에게 영향을 준다. 음악은 그의 귓전에 가득하다. 그러나 만약 음악이 제시카에게 사랑의 보약이라면, 그 순간 로렌조에게 음악은 사유의 보약이다. 그는 오르페우스의 전설과 피타고라스의 수학 철학에서 배웠던 온갖 것들에 대해 생각한다. 이런 주제들은 제시카와는 거리가 멀다. 제시카는 만일 그가 피타고라스에 관해 들었다 하더라도, 분명 말볼리오(Malvolio)와 같은 처지였고, 그가 피타고라스에 대해 몰랐던 것은 야생조류에 대해, 예컨대 우리 할머니의 영혼이 어쩌면 어느 새에 깃들어 있을 수도 있다는 사실을 몰랐던 것과 마찬가지이다. 그리고 그것이 합창하는 천체를 어떻게 했는가?(그녀가 만약 조금이라도 알아들을 수 있었다면, 물어보았을 것이다.) 아니면 그 문제에 대해 천체 그 자체가 앳된 눈을 가진 아기천사들을 어떻게 했는가? 아기천사들은, 내가 논평에서 말하기를, 비록 실제로는 거기서 언급하지 않고 단지 함께 노래하는 샛별들이기는 하지만 "욥기 38장 7절을 암암리에 가리키기 위해 도입"되었다. 로렌조가 헤브라이인(유대인)의 전설과 희랍의 천문학을 뒤섞어 놓음으로써, 우리는 제시카의 유대인 가문 출생에 대해 미묘하게 인정하였음에 주목하려고 할 수 있다. 그녀에 관한 관심이 헛된 일이었다면, 로렌조는 결코 마음을 쓰지 않았을 것이다. 차라리 그가 《신곡》의 '천국' 편을 읽어서, 천동은 수정으로 된 천체의 안쪽 가장자리에서 하늘에 박힌 별들의 이웃이자 천사들의 지위체계에서 으뜸으로서 항성들의 천체가 들려주는 합주곡을 들을 수 있다는 것을 알게 되었다고 생각하는 것이 나을 것이다.

그것은 어찌되었든, 로렌조는 확실히 그의 아내보다 더 깊이 있게 배웠다. 우리는 그에 대해 아무 것도 모르지만 그는 일정 교양을 갖추었고 랜슬롯(Launcelot, 아서왕의 으뜸 원탁기사)의 판단에 따르면 그가 유대교도에서 기독교도로 개종하며 돼지고기 값을 올렸다는 점에서 왕국의 훌륭한 일원은 아니었다는 것이다. 그렇지만 그는 틀림없이 파두아(Padua) 대학의 학생이었고 그래서 (내가 기꺼이 덧붙이고자 하는 것은) 거기서 셰익스피어가 피타고라스와 오르페우스에 대해 알았던 것보다 더 많이 배웠다는 점이다. 만일 당신이 파두아 대학의 천문학과 음악 전공 대학원에 재직한다고 가정한다면, 나는 로렌조가 활용했던 지식들을 재구성하려고 할 것이다. 나중에 갈릴레오가 차지한 직책인 파두아 대학의 교수로서 나는 기꺼이 말할 자유를 누리게 될 것이다. 그러나 나는 또 다른 대학의 일원으로서 내가 사실이 아니라고 믿었던 것을 당신에게 반복해서 말하지는 않을 것 같다.

피타고라스는 서기전 6세기 중엽 사모스 섬에서 태어났다. 그는 성년이 되자 일찍이 남부 이탈리아로 이주하여 거기서 수도원 성격의 단체를 세웠다. 이 단체는 대략 200년간—소크라테스, 플라톤 및 아리스토텔레스의 생애를 거치며—지속되었고 초기 기독교에서는 그 전통이 생생하게 남아있었다. 그의 생애에 관해 우리는 조금만 안다. 그리고 중요한 의미로 봐서도 그렇다. 그를 따르는 추종자들에 의해 이미 그는 (그와 같은 시기의 인물인 부처처럼) 신적인 인물들 중 하나로 인정을 받았다. 신적인 인물들의 생애는 곧바로 미화되기 때문에 역사는 그들에 대해 극히 일부만 안다. 피타고라스는 아폴로 신과 인간의 몸을 한 여성에게서 태어난 아들이었다고 한다. 그리고 아리스토텔레스는 인간의 능력 이상으로 그가 지닌 몇몇 기적들을 전해 주었다. 그의 이론들은 보통 두 항목으로 분류된다. 종교적인 것과 학문적 내지 철학적인 것이 그것들이다. 그러나 이것들은 단지 우주를 보는 단일한 시각의 부분들일 따름이다.

영혼은 본성상 불멸이다. 즉 신적이다. 몸이 죽으면, 영혼은 공적에 따라 다른 생명체, 사람이나 동물이나 식물로 바뀐다. 순수하게 될 때까지 영혼은 이런 윤회의 사슬에 묶여있다. 그럴 때 영혼은 불멸의 신과 영웅의 반열에서 하나의 자리를 얻기도 한다. 몸은 살아있는 영혼과 함께하는 감옥 또는 무덤에 지나지 않으며 그래서 총체적으로는 썩어가는 우중충한 의복에 갇혀 있다. 여기서 모든 생명체의 통일성이 따라 나온다. 즉 사람들을, 위에 군림하는 신들과 아래에 있는 동물들과 묶어주는 유사성의 연대가 있다는 것이다. 영혼은 하나의 단일한 존재의 사다리에 있는 여타의 단계로 오르기도 하고 내려갈 수도 있다. 그리고 추락하는 영혼이, 죽음을 겪어야 할 출생의 사슬에 묶이는 선고를 받는 것은 죄를 지은 탓인데 죄는 이런 통일체를 침해한 것이어서 피흘림으로 상징성을 띠게 되었다.

일찍이 오르페우스의 열성 지지자들은 윤회를 생각해 냈다. 이들은 피타고라스가 점지한 남부 이탈리아에서 신비적인 제의단체를 결성하였고, 살생과 육식을 금하고 생명의 통일성을 침해되어서는 안 된다는 신념을 지켰다. 모든 생명체들 간에 있는 신비한 공명 위에 오르페우스의 권능이 놓여 있다. 오르페우스는 우리와 마찬가지로 그들에게도 아득히 먼 전설상의 인물이었다. 그는 무사의 여신 칼리오페(Calliope)의 매력 넘치는 아들이었다. 그의 매력은 음악, 칠현금의 차분한 아폴론식(Apolline) 음악을 능란하게 다루는 데 있다.

그 선율은, 현 위로 떨려와,

플루토의 뺨에 무쇠 같은 눈물을 자아내는

그리고 지하의 저승사자가 사랑이 찾아 나선 것을 허용하였으니.

이 모든 것은 영어로 된 시에서도 친숙한 주제이다.

이제 오르페우스의 신화는 피타고라스의 정신에서 구체적인 사유를 담는다. 음악은 어떻게 이렇게 마법적인 영향력을 갖출 수 있을까? 만일 모든 생명체들이 음악의 힘을 느낄 수 있다면, 심지어 (로렌조가 말하듯이) 나무, 돌, 그리고 드넓은 대양조차도 느낄 수 있다면, 그 힘은 생명 자체의 원리 안에서, 인간의 영혼 안에서 그리고 우주 자연의 영혼 안에서 화음의 감촉에 감응할 수 있는 현이기에 틀림없다. 여하간 그것이 음악의 도구라는 것은 영혼에 관한 가장 본질적인 진리가 아닐까?

참으로 내가 확신하건대 전통에 따르면 피타고라스는 영혼은 그 자체 조화이거나 아니면 조화를—아니 오히려 **하모니아**(harmonia)를—포함한다고 주장했다. 만일 '하모니아'가 우리에게 다양한 소리의 어울림을 전하는 것이라면, 희랍에서 하모니아는 '화성(和聲)'을 뜻하는 것이 아니기 때문이다. 희랍인들은 그것을 **심포니아**(협화음, symphonia)라고 불렀다. **하모니아**는 원래는 복합적인 조직에서 부분들이 적절하게 질서를 갖추었음을 뜻하였다. 특히 그때에는 악기의 조율을 뜻하였다. 그래서 결국 조율된 악기의 선에서 나오는 다양한 음표로 이루어진 음계를 가리켰던 것이다. 우리가 '음계 양식(mode)'이라고 부른 것이 희랍의 **하모니아**에 해당될 것 같다.

피타고라스는 음계 연구로 방향을 바꾸었다. 그리고 이 영역에서 그는 우주의 전체 구조에 관한 실마리를 얻는 성과를 거두었다. 그는 음계의 일정한 간격이 정확하게 수의 비율로서 나타날 수 있다고 보았다. 희랍의 음악가들이 음표에 따른 떨림들 사이에 이런 비율이 있다고 짐작하게 된 것은 그때가 지난 뒤였다. 피타고라스는 단순히 이동이 가능한 연결부에 의해 끊어지는 일현금(一絃琴)의 길이를 측정하였다. 그 옥타브의 비율은 1대2이다. 그리고 네 번째 옥타브는 4대3, 다섯 번째 옥타브는 3대2임을 밝혀냈다. 이런 것들이(음악가들에게는 '완전 협화음'으로 알려져 있다) 희랍의 음계에서는 공통된 고정 간격이다. 이런 비율로 나타나는 수들이 1, 2, 3, 4—이 수의 합은 완전수 10이다—라는 점을 고찰해 보라. 뒤죽박죽으로 혼란스런 음에서 음악의 기법으로 자아낸 질서와 아름다움—분명한 것은 척도, 비례, 리듬의 문제—이 순수한 추상수(抽象數)로 환원될 수 있다는 점을 그가 일찍이 간파하지 않았다면, 그는 결코 그런 시도를 하지 않았을 것이다. 이런 근본적인 비율에 근거해서 모든 음표가 새겨진다. 그 근본비례를 처음 네 숫자 사이에 성립하는 아주 단순한 비율로 표현할 수 있음을 발견한 것은 수학자들의 영혼을 기쁨으로 넘치게 하기에 충분했다. 그것은 자연계의 틀뿐 아니라 도덕적 세계의 틀을 밝혀줌으로써 피타고라스에게 하나의 계시로서 다가왔다.

우선, 소우주인 개인에게 힘과 아름다움은 희랍의 조각가들이 표준으로 정한 형상의 비율과 리듬에 의존한다. 이뿐만 아니라 건강—신체의 덕(아레테. 탁월함)—도 상반된 요소의 비율 또는 균형으로서 해석되었다. 이런 비율은 지나침에 의해 혼란을 겪거나 파괴될 수도 있다. 그리고 덕—영혼의 건강—은 중용에 있으니, 이것은 혼란스런 열정을 통제하여 지나침도 부족함도 배제하는 절제이다. 영혼은 덕에서 도덕적 질서와 아름다움에 이른다. 영혼의 조화는 어우러짐에 있다.

> 우리네 모습 티끌이로되, 불멸의 정신이 자라나
> 음악의 화음처럼, 헤아릴 수 없는 비밀스런 솜씨는
> 흩어진 요소를 조화시켜 그것들을 엮어
> 하나의 공동체로 만들었네.

영혼이 조화를 이룬다는 것은 그 부분들이 서로 어우러질 뿐 아니라 오케스트라의 한 악기처럼 나머지 악기들과 조화롭게 어우러져야 한다는 것을 의미하였다. 그래서 영혼은 우주의 **하모니아**를 재현해야만 한다. '무한과 어우러짐'이라는 구절은 어떤 음악가도, 희랍의 그 어떤 음악가도 사용하지 않은 표현이다. 질서가 가진 이러한 본질은 무한 또는 한정되지 않는 것에 부과된 척도 내지는 제한이다. 그래서 자연계를 유심히 관찰하면서, 피타고라스는 아름다움과 합리적 진리의 비밀을 간파했던 것이다.

청각과 마찬가지로 시각의 영역에서도 색의 대비에 질서나 무질서가 있다. 그리고 형상에서도 척도와 비례관계가 성립한다. 음악은 공간이 아니라 시간 안에서 존재한다. 공간은 표면을 지닌 연장된 물체가 차지한다. 그리고 표면의 형태와 색깔은 어둠 속에 뒤죽박죽으로 섞여 있어서 말하자면 새벽녘 빛으로 날마다 재생된다. 이렇게 표면을 측정함으로써 우리는 단순하고 완전한, 그리고 바꿀 수 없는 진리인 기하학의 정리(定理, theorem)에 이를 수 있다. 게다가 기하학의 진리는 수에서 추상적으로 표현될 수가 있다. 수, 그리고 그것의 속성과의 관계는 공간과 시간에서 세계의 전체 조직의 근거가 된다. 그리하여 피타고라스는 당대의 언어로 수—형상이 없는 질료가 아니라—는 '만물의 본성'이라고 주장하였다.

가시계에 우주(Cosmos)라는 이름을 처음 부여한 이는 피타고라스였다. 코스모스라는 말은 또한 질서와 아름다움을 의미한다. 그가 펼친 우주생성론에서 몇 가지 흔적만 남아있다. 이에 따르면 자연의 중요한 원리는 밝음과 어두움이다. 구체적인 모습에서는 불과 암흑으로 포착된다. 암흑은 냉기(冷氣)로 공간의 심연을 꽉 채우는 태고의 밤이다. 이것이 지구의 중심에서 항성들의 천체로까지 퍼져있는 우주이자 코스모스이다. 중심과 주변 사이에 일곱 개의 행성(해와 달을 포함하여)이 있는데, 각 행성은 그 고리에서 보석처럼 빛난다. 고리는 물질로 된 궤도로 이 궤도를 따라 둥글게 돌아간다. 행성들은 음계의 간격, 천체의 하모니아를 따라 일정한 간격으로 자리를 잡고 있다.

아리스토텔레스의 말에 따르면, 피타고라스학파는 물체의 운동은 이런 행성들처럼 매우 크고 엄청난 속도로 움직이기 때문에 틀림없이 소리를 낸다고 생각했다는 것이다. 이렇게 생각하면서 그리고 물체들의 거리를 측정해 보면서 물체의 속도는 음계의 화음과 같은 비례로 움직인다는 것을 관찰함으로써, 그들은 천체의 물체가 운행하면서 내는 소리는 하모니아 내지는 음계를 갖는다고 주장하였다. 그들의 주장은 우리가 이 음악을 듣지 못하는 것은, 그 소리는 우리가 태어나는 순간부터 항상 들리는 소리여서 고요함과 비교해도 전혀 식별될 수 없기 때문이라고 한다.

이런 것이 아주 초기 형태로 나타나는 천체의 조화이다. "온 천체는 조화이고 수이다"라고 피타고라스는 말한다. 수라고 하는 것은 하모니아의 본질이 소리에 있기 때문이 아니라 수적 비례에 있기 때문이다. 그리고 이 수적 비례는 (덧붙일 수 있다고 생각하는 것인데) 자연의 영혼을 이룬다. 따라서 이것은 인간의 영혼과 같이 그 자체로서 하모니아이다. 그래서 도덕의 세계는 자연계에 스며들어 있다. 천체의 조화는 완전하다. 그러나 인간영혼에서 거기에 대응하는 쪽은 불완전하고 불일치로 훼손되어 있다. 이것을 우리는 '결함' 또는 '악폐'라고 부른다. 그것이 순수함을 얻을 때 육화의 순환에서 마침내 영혼을 자유롭게 풀어놓는다. 순수를 얻는 것은 개인에게는 이제 비로소 우주조화의 재현으로—세계의 신적인 질서로—해석될 수 있다. 여기에 영혼을 지배하는 음악의 비밀스런 힘이 숨어 있다. 이에 따라 학자인 후커(Hooker) 주교는 교회음악을 옹호하는 글(*Eccles. Polity*, v, 38)에서 피타고라스의 설명을 최후의 근거로 삼아 자신의 주장을 펼치고 있다.

"화음을 들을 때 악기든 목소리든, 그것은 적절한 비례로 높낮이가 배열된 소리이지만, 그럼에도 그에 따르는 힘이 있다. 그리고 기쁨을 주는 효력이 있어서 인간의 편에서 보면 대단히 신적인 요소를 간직한다. 그러다보니 어떤 사람은 영혼 그 자체가 조화이거나 또는 그 안에 조화로움이 있다고 생각하게 되었다. 그것은 나이에 상관없이 누구든지 즐겁게 하고 어떤 상태에 있든지 알맞게 어울릴 수 있는 것이다. 슬플

때나 기쁠 때나 그때마다 적절한 것이기도 하다. 그것은 또 적절히 보충되어 매우 큰 비중과 장엄한 행위로 나아가기도 하고, 인간이 어떤 행위로부터 벗어나 은거에 들어갈 때 쓰이기도 한다.

그렇게 할 수 있는 것은 음악이 정신을 표현하고 나타내도록 하는 탁월한 솜씨이다. 여기서 정신은 그 밖의 다른 감각수단보다 내면에 자리잡고 있다. 상승하고 하강하면서 이어지는 그러한 상태, 모든 점에 있어서 바로 그 변화와 단계, 정신이 복종하게 되어 있는 온갖 정열의 굴절과 다양함이 있다. 그리하여 그것들을 모방하게 되어, 우리의 정신과 똑같은 상태로 우리를 닮아가든 아니면 완전히 그 반대로 가든, 우리는 한쪽에 일치하는 데 만족하는 것은 다른 쪽에 이끌려 바뀌어 가는 것이나 마찬가지이다. 조화에서 심지어 악폐와 탁월함의 바로 이런 이미지와 특성이 파악된다. 정신은 그런 것들과 유사성을 가짐으로써 기쁨을 누리고 그것들을 종종 되풀이 되도록 함으로써 사물 그 자체에 대한 사랑을 불러일으킨다."

결국 천체의 조화가 끼치는 영향력이 영혼에 의해 사변적 고찰(theoria)로 흡수 동화된다. 우주 앞에서 영혼은 축제에서의 구경꾼에 비유된다. 이들은 승리를 위해 시합을 하거나 이득을 얻으려고 장사를 하는 게 아니라 보고 즐기기 위해서 온다. 사변은 실제 행위와 비교된다. 그것은 마리아의 적성이었는데, 그녀는 마르타가 손님접대로 고생할 때 더 나은 쪽을 선택하였다. 마리아는 나사로가 죽었을 때 집 안에 그대로 머물러 있었지만 마르타(나사로의 누이)는 손님을 맞으러 나갔다. 그것은 연옥(煉獄)의 산(Mount of Purgatory)에 관한 단테의 꿈에 보인 라헬(Rachel)의 재능이기도 하였다. 그녀의 언니 레아(Leah)는 꽃을 모으려고 풀밭을 쏘다닌다. 그러나 라헬은 하루 종일 거울 앞에 앉아있다. 레아는 움직이는 데 만족한다. 그러나 라헬은 보는 것만으로도 충분하다. 그런데 비록 사변이 실천의 목적을 위한 것은 아니라해도, 그것은 한낱 수동적인 것이 아니라 (아리스토텔레스가 생각하듯) 하나의 활동이다. 그것은 가시적 천체에서 질서와 아름다움을 받아들일 뿐 아니라 수와 형상의 진리를 드러내는 모든 수학의 영역에서 사유의 능동적인 활동을 의미하는 것이다. 사변은 단순히 결실의 기쁨이 아니라 지혜의 탐구이다. 희랍인들이 지혜로운 현인으로 추앙을 했던 사람들 중에서 피타고라스는 처음으로 그런 명칭을 거부했고 그 자신이 지혜롭다고 하지 않고 지혜를 사랑하는 자(philo-sophia)라 이르렀으니, 현인이 아니라 철학자였던 것이다.

그런 것이 저 파두아의 교수가 논의한 내용의 핵심이었다. 그 논의는 로렌조에게 되돌아가서 로렌조의 정신을 제시카가 따를 수 없었던 사변의 세계로 돌려놓았다. 그 장면을 무리다 싶을 정도로 내가 재구성하게 된 이유를 여러분이 짐작할 수 있을 것이다. 로렌조는 하늘도 보지 않고 제시카도 보지 않은 채, 그의 마음의 눈은 어둠 속에서 고대의 지혜로 밝힌 촛불을 곰곰이 생각한다. 그런데 제시카는 연인의 눈을 바라보는 것으로 만족하고 대지가 비를 기다리듯 누워서 제우스의 황금비를 꿈꾸는 다나에(Danae)와 같다. 이 두 사람 중 누가 더 나은 쪽을 선택한 것인가?

이 물음에 쉽게 답할 수는 없다. 왜냐하면 두 사람 사이의 대조는 마르타와 마리아의 관계나 레아와 라헬의 관계가 아니기 때문이다. 로렌조와 제시카는 포르샤가 그들에게 책임지도록 맡긴 집을 관리하는 그들의 직접적인 일처리를 단념한 채 잊고 있었다. 이 매혹적인 사변을 하는 동안 그들은 실제로 해야 할 일을 단념해 버렸다. 저택에서 연인들을 환영하기 위해 배치된 음악가들도 마치 합창하는 천체의 음악을 우리가 들을 수 있는 것처럼 창공으로 내보냈던 것이다. 선택을 한다는 것은 오히려 사변에 있어서 수동적인 양식과 능동적인 양식의 사이에 놓여있다. 로렌조는 제시카가 즐겨 만족하는 경험을 염두에 두면서 지적인 논리 구조로 그 깊이를 확장함으로써 이득을 보는 걸까 아니면 손해를 입는 걸까? 이 물음에는 답이 여럿 있을 수 있다.

두 가지 답이 있을 수 있지만 이것은 곧 무시할 수 있다. 첫째는 무모한 의미에서 과학적 대답이라고 부르겠는데, 이에 따르면 피타고라스의 우주론이 지닌 지적 구조는 확인을 할 수 있는 사실에 비춰보면 거짓이라는 대답이다. 행성들과 항성들이 지구의 주변을 빙 돌고 회전하는 고리나 천체들의 무리에서 지구가 그 가운데에 있지 않다는 것을 우리는 알고 있다. 이러 저러한 이유에 따르자면 천체의 음악은 있을 수 없다. 이론 전체는 근거가 없고 시대에 뒤진 환상에 불과하다.

둘째 답변은 이런 비판을 자체의 고유한 기준에 부합시킨다. 이것은 감성적-미학적 답변이다. 대체 모든 사실을 잘못 이해한다고 해서 뭐가 문제란 말인가? 환상(만일 우리가 그렇게 부른다면)은 그 자체로 아름답고 우리로서는 평가할 만한 감성을 어루만진다. 실험실에서 우리는 우주를 티끌만한 원자로 환원한다고 주장할 수 있고 원자들이 전하량을 띠고 있다고 주장할 수 있다. 그런데, 이렇게 보자.

더욱 순수한 섬광들은
별처럼 빛나는 한 무리를 닮았구나.

감상적인 답변은 무모하게 거부하는 답변만큼이나 피상적이며 더 말할 거리도 못된다. 피타고라스 자신은 그의 단체에서 유미(唯美)주의자를 내쫓았을 것이다. 그러나 그는 과학자들에게는 전자나 양성자에 관해 더 많이 말해 줄 것을 원했을 것이다. 그가 탐구했던 아름다움이란, 생짜배기 물체라서 건드리면 터져버리기 마련인 기포로 된 무지개라는 것을 그는 결코 인정할 수도 없을 것이다. 진리로 향하는 것이 아름다움의 영역을 결코 파괴할 수는 없을 것이다. 이것이 그가 품은 신념의 핵심이다. 어떤 사람에게 그것은 감성으로 나타날 수도 있다. 감성이란 실로 자유롭기는 하지만, 지성이 흩날려 버릴 열정적 감정을 띠고 있다.

먼저 피타고라스의 체계를 진리의 관점에서 살펴보자. 이상하게도 가장 약해 보이는 쪽에서 이론은 아주 쉽게 옹호를 받는다. 만일 표면 아래에 있는 세밀한 곳을 살펴보면, 우리는 창시자 피타고라스에서 오늘날에 이르기까지 수리물리학의 전 과정을 안내해 준 "사물의 본질은 수이다"라는 직관을 그 중심에서 발견하게 된다. 만일 지성이 지식의 파악으로 우주를 포괄하려고 한다면, 혼란을 일으키는 수많은 색깔과 소리를 지닌 감각을 공격하여 한없이 뒤죽박죽된 성질들을 굴복시켜 양화(量化)의 원리에 속하게 해야 한다. 그래서 무게를 재고 측정하고 계산을 해야만 하는 것이다. 조화의 열쇠가 무한한 소리의 영역에서 선을 그어 구분하는 몇몇 한정된 간격에 있듯이, 지적인 질서를 갖는 열쇠는 무한의 성질을 규정짓는 한정된 양의 개념에 있다. 이것이 인간의 온갖 실제적인 발견물들 중에서 가장 위대한 것, 즉 알파벳에 견줄만한 이론적인 발견이었다. 알파벳을 완성하는 데 수많은 세대의 노력과 수많은 사람들의 노고가 들어가 있다. 이 발견물은 우리가 무한한 세계를 기록할 때 24개의 기호들을 조합해서 생각을 전할 수 있도록 해 주었다. 그러나 과학이 그 실마리를 얻은 혜택을 입은 것은 피타고라스 한 개인의 재능에 있다. 이후 이러한 과학의 실마리를 따라 수리물리학자들이 뒤를 이었으니 플라톤, 라이프니츠, 뉴턴 그리고 아인슈타인이 다름 아닌 그들이다. 그래서 그의 우주론의 껍데기가 깨져버렸을 때에도, 알갱이는 남아있었다.

나는 철학의 원리를 직관으로 예언하는 피타고라스를 언급한 바 있다. 그러나 이런 심리적 용어를 사용하는 데에는 위험요소가 들어 있다. 이런 것은 우리의 정신이 따로 독립해서 작동하는 별개의 능력들이 모인 한무리라는 것을 시사한다. 마치 트로이 목마에 몸을 숨기고 그들 각자의 통로를 통해 보이는 일단의 전사들과 같다. 내가 직관에 대해 말할 때, 나는 결코 지성과 감정 심지어 감각지각을 배제하지 않는다. 우리의 의식의 총체적인 상태는 언제나 이런 요소들을 포함하고 있다. 관심을 쏟는 초점이 바뀜에 따라, 마치 활력이 다른 요소들을 희생하며 이들 요소들 중의 어느 하나에 모아지는 것 같다. 그의 저작에 몰입하는 독자라도 그의 눈은 유형별로 연구에 힘을 쏟는다는 것과 그의 귀는 독자가 듣지 못하는 소리를 나타내고 있다는 사실을 알아채지 못한다. 아내가 내일 날씨가 어떨지 물으며 말참견을 할 때, 그는 어쩔 수 없이 구름을 관찰하는 데 관심을 기울이고 머리로는 비가 올 확률이나 맑게 갤 확률을 따져야 하기 때문에 감정의 격한 변화로 심각하게 뒤틀리는 느낌을 받는다. 그와 동시에 그의 생각의 맥락은 의심의 미묘한 부분으로 빠져든다. 그가 인내심을 갖고 비전문가가 심지어 한 시간 동안 날씨를 예보하는 것은 경솔하다고 설명한다지만, 그게 어찌되겠는가? 그런 맥락에서 일어나는 생각이 소멸되어 사라지지 않는다. 아마 해결되지 않은 상태로 남게 된다. 그러나 확실히 그는 그것이 자신의 계기에 맞춰 일이 진행되었다는 것을 다시 발견하게 될 것이다. 이렇듯 사소한 경험은 의식의 다양한 단계로 바뀐다는 점을 예시하는 데 쓰일 수 있다. 그리고 우리의 관심은 때로는 이곳에 집중하고 때로는 저곳에 집중하는데도 의식의 다양한 단계는 어떻든 계속해서 작동할 수 있다.

피타고라스가 발견한 것으로 되돌아가 보자. 확실히 직관의 탄생 이전에 오랫동안 공들인 노력이 있었다. 직관은 여기 저기 흩어져 있는 지식의 조각들을 통일된 그림에서 중요한 부분으로 문득 보게 한다. 내가 어렴풋이 느끼는 것은 계몽의 계기에 접근할 때 영혼은 틀림없이 온 힘을 다해 얻으려고 애를 썼다는 것이다. 게다가 그렇게 한층 강화된 활동의 단계는 수동적으로 받아들이는 다른 단계로 바뀌었다. 거기서 사유는 점차 감정으로 바뀌고 힘은 가장 비천한 밑바닥에서 솟아났다.

인식의 궁극적인 행위는 뿌리칠 수 없는 것이어야 한다. 왜냐하면 진리란 통찰의 순간에 간결하면서 이해할 수 있는 지적인 방식으로 드러나지 않기 때문이다. 오히려 그것은 강렬한 감정의 불꽃으로 융합되어 무한한 의미로서 다가온다. 모든 의미와 함축된 시사를 말로 이끌어 내거나 표현하는 데 여러 해가 걸릴 수 있고 수세대가 걸릴 수도 있다. 그렇게 지나면서 감정의 불꽃은 식어서 그것이 본래의 경험에서 핵심부였다는 것도 잊힐 수 있다. 확실히 아름다움—특히, 화음의 아름다움—의 이해는 피타고라스의 이론에 영감을 불어 넣었고, 그의 이론은 결코 논리적 추론의 냉정한 연역으로 수립될 수는 없었다. 그것은 남성과 여성, 로렌조와 제시카가 함께 느꼈다고 내가 상상을 했던 것처럼 풍부한 경험에서 사고와 감정이 결합하여 태어난 이론이다. 감정이 지나가면 사유가 남고 지적인 내용은 순화되어 산문의 언어가 된다. 금덩이는 이제 손에서 손으로 옮겨 다닐 수 있는 동전으로 바뀐다. 그것은 가치가 떨어지거나 손상되어 마침내 바보의 노리개가 되거나 골동품상의 진열장에 놓인 골동품이 되고 만다.

"만물은 수이다"라는 이론의 경우도 역시 그렇다. 단어는 그 자체로서 조금밖에 의미를 두지 않는다. 그 '조금'이 이해될 수 있지만 감정은 무시된다. 과학자는 그러한 양식으로 수리물리학의 주요 흐름을 근원에서부터 탐구한다. 그는 피타고라스 체계의 진리와 가치의 요소만을 보존하면서 그런 방식을 취하게 마련이다. 그리고 영혼과 천체의 조화는 엄청난 쓰레기라고 간주해서 내다버리는 경향이 있다. 한편 종교인에게 과학의 진술은 흥미가 없다. 그는 영혼이 불멸이고 우주에서 어떤 신적인 원리에 조율함으로써 완전성에 이를 수 있다는 생각에서 이득을 보려할 것이다. 피타고라스는 종교인과 과학자 모두에게 다음과 같이 말하고자 할 것이다. 우리의 경험에서 한 쪽을 평가하고 다른 쪽을 내다버리는 데 있어서 당신이 취하는 근거는 무엇인가? 당신들 중 누구는 두뇌에만 귀를 기울여 들으려 하고 누구는 심장 쪽에서만 들으려 할 것이다. 만일 내가 그렇게 했다면 당신은 결코 나의 이름을 들을 수 없었을 것이다. 아마 내가 가르친 것은 어떤 것도 자의(字意)에서는 참이 아닐 수도 있다. 그러나 만일 어느 한 부분이 정신에 있어서 참이라면 그 전체도 참이다. 진리와 아름다움을 함께 찾아보라. 당신은 결코 그것들을 떨어진 별개로 발견하지 못할 것이다. 당신의 정신은 야곱처럼, 진리의 천사(the Angel of Truth)와 맞서 싸울 수 있다. "당신이 나에게 축복을 내려주시지 않는 한 나는 결단코 당신에게 나아가지 않으리라." 그러나 아름다움은 성수태 고지(聖受胎 告知)의 천사(the Angel of Annunciation)이니, 그 앞에서 영혼은 여전히 하인으로 있어야만 한다. "당신의 말씀대로 나에게 임하소서."

3

쓰여지지 않은 철학[1]
The Unwritten Philosophy

1935

—

 이 연속 강좌에서 진행되는 모든 강의가 똑같은 회고로 시작하더라도 놀라운 일은 아닐 것이다. 즉 우리는 고대세계로부터 문학, 역사 및 철학을 물려받았다. 이것들은, 애슈몰린(Ashmolean) 미술관의 목록들이 과거에 완벽하고 익숙한 고대 생활의 장면을 이루었던 도시와 사원, 극장과 주택에 관계를 맺고 있는 것과 마찬가지로, 그러한 영역에서 나온 전체 제작물과 아주 똑같은 관계에 놓여 있다. 요즈음 미술관에서 매우 소중하게 다루는 미술품들은 폐허와 쓰레기장 그리고 잡동사니 더미에서 발굴해 냈던 것이다. 극히 일부만이 완전한 모습을 하고 있다. 그리고 아주 완벽한 것은 종종 중요성이 거의 없는 것들이다. 나머지 것들은 조각난 것들이어서 어느 정도 모호하게 재구성한 것일 수도 있고 그렇지 않은 것일 수도 있다.
 철학에서 매우 소중한 두 위대한 문헌을 우리가 간직하고 있는 것은 행운이 아닐 수 없다. 두 문헌은 이 분야에서 크게 두드러진 것으로서 플라톤의 저작 전집과 아리스토텔레스가 저술한 비교적 전문적인 방대한 저작물이다. 시기적으로 앞선, 그래서 형성기에 속하는 잔존문헌들은 모두 빈약한 분량으로 출간될 수밖에 없었다. 원래 규모의 반 이상으로 늘어난 소크라테스 이전의 유일한 문헌은 파르메니데스 시의 첫 부분으로 120행에 이른다. 밀레토스 학파는 두 개의 문장과 몇몇 구절에 나타나 있다. 헤라클레이토스, 엠페도클레스, 아낙사고라스, 데모크리토스의 단편들은 뿔뿔이 흩어져 있어서 적절한 순서

---

1 | 이 논문은 옥스퍼드의 B.A. 학위 취득 최종 시험 지원자들에게 행한 강의 내용이다.

로 배열할 수조차 없다.

　아리스토텔레스 이후 우리가 만나 본 것은 에피쿠로스의 서신이다. 그리고 플로티노스에 이르기까지 정상급의 독창적 사상가가 저술한 작품은 하나도 없었다. 꽤 많은 단편들이 있지만 가치는 상당히 떨어지는 것들이다. 왜냐하면 이어진 8세기 동안에 소크라테스 이전의 인물들과 같이 천재성을 띤 쟁쟁한 인물들이 거의 나오지 않았기 때문이다. 헤르쿨라네움(Herculaneum)의 발굴자들이 크리시포스(Chrysippus)의 750권의 저서를 세상에 드러낸다면—그럴 리가 없겠지만—어느 학자든 기꺼이 그것들을 헤라클레이토스가 지은 단 한 권의 저작과 바꾸려 할 것이다.

　그런 것은 자료 상태로 있기 때문에, 고대 철학의 연구 과정은 읽을 수 있는 형태로 보존된 저작들—플라톤과 아리스토텔레스의 저작들—에 집중할 수밖에 없다. 그러나 그것들이 놓인 문맥과 무관하게 별도로 연구를 진행하고 또 그 분야의 나머지를 조감하는 시선으로 편람에 의존하는 데에는 일정부분 위험이 있다. 우리의 철학사는 고대의 편람을 증거로 부족한 단편들을 그럭저럭 꾸려갈 수밖에 없다. 이런 것들은 아리스토텔레스의 동료인 테오프라스토스가 지은 첫 번째 철학사에 기반을 두고 두 번, 세 번, 내지는 네 번씩 비판 없이 편집된 것들이다. 테오프라스토스 자신은 앞선 시기의 철학자들을 직접 알고 있었지만, 아리스토텔레스에 나타난 그들의 이론에 관해 확인하는 진술들을 반복해서 언급하는 경향이 있다. 그리고 아리스토텔레스는 그보다 앞선 사상가들이 실제로 무엇을 말했는가라는 역사적인 물음에 관심이 있기보다는 그 자신의 체계를 세우는 데 더 큰 관심이 있었다. 그는 그들의 사유가 자신이 발견하고자 애쓴 진리를 불완전하게 예견하는 것으로 간주했다. 그의 증거는 문맥에서 결코 안전하게 떼어낼 수 없고, 있는 그대로의 사실로 쓰일 수도 없다. 결국 후대의 편집자들이 빌미를 제공한 부정확성과 오해는 물론 테오프라스토스가 파생시킨, 선행하는 철학자들의 학설을 취사선택하여 기록한 전통을 소요학파의 성향이라고 의심을 받는다.

　이런 것들은 우리가 고대 철학자들이 실제로 말한 것을 안다고 할 때조차, 그들이 무엇을 의미했는가를 재발견하는 과제에 따라다니는 난제의 일부이고 위험요소의 일부이다. 나의 관심은 상식을 적용하는 데에서 더 나아가 잃어버린 것을 재구성하고 현존하는 것을 해석하는 데 있어 우리를 이끌어 줄 어떤 원칙이 있느냐 하는 것이다.

　물질적 대상의 재구성에 비유해 보자. 만일 우리가 깨진 질그릇 조각 몇 개를 가지고 비즐리(Beazley) 교수와 같은 전문가를 만난다면, 그는 그 조각들로부터 에우프로니오스(Euphronius)의 크래터(krater)를 재현해 낼 것이다. 유리한 경우라면, 그의 동료 전문가들이 잘못을 범할 여지가 매우 적은 상태에서 그 결과를 받아들일 것이다. 왜냐하면 그들은 그 결과가 두 가지 사실에 대한 지식에 기반을 두었다는 것을 인정하기 때문이다. 첫째 사실은 에우프로니오스라는 개인의 양식이고 둘째는 구조와 도안에 관한 전반적인 전통으로, 그 안에서 에우프로니오스가 만든 어떤 작품도 명확한 위치에서 구별될 것이다.

　이제 철학의 모든 체계는 역사적인 전통에서 개인 각자의 양식과 위치를 갖고 있다는 것은 확실하다. 흩어져 있는 단편에서 그 체계를 구성하든 완벽하게 보존된 저술에서 그 표현을 해석하려고 하든간에, 저 두 가지를 반드시 염두에 두어야 한다. 한 가지 명확한 관점으로 볼 때, 우리는 고고학자들에 비해 아주 불리한 입장에 서 있다. 철학의 모든 체계는 하나밖에 없는 유일무이한 것이다. 고고학자들은 수십 개의 항아리에 새겨진 무늬를, 그리고 유사한 도안을 유추하며 방향을 잡아가는데, 어떤 것은 같은 장인의 손에서 나온 것이다. 그러나 철학사가는 헤라클레이토스나 아낙사고라스의 체계를 세우려는 그와 비슷한 노력에서 그만큼 많은 도움을 받지는 못한다. 개인의 양식은 단 하나의 사례에 남아있는 단편적인 내용에서 반드시 발견되어야 한다. 우리의 경험에 따르면, 결국 우리는 동료 전문가를 확신시킬 성과를 만들어 낼 기회가 훨씬 적다.

또 다른 차이점은 이렇다. 물질적인 예술작업은 일단 원래의 상태로 복원시키더라도 단독으로 나타난다. 우리는 그것을 예술가가 표현하려고 계획했던 것들에 대해 그의 솜씨가 도달할 수 있는 가장 완벽한 표현이라고 생각할 수 있다. 예술가가 의식하든 안 하든 표면에 나타나지 않고 배후에 있거나 전혀 나타나지 않게 하는 어떤 동기를 가질 아무런 제한조건도 없다. 한편 철학자는 비교적 덜 관대하고 덜 솔직하다. 우리는 언제나 그들이 말하는 것을 문맥대로 받아들일 수 없다. 그렇지만 그것이 바로 그들이 우리가 그렇게 하기를 바라는 바이다. 각자의 체계는 합리적 논증구조라고 공언하고, 그것의 타당성이 인정된다면 언제 어디서나 모든 이들에게 타당하다고 주장한다. 사실상 그것은 직관적으로 확실하다고 보는 전제에 기반을 두고 모두가 필연적 결과로서 받아들여야 하는 결론을 이끌어 내는 기하학의 체계와 같다고 주장한다. 특히 고대인들은 늘 이런 이상을 염두에 두고 있다. 왜냐하면 기하학은 발전된 기법을 갖춘 유일한 학문으로 끊임없이 성공적인 발견을 보장해 주었기 때문이다. 수학에서 보편적으로 타당한 진리체계로 이렇게 성장하는 광경은, 세계에 대한 모든 진리를 세울 일관된 하나의 완벽한 체계가 있다는 생각을 키워주었다. 또한 그 광경은 이런 진리를 발견하고 인식하도록 하는 인간의 이성적 활동에서 이성은 인간의 것이 아니라 신의 것이라는 생각도 조장하였다. 우리가 범하는 모든 실수, 오해, 무지는 우리의 본성에서 하위의 부분과 일시적으로 연결되어 있다는 것을 추적할 수 있는데, 이성은 그것을 완벽하게 지배하는 것이 어렵다는 것을 안다. 만일 이성이 일단 완벽한 권위를 얻는다면, 감당할 수 없는 열정과 욕망으로부터 완벽한 분리를 세울 수 있다면, 그때 모든 사람들(정신의 소유자들)은 실상 그대로 하나의 진리를 볼 수 있을 것이고 그들 스스로 절대적인 합일점을 만날 수 있을 것이다. 한편 철학자들 각자는 명료하고 편협하지 않은 시선으로 자신의 이성을 믿는 경향이 있다. 그리고 일치하지 않는 데에 따른 책임을 그의 이웃사람들의 눈을 어둡게 한 대다수에게 덮어씌우는 경향이 있다. 그래서 각자의 체계는 절대적인 확신을 가지고 공평무사한 사유를 드러내는 것이라고 단정을 한다.

자연과학조차도 관찰할 수 있는 사실을 가능한 한 가장 적게 조회하며 탐구가 진행되었다. 사실상 그것은 처음부터 결코 관찰할 수 없는 사실들, 즉 인간이 존재하기 이전의 세계의 근원에 관한 것들에 관심을 기울였다. 지성은 세계가 이성으로 파악될 수 있다고 전제해야 한다. 그래서 자연의 운행과 심지어 인류역사의 전개과정은 반드시 우리의 이성이 앞서 깔아 놓은 길들을 따라 움직여야 한다고 전제를 하게 되었다. 근대세계가 그런 착각에서 벗어났다고 우쭐댄다면, 피히테가 역사철학에 대하여 한 말이 그리 오래된 일이 아님을 기억할 필요가 있다. 그는 역사철학이란 "그렇게 일어난 것이 내재적인 '합리성'에 따라 불가피하게 일어난 것이라는 사실을 우리에게 말함으로써, 일어난 것을 증거로 삼아 그럴 듯하게 보는 우리의 생각을 바로잡는 것"이라고 가르쳤다. 캐리트(Carritt)는 피히테의 말을 다음과 같이 인용한다.[2]

"철학자는 그가 취한 원리로부터 경험에 관한 가능한 모든 현상들을 이끌어 내야 한다. 그러나 이런 목적을 달성할 때 그는 경험의 도움을 필요로 하지 않는다는 것이 분명하다. 그는 경험에 대해 어떤 관심도 기울이지 않으면서 순전히 한 사람의 철학자로 탐구 작업을 진행한다. 더 정확히 말하면 그는 시간 일반을 가능한 모든 시대를 포괄해서, 절대적으로 **선험적인 것으로(a priori)** 기술한다."

그리고 피히테의 뒤를 이어, 헤겔이 나왔고 헤겔의 뒤를 따라 마르크스가 등장했다.

---

[2] E. F. Carritt, *Morals and Politics*(Oxford, 1935), p. 160.

최근에도 여전히 매우 중요한 문제들에 관해 절대적인 진리를 소유한다고 믿는 사람들이 있다. 그러나 그들이 받아들인 교의(敎義)들 중 어느 것도 고대 희랍의 체계와 일치하지 않는다. 그래서 우리는 그렇게 지나간 체계들을 이제는 일정한 시대와 공간에서 일어났던 것이고 다른 곳에서는 없었던 역사적 사실로 보게 된다. 왜냐하면 그 체계들은 바로 그때 그곳에서 생기도록 맺어준 나름의 원인들을 갖고 있기 때문이다. 우리는 그것들이 시간을 초월하고 순전히 합리적이며 보편적으로 타당하다는 주장을 받아들일 수 없다. 그렇지만 아마 우리는 여전히 그것들이 취급받고자 하는 바 이상으로 너무 지나치게 다루고 있다. 역사철학을 단지 자신의 논증을 펴고 다른 사람들을 비판하면서 계속 이어져 온 논쟁의 보고서 정도로 간주하려는 유혹에 이끌린다. 겉보기에 여기에도 많은 진리가 있다. 철학자는 종종 그의 스승이 남겨 둔 곳에서 시작한다. 그래서 그는 물려받은 것을 고치고 발전시키고 정교하게 다듬는다. 또 그는 종종 그가 혐오하는 다른 학파들에 반대해서 자신의 주장을 펼치거나 그들의 비판에 반론을 제기한다. 아리스토텔레스의 논평에 따르면, "우리는 모두 문제 그 자체에 의해서라기보다는 적대자들의 주장에 의해서 자신의 탐구를 추진하는 경향이 있다. 스스로 문제를 물으며 탐구할 때에도, 그는 더 이상 그 누구도 이의를 제기할 수 없는 곳을 향해서만 자신의 탐구를 밀고 간다."[3]

그러나 역사철학은 유능한 의장이 주도하는 토론회의 의사록을 지나치게 닮아서는 안 된다. 만일 우리가 이러한 설득력과 상호작용에 지나치게 안주한다면, 그 체계들이 서로 보완하며 한 통속으로 돌아감으로써 마치 단일한 도안의 부분인 것처럼, 일련의 체계들을 역사가들이 기대한 하나의 간단한 틀로 아주 쉽게 짜버리게 된다. 사실 시작한 지 일세기도 되기 전에 고대철학은 파르메니데스와 헤라클레이토스의 손에서 하나의 논쟁으로 시작하여 끝까지 그

---

[3] *De Caelo* 294 B 7.

렇게 남아있게 된다. 그러나 적어도 독창적인 시기를 거치는 동안, 탈레스에서 아리스토텔레스에 이르기까지 각자의 체계는 자신의 고유한 정신활동을 꾸려가는 독립된 작품으로 받아들여졌고, 이에 대해 영향력과 반응은 부차적이고 부수적인 것이었다. 체계의 중심에 그 체계가 지닌 생명의 원천인 철학자 자신, 즉 그물을 짠 거미가 자리를 잡고 있다. 아니 오히려 철학자는 거미와 같이 그의 몸을 숨기길 선호하고, 짜는 작업이 생생하게 드러난 현상으로 그물을 남겨놓았다. 그렇게 하는 이유는 겸양이 아니라, 바로 윌리엄 제임스가 냉혹하게 폭로했던 바와 같다. 그는 철학사를 심리학자의 눈으로 보았고, 인간의 본성상 빈틈없는 경험에서 생겨나는 지혜의 눈으로 철학사를 보았던 것이다. 실용주의에 관한 저서 첫머리에서, 그는 다음과 같이 말했다.

"철학사는 대부분 인간의 기질이 일정하게 충돌하는 역사이다. 그렇게 하는 것이 나의 동료들 누군가에는 채신머리가 없는 것으로 보일 수 있겠지만, 나는 이런 충돌에 주목할 것이고 그렇게 함으로써 수많은 철학자의 다른 모습들을 설명할 것이다.
어떤 기질을 가졌던, 전문가로서 철학자는 철학적 사유를 할 때 그가 지닌 기질적인 사실을 누그러뜨려야 하는 데 많은 힘을 쏟는다. 기질은 결코 전통에 따라 인정된 이성이 아니다. 그래서 그는 그가 내리는 결론을 위해서는 오직 개인의 감정과 무관한 이성만을 강조한다. 그렇지만 그의 기질은 실제로 그가 한층 엄격하게 객관적인 전제로 삼은 것보다 더 강렬한 편견을 갖도록 한다. 기질은 한층 감상적으로 하거나 아니면 이런 사실이나 저런 원리가 그러하듯 우주에 대한 한층 냉정한 시각을 취하면서 이러저러한 방식으로 증거자료에 대해 편견을 갖도록 한다. 그는 그의 기질을 **신뢰(trust)**한다. 기질에 알맞은 우주를 원하면서, 거기에 어울리는 우주에 대한 묘사들 중 어느 하나를 믿는다. 자신과 상반된 기질을 가진 사람들이 세계의 품성과 조화를 이루지 못한다고 느낀다. 그리고 그들이 자신보다 변증법적인 능력에서 훨씬 뛰어난 실력이 있다 하더라도 실제로 그들이 무능하고 철학적 관심사에 있어서 '비교도 되지 못하는' 인물로 취급한다.

그렇지만 토론모임에서 그는 그가 지닌 기질을 근거로 해서 탁월한 판단이나 권위를 내세울 수 없다. 따라서 우리가 하는 철학적인 논의에서 어떤 위선이 드러났으니, 그것은 **우리의 모든 전제들 중에서 가장 강력한 것이 전혀 언급되지 않는다**는 점이다. 우리가 이런 관례를 깨뜨리고 그것을 언급해야 비로소 명료성을 얻는 데 도움이 되리라고 확신한다. 그에 따라서 나는 그렇게 하는 것이 관례에 얽매이지 않는 것이라고 본다."

제임스는 계속해서 기질에 대해 두 가지 주요 유형의 특성을 묘사한다. 부드러운 기질의 합리주의자는 원리에 의존해서 판단하고, 거친 기질의 경험주의자는 그가 사실이라고 부르는 것에 의존해서 판단한다. 심리학적 유형에 관한 보다 최근의 이론은 다양한 조건을 제시하며 내성적인 기질과 외향적인 기질이라는 용어를 선호한다. 철학자들을 이렇게 두 유형으로 분류하는 것은 그 동안의 전개과정을 추적해 볼 수 있다. 우리는 곧바로 플라톤과 아리스토텔레스를 생각하게 된다. 아리스토텔레스는 내성적이고 합리적인 스승의 뒤를 이었던 외향적 내지는 경험주의 성향의 제자이다. 그는 플라톤주의자가 아니어서 이상세계로부터 사실의 세계로 도망치려고 무던히 애를 쓰는, 기질상의 충돌로 인해 끊임없이 불안감을 나타냈던 것이다. 그 두 사람 앞에, 이오니아의 자연철학을 배경으로 서구의 신비적 전통이 한 줄로 서 있다. 그 이후 부드러운 기질의 스토아 학파의 철학자가 거친 기질의 에피쿠로스학파와 맞서 있다.

이런 대조는 플라톤이 《소피스트》편에서 신과 거인들의 싸움으로 그것을 묘사한 이후 아주 명확하게 드러났다. 그러나 제임스가 철학적 논쟁에서 지적한 바 있는 침묵의 동의에 대해 여전히 철학사가들이 주시하고 있다. 그들은 가벼운 미국인의 경솔한 행동에는 전혀 점잖지 못한 어떤 것이 있다고 느낄 것이다. 그들은 철학자들 못지않게 겉으로 드러난 합리적인 논증의 이면에 적나라한 기질적인 동기가 놓여있다는 것을 내켜하지 않는다. 플라톤의 천재적인 일대기에 대한 자료는 그의 서신에 남아있고 대화편에서도 간접적인 증거에서도 확인다. 빌라모비츠(Wilamowitz)는 문학가로 전문적으로 철학을 가르친 사람이 아닌데도 용기를 갖고 그런 자료들을 활용했다. 심리학이 상당한 존중을 받게 되는 날, 그런 활동이 결코 학술적인 명성을 잃지 않으면서 어느 천재에 의해 기록될 것이다.

철학이 단지 단편으로만 남아 있을 때, 그 저자의 특징을 파악하는 데 실패하더라도 변명의 여지는 있다. 그러나 그럴 때에도 (예를 들어) 헤라클레이토스에 대한 주장의 다양성은 거의 좋지 않은 소문에 가깝다. 헤라클레이토스는 범신론자, 범활론자(panzoist) 및 범논리주의자(panlogist)로 불리었다. 그런가 하면 (슈스터Schuster는) 그를 감각론자이자 경험주의자로, (라쌀Lassale은) 합리주의자이자 관념론자로, (플라이데러Pfleiderer는) 낙관론자로, (마이어Mayer는) 염세주의자 등으로 부르기도 했다. 그는 분명 이런 별도의 이름들을 대부분 이해하지 못했을 것이다. 그 대신 그가 사용했다고 한다면 그런 이름은 한층 단순했을 것이고 그 이상으로 인상에 남았을 것이다. 우리는 고대인들이 매우 독특하다고 보았던 그의 견해들을 상당히 많이 갖고 있으며 또 몇몇 계몽적인 내용의 일화들도 알고 있다. 그의 기질을 분류하는 것은 불가능할 리는 없다. 그리고 그의 생각이라고 돌렸던 이론들의 일부에 대해 그가 주장했던 것일 수 없다는 것을 아주 확실하게 판단하는 것이 불가능하다고 볼 것도 아니다.

내가 윌리엄 제임스에게 인용한 바 있는 구절에서, 우리의 논점에 관해 가장 중요한 언급은 "우리가 취하는 전제들 중에서 가장 강력한 것은 전혀 언급되지 않았다"라는 점이다. 제임스는 그 철학자의 무의식적인 삼단논증에 대해 언급하고 있다. '세계는 나의 기질적인 선호를 만족해야 한다. 기질이 이와 같은 것이라면 그 기질은 선호하는 것을 만족시킬 것이다. 따라서 기질은 이와 같은 것이다(is)'. 그리고 나의 관심은 그것을 입증하는 논변을 찾는 것이다.

쓰여지지 않은 철학 71

즉 순전히 합리적이되 감정에 휘몰리지 않을 그런 논변을 찾는 것이다." 왜냐하면 이 삼단논증은 내가 언급한 신념에 의해 덮여 있기 때문에 그것은 무의식으로 남아있다. 여기서 신념이란, 진리에 대한 욕망으로 움직이고 그 밖의 다른 욕구와 감정으로부터 분리할 수 있는 신적인 이성을 우리가 갖고 있음을 가리킨다. 이제 철학자들이 언제든지 개인의 야망과 탐욕을 초월했다는 것은 사실이다. 또한 고대세계에서 자연학이 철학의 한 분야였을 때, 자연의 탐구는 경제적인 목적을 위해 자연의 동력과 자원을 발굴하는 것과 아무런 관련이 없다. 이 두 방식에서 철학은 일상생활의 끈덕진 쪼들림과 **무관하고** 실제로 떨어져 있다. 한편, 어떤 철학자도 완벽하게 초인이 되는 데 성공하지 못했고 또 (만일 이런 말을 써도 좋다면) 완벽하게 **인간이 아닌** 자가 되지도 못했다. 우나무노(Unamuno)가 한 말을 보자.[4]

"모든 철학의 출발점에는—진정한(실질적인, 이론이 아닌) 출발점에는—원인이 있다. 철학자는 철학적 탐구를 목적으로 삼기보다는 어떤 것을 찾기 위해 철학적인 탐구를 수행한다. 옛 라틴어 속담에 따르면 'Primum vivere, deinde philosophari' (사는 것이 먼저이고 그 다음에 철학하라)이다. 철학자도 그가 철학자이기 전에 사람이므로, 그가 철학적 탐구를 할 수 있기 전에 살아가야 할 필요가 있다. 실제로 그는 살아가기 위해 철학을 하는 것이다."

니체의 구절은 이런 관찰을 더 세밀하게 제시한다.[5]

"지금까지의 위대한 철학이 무엇으로 이루어졌는가 하는 점이 나에게 점차 명료해

---

4 | *The Tragic Sense of Life* (trans. Flitch), p. 29.
5 | *Beyond Good and Evil* (trans. H. Zimmern), p. 10.

졌다. 즉 철학의 창시자들의 고백, 무심결에 그리고 무의식적으로 이루어진 자서전이 그것들이다. 게다가 모든 철학에서 도덕적(또는 비도덕적) 의도가 실제의 생명의 원천인 배아(胚芽)를 구성하였고 그 배아에서 전체 식물이 항상 성장했다. 실제로 철학자가 제시한 매우 난해한 형이상학적 주장들이 어떻게 퍼져나갔는지를 이해하기 위해, 항상 먼저 스스로 이렇게 물어보는 것이 좋다.(그리고 현명하다.) 그들은(또는 그는) 어떤 도덕성을 목표로 정했는가? 그 결과 나는 '지적인 자극'이 철학을 탄생시킨 아버지라는 것을 믿지 않는다. 그러나 또 다른 자극은, 여기서뿐 아니라 그 외의 다른 곳에서, 지식을 도구로서 이용하였다.(그리고 지식을 악용했다!)"

여기서 철학자는 무심결에 그의 비밀을 드러내고 있다. 어떻게 니체가 그 자신에게 적용할 수 있는 이다지도 완벽한 통찰력을 가진 언급을 알아차리게 되었는지 나로서는 놀라울 따름이다.

이제, 희랍 철학에서 아리스토텔레스가 죽은 후 유스티니아누스가 학교를 폐쇄할 때까지 8세기 반에 이르는 동안, 니체가 지적한 점이 뚜렷이 수면 위로 떠올랐다. 제논과 에피쿠로스 시대 이후 철학은 도덕에 관한 철학이 되었다는 것을 누구나 알 수 있다. 윤리학은 우리가 말하는 바와 같이 논리적인 사변과 자연 탐구를 볼품없이 만들고 불리하게 하였다. 중요한 물음은 이렇다. "인간의 행복을 만나게 할 궁극의 선은 무엇인가?" 그리고 인간을 넘어서 세계 전체에 대해 탐구할 때, 다음과 같이 묻는다. "우주는 인간을 보살피는 도덕적 힘에 의해 지배를 받는가, 아니면 그렇지 않은가?" 스토아학파와 에피쿠로스학파는 다 같이 아우구스티누스의 말을 그들의 좌우명으로 삼을 것이다. "누구도 그가 행복해 질 수 없다면 결코 철학을 할 이유가 없다(Nulla est homini philosophandi causa, nisi ut beatus sit)." 이 격언은 방금 인용한 니체의 구절과 아주 비슷하다. 이 두 가지 중요한 체계는 절망에 쫓기며 시달림을 받을 영혼을 보호하기 위해 그리고 체념, 극기 그리고 마음의 평화를 이룰 수 있도록 하기 위해 세운 요새이다.

그래서 철학은 솔직하게 도덕적이고 인간 중심으로 되었다. 그러나 비교적 덜 솔직하고 덜 명백하기는 했어도 이미 초반기 독창적 시대에도 그러했다. 제논과 에피쿠로스 앞에, 소크라테스는 "행복하기 위해 우리는 어떻게 살아야 하는가?"라는 물음을 전경(前景)으로 내놓았다. 플라톤이 《파이돈》편을 저술했을 때, 그는 철학의 방향을 재정립하면서 스승의 본질적인 업적을 보았다. 대화편의 끝에 이르러, 플라톤은 소크라테스로 하여금 그가 몸소 경험했던 것을 일종의 지적 전환으로 묘사하도록 한다. 그렇지만 플라톤은 어떤 한 개인의 일대기에서 다룬 구절보다 그것이 한층 깊은 의미를 담고 있다는 사실을 알고 있었다. 그것은 서구유럽의 철학사에서 갈림길―아마 가장 중대한 갈림길―이었다. 소크라테스는 이전의 낡은 물음에서, 즉 "만물은 궁극적으로 무엇으로 이루어져 있는가?"라는 물음에서 벗어났다. 잘 알려진 바와 같이, 우리가 사는 세계는 어떻게 무질서한 원초적인 상태로부터 생겨났는가? 소크라테스 생애의 후반기는 주요 전쟁의 주변 환경에 몰두하며 시간을 보냈다. 그 환경에서 도덕적 삶의 토대가 흔들리고, 전통적인 제도는 도덕적 삶이 파멸에 이르는 것을 막아내지 못했다. 그러한 상황에서 그 균열을 막을 수 있는 위대한 정신은 인간의 사는 목적―우리가 무엇을 위해 살아야 하는가―이 자연계의 근원보다 더욱 절박한 문제라는 점을 주장하는 것은 당연하다.

따라서 직접이든 간접이든 소크라테스에서 시작하는 철학은 실제로 도덕에 관한 철학이다. 플라톤이 합리성을 지녔음에도, 그의 사고는 늘 사회의 실제적인 개혁으로 향한다. 그래서 우리는 그 문제를 추상적이되 개인적이 아닌 용어로 내놓는다. 그러나 그 이면에는 한층 다정하고 인간미가 넘치는 어떤 것이 있다. 그 당시 악폐의 문제를 풀기 위해 플라톤은 어떤 처방을 내놓았는가? 그것은 바로 "철학자는 왕이어야 한다"는 것이다. 이 역시 추상적이기는 하되 개인적인 진술은 아니다. 그러나 《제 7서한》에서 플라톤은 어떻게 그 명제에 이르게 되었는가를 언급하였다. 전쟁이 끝나가는 동안에, 그리고 그 이후 얼마 동안 그는 친구들의 강요로 공직생활을 하였다. 그는 여러 번 굴복할 유혹을 받았다. 그러나 그는 그들과 합류하기로 입장을 결정하기 전에 태도를 유보한 채 그들이 취하는 일단의 조처들을 관찰했다. 그때마다 그는 지나치게 부당한 그들의 행태로 인해 반감을 갖게 되었다. 그리고 그는 그가 힘을 모아 협력할 정치가나 정당이 없다고 결론을 내렸다.

"그래서 (그가 기록하는 바) 처음에 공직에 가담할 열정으로 넘쳤던 나는 이런 사건들을 보고 또 모든 것이 산산이 무너지는 사태를 보자 마침내 당혹감에 빠졌다. 나는 어떤 방식으로 이 모든 일들이 바로잡힐 수 있을지에 대해, 그리고 특히 국가의 전반적인 조직화에 대해 끊임없이 고민을 멈추지 않았다. 그러나 나는 줄곧 행동에 옮길 적절한 기회를 기다렸다.
마침내 나는 혁신적인 조처와 좋은 환경이 결합되지 않은 한, 존재하는 모든 국가의 조직은 나쁘고 그들이 조직한 단체들도 거의 쓸모가 없다는 사실을 알았다. 진정한 철학을 칭찬하며 나는 그러한 철학을 출발점으로 할 때만 공적 권리와 개인의 권리에 대해 참된 관점을 취할 수 있다는 사실을 확인하기에 이르렀다. 그리고 그에 따라 인간은 진정으로 지혜를 사랑하는 자가 정치권력을 장악하거나 또는 권력을 쥔 자가 어떤 신성한 명령에 의해 참으로 지혜를 사랑하는 자가 되기 전에는 결코 분란의 결말을 보지 못할 것이다."

《국가》 편은 처음부터 끝까지 이 명제를 설명하고 정당화한다. 진정으로 지혜를 사랑하는 자(철학자)는 성격과 지성이 교육을 잘 받아 선악(좋음과 나쁨)의 차이를 알고 인간이 살면서 추구하는 목적의 참된 가치를 알고 있는 사람이다. 사회는 지금 그런 사람이 통치하지 않고 부와 권력을 쥔 자가 지배한다. 이런 사람은 자신의 국가가 가장 부유하고 가장 강력해야 한다는 것보다 더 높은 통치목적을 알 수 없다. 이들 자신의 생활은 똑같은 원칙에 따라 지시를 받는다. 《국가》편에서 제시한 물음과 답변은 이렇다. 희랍의 도시국가에서 최소한 바뀌어야 하는 것은 무엇인가? 그것은 지금 통치를 하는 자들이 적절한 지위―종속된 지위―에 있어야 하고 국가는 참으로 가치 있는 삶이 무엇인지를 아는 자가 통치하도록 확고하게 보장하는 것이다.

도시국가는 이미 없어진 제도이다. 그러나 본질적으로 같은 문제를 근대사회가 직면하고 있다. 《국가》편을 읽어본 사람이라면 온 국민이 독재자에게 구원의 손길을 호소하는 비극적인 광경을 목격하게 된다. 이 독재자는 여전히 모든 시민이 똑같이 부유(또는 가난)하거나 자신의 조국이 다른 나라보다 더 강한 군사력을 소유할 때 모든 일이 잘 되리라 믿고 있다.

플라톤주의는 근본적으로 현행 도덕적 가치를 뒤바꿀 것을 요구하는 것으로 볼 수 있다. 지혜를 사랑하는 자가 왕이 되기 전에 인류는 결코 행복을 누릴 수 없다는 그의 이론에 이런 요구가 구체적으로 나타나 있다. 이런 이론이 근대의 만병통치식 처방과 어느 정도 잘 어울릴 수 있을지를 살펴보는 것은 흥미롭다. 근대의 만병통치식 처방은 사회의 모든 차별을 없애려고 사회의 상층부를 아래로 끌어내리는 데 있다. 그러나 이것은 우리의 주제와 관계가 없다. 내가 반드시 되돌아가야 할 곳은 니체가 간파한 도덕적 충동이 그런 '강력한 전제들'이 결코 아니라는 사실이다. 이 전제들은 실로 전혀 언급되지 않는 것이 아니다. 오히려 사상가들이 스스로 알고 있는 추상적 사유에 관해 실제로는 더 잘 그 방향을 규제하며 결론을 미리 정해 놓고 있다. 내가 말한 바와 같이, 우리는 사회개혁의 핵심 계획에 대해 플라톤주의의 전반적인 구조를 세울 수 있다. 우리가 형상 또는 이데아의 이론이라고 부르는 것, 그리고 그에 따른 우주 전체의 개념은 도덕적 테제로부터 충실히 연역 가능한 것으로 나타낼 수 있다. 우리는 우연찮게 플라톤의 서한 일부를 확인할 수 있어서, 그러한 테제의 이면에 그 테제가 구체적으로 드러나는 사적인 문제의 감정적 강압을 알아볼 수 있다.

지금까지 나는 단편들로부터 하나의 체계를 세우거나 또는 온전한 철학적 저작을 해석하는 데 있어서 고려해야 할 여러 요소들 중의 하나로서 개인의 양식에 관해 다루었다. 우리는 철학자의 기질을, 그가 무엇을 가르칠 수 있었고 무엇을 가르칠 수 없었는지를 결정하는 수단으로 파악해야 한다. 그리고 많은 경우 우리는 표면상 인간의 행위와 거의 또는 전혀 무관해 보이는 이론들의 뒤에 숨어있는 도덕적 동기들을 찾아보아야 한다.

이제 우리는 다른 요소, 즉 전체적으로 중세 또는 근대적 사유와 뚜렷이 구별되는 특징을 고대철학에 부여한 문화적 전통에서 살펴보자. 이것은 지적인 분위기의 문제로, 말하자면 같은 언어를 쓰는 동일한 문명의 구성원들 모두가 공동으로 숨을 쉬는 공기이다. 여기서 우리는 명시적으로 전혀 언급될 것 같지 않은 전제와 가정들에 이르렀다. 왜냐하면 분명히 그것들은 모든 철학자들이 공통으로 지닌 속성이지 논쟁에서 드러나는 상이한 관점들이 아니기 때문이다. 논쟁은 양쪽이 동의하는 어떤 근본적인 출발점이 없다면 진행될 수 없다. 이러한 공통된 토대는 그들이 똑같이 알고 있는 최후의 것이다. 따라서 철학적 논쟁에서 대부분 전혀 언급이 없이 지나가는 경향이 있다.

나는 여기서 화이트헤드 박사의 말을 인용해 보겠다.

"당신이 어느 한 시대의 철학을 비판할 때, 당신의 관심을 주로 해설자가 노골적으로 옹호하려고 하는 지적 입장들에 기울이지 말라. 그 시대에 다양한 체계의 신봉자들이 무의식적으로 깔고 있는 어떤 근본적인 전제들이 있을 것이다."

여기서 분명히 제시하는 경고는 이렇다. 만일 우리가 실제로 어느 한 철학자가 하는 말이 무엇인지를 안다면 우리는 그가 말하지 **않은** 것에 대해 신경을 곤두세워야 한다. 왜냐하면 그도 그렇고 그의 적대자들도 그런 것을 당연하게 받아들이기 때문이다.

그것을 개인적으로 숨길 아무런 동기는 없다. 그러므로 문제의 전제들은 단지 너무 뻔해서 언급할 가치가 없기 때문에 언급되지 않는다. 이런 이유로 우리는 어느 한 시대의 철학을 표현하는 데 쓰인 그 시대의 언어를 고찰하기에 이른다. 철학은 특별히 상당한 양의 추상어(抽象語)를 필요로 한다. 그리고 희랍어와 라틴어를 번역하고 또 그 언어들로 옮기는 학문은 우리에게 추상어들—만질 수 있는 대상물과 구별되는—이 그것들이 지닌 의미를 바꿔 버리는 묘한 기질이 있다고 가르쳐 주었다. 이것은 전적으로 무의식적인 필요성에 부응해서 일어나기 때문에 감지할 수 없는 과정을 통해, 언어 자체의 계속된 수명 안에서 일어난다. 로고스(logos)와 같은 용어를 예로 들어 보자. 스토아학파는 이 용어를, 그리고 이 용어가 가리키는 많은 것들을 헤라클레이토스에서 빌려왔다. 그러나 고대의 스토아학파는 누구도 헤라클레이토스와 제논에 이르는 두 세기에 걸쳐 그 용어가 얼마나 많은 의미를 잃었는지 아니면 얻었는지에 대해 우리에게 말해 줄 수 없었다. 그는 분명히 그 용어가 그가 받아들인 의미 그대로 헤라클레이토스도 의미한 것이라고 전제하였을 것이다. 우리는 물론 이것이 사실이 아니라고 확신할 수 있다. 그러나 영어로 생각하고 쓰는 우리는 더 큰 어려움과 씨름해야 한다. 근대의 언어는 어떤 것이든 헤라클레이토스나 스토아학파가 로고스(logos)에 담았던 의미의 일부만 포함할 뿐이다. 근대철학은 주로 희랍어를 라틴어로 옮긴 용어로 전개되었고 그러고나서 라틴어에서 파생된 많은 언어로 다양한 노선을 따라 펼쳐졌다. 단어는 동전과 같다. 실링(영국 화폐 단위, 12펜스)과 하프크라운(2실링 6펜스 은화)은 크기와 무게가 사뭇 그대로 남아있다. 겉모양이 변하지 않아서 그것들이 지닌 구매력이 끊임없이 변화했다는 것을 알아차리기 어렵다. 그것을 온전히 깨닫기 위해서, 우리는 독일의 인플레이션 시기에 있었던 현상과 같은 충격이 필요하다. 그때에는 아침에 1천 마르크였던 버터 한 조각의 가격이 저녁에 2천 마르크가 되곤 했기 때문에 하루에 급료를 두 번 지불해야 했다. 우리는 때로 근대철학자들이 고대철학에 대해 쓴 모든 것들을 어느 정도 현행 언어로 바꿈으로써 그리고 개념의 범위와 내용이 근본적으로 변화함으로써 가치가 떨어지고 왜곡되었다는 사실을 상기하는 것이 바람직하다.

우리가 고대어와 동일한 가치의 근대어를 찾는 부수적인 난점을 제쳐두더라도, 오그덴(Ogden)과 리차드(Richards)가 《의미의 의미 *The Meaning of Meaning*》라고 부른 저서에서 다룬 문제가 남아있다. 우리가 어느 한 단어의 의미에 관해 말할 때, 우리가 말하고 있는 대상은 정확히 무엇인가? 이것은 (그 책을 읽은 이는 알겠지만) 대답하기 매우 어려운 문제이다. 내가 할 수 있는 것이라고는 희랍의 철학적 용어에 대한 역사를 시사하는 것뿐이다.

세계에 관한 희랍민족의 사유—자연계를 이루는 것은 무엇인가—는 두 주요 단계를 거쳐 갔다. 하나는 마법적-종교적 내지는 신비적 단계이고 다른 하나는 철학적 내지는 합리적 단계이다.

초기단계의 신비적 사유는 어느 정도는 합리적이다. 그래서 그것은 교육이 부족하고 비교적 어린아이 또래의 지성을 충족시키는 설명을 제시한다. 그러나 이런 설명 **형식**은 의식적인 관심을 기울인 노력이 지배하는 직접적인 논리적 사유라기보다는 몽상—또는 합당한 꿈—과 비슷하며, 거친 말과 추상적인 개념을 쓴다. 꿈 속 사유는 일종의 **수동적** 사유이다. 정신은 일련의 시각적인 이미지를 주시하는데 이런 이미지는 마치 어떤 내부의 원천에서 홀연히 일어나듯이 부르지 않아도 정신 앞을 지나간다. 그것은 이미지와 상징의 흐름이지 지적인 개념이나 추상적인 관념의 흐름이 아니다. 이런 구체적인 이미지와 상징에서, 우리가 '의미'라고 부르는 것은 풍부한 감각적인 내용에 싸여있다. 이런 감각적 내용은 합리적인 이성을 가진 사람들이 분석을 해보면 관련이 없는 것일 수 있다. 의미나 사유 또는 관념은 상징과 그림 속으로 빠져 들어가 몸을 숨긴다. 그래서 그것들은 오직 공들여 꾸준히 분석을 해야만 끄집어 낼 수 있다.

이런 설명은 신비한 단계의 사변에도 적용된다. 간단한 예로 우주생성론의 개념―질서를 갖춘 세계의 생성 또는 출생―을 들춰보자. **생성(becomming)**이라는 추상 관념은 여전히 **출생(birth)**이라는 구체적인 이미지로 드러났다. 즉 'genesis, gignesthai' 라는 단어는 계속해서 두 경우 모두에 쓰인다.

신비적인 단계에서 출생에 수반하고 결합(association)된 것, 따라서 성에 수반되고 결합된 것은 여전히 생성에 포함되어 있다. 결혼을 하는 두 부모, 아이를 낳게 하는 아버지, 아이를 낳는 어머니. 그래서 세계의 기원에 관한 신비적인 설명은 우주 **생성**(cosmo**gonia**) 또는 신들의 **기원**(theo**gonia**)의 형식을 취한다. 각각의 새로운 요소는 결혼의 소산으로 받아들인다. 헤시오도스에서 예를 들어 우주생성론은 신들의 기원과 구별할 수 없는 한 부분이다. 그래서 전체적인 발전은 계통수의 도식을 취한다.

출생의 구체적인 이미지는 생성(존재하기 시작함)의 추상적인 관념보다 내용이 더욱 풍부하다. 그러나 만일 우리가 추가되는 내용을 '결합' 으로 기술한다면, 우리는 처음에 그것이 결코 **분리**(dissociated)되지 않았던 요소로 이루어져 있다는 점을 기억해야 한다. 생성의 추상적인 개념은 나중에서야 비로소, 출생의 개념에서 성-형상의 도식을 제거함으로써, 자유롭게 되었을 따름이다.

이런 제거 작업과 추상 과정은 어느 한순간에 모두 이루어지지 않는다. 그것은 점진적인 과정이다. 합리적 이성이 분리하려고 한 추상적 의미의 핵심은 우리가 지금 '결합' 이라고 부르는 미묘한 부분에 둘러싸인 채 남아 있다.

이러한 결합은 시에 남아 있다. 왜냐하면 시인들은 계속해서 산문체의 개념보다는 구체적인 이미지를 활용하기 때문이다. 그중 어떤 것을 문법가들은 '은유' 라고 부른다. 그러나 전통적인 은유는 사실 한 단어를 새로운 의미로 '옮기는 것' 이 아니다. 산문체의 언어로 분리된 사유의 요소들을 결합시킬 때, 그것은 단지 시대에 뒤떨어진 결합일 수도 있다. 순수한 신화-창작의 원초적 단계가 지난 뒤에, 전통적인 시대가 온다. 여기에는 옛 이미지와 상징이 보존되어 있지만 초기의 의식과 함께 그것들은 고유했던 의미를 넘어선다.

헤시오도스에서 그것들은 은유와 비유로 바뀌는 과정에 있다. 그가 므네모시네(기억의 여신)의 딸인 무사 여신들에 대해 말할 때, 그것은 순수한 신화가 아니고 비유이다. 즉 그것은 산문체로 표현할 수 있지만 더 이상 문자로서는 의미하지 못하는 언어 안에 의식적으로 숨겨져 있는 생각이다. 페레키데스(Pherecydes)는 변화기의 단면을 보여주는 좋은 예이다. 아리스토텔레스는 만물의 근원(밤, 혼돈, 대양의 신)이 아니라 제우스에게 통치권을 준 고대 시인들(**theologoi**)을 언급한다. 그리고 그는 페레키데스가 '전적으로 신비한 용어로 자신을 표현하지 않는 혼합된 계층'에 속한다고 말한다. 페레키데스의 단편은 실제로 신화, 비유 그리고 사실에 충실한 진술들이 혼합되어 있다.

결국 합리적 사유가 자각해서 자신을 드러내고, 가장 앞선 지성의 소유자들이 신화의 꿈에서 깨어나는 때가 올 수 있다. 그들은 신화의 형상이 믿을 수 없고 환상이 되었다는 것을 안다. 그들은 사실 그대로 실제의 진리를 요구한다. 이런 탐구는 서기전 6세기 이오니아에서 있었다. 서구세계에 철학 또는 학문이라고 부르는 것이 생겨났다. 철학자들은 명료하게 생각하려고 노력하면서 옛날에 나온 주장들을 버린다. 결합의 분위기는 사라지고, 추상개념―새로운 사고의 틀―이 등장하기 시작한다.

손쉽게 범하는 오류는 (사전이 조장하는) 한 단어가 처음에 단 하나의 의미를 지녔다고 가정하는 것이다. 이 단어는 기록된 문서에서 처음 모습을 보일 때 맨앞에 온다. 그리고 이어서 다른 의미들이 쌓여간다. 원래 의미가 복합된 것이라고 말하는 것이 사실에 더 가깝다. 여기서 이후에 오는 거의 모든 의미들은 풀 수 없을 정도로 혼합되어 있다. 어원론에서 만일 우리가 한 단어의 뿌리를 파고들어 간다면, 우리는 종종 같은 뿌리에서 다양한 단어들이 퍼져 나왔다는 사실을 보게 될 것이다. 이런 단어들의 의미는 이제는 완전히 따로 떨어져 버려서 우리는 그것들 사이에 어떤 연관성이 있는지를 알아낼 수 없다. 개념을 공들여 다듬는 것은 인간이 생각하고 말하기 시작한 이후, 무의식에서 진행되어 왔던 갈라진 과정을 의식의 차원에서 신중하게 지속하는 것일 뿐이다. 그렇게 공들이는 작업의 더 많은 부분은 우리가 기록을 처음으로 시작하기 전에 이미 이루어졌을 것이다.

옥스퍼드의 튜터를 맡아 강의하면서 나는 가장 흔한 물음의 하나인 "우리가 이러이러하다고 말할 때 정확하게는 무엇을 의미하는가?"에 대해 고민해 보았다. 이 물음은 소크라테스만큼이나 오래되었고 그가 살았던 때부터 시작되었다. 우리는 소크라테스가 프로디코스(Prodicus)의 강의에 흥미가 있었다는 사실을 안다. 프로디코스는 맨 처음 소위 동의어들을 세밀하게 구별하려고 했던 사람이다. 그러나 매우 중요한 용어들이 여전히 애매하다는 것을 명확히 깨닫기에 앞서 철학적 논변은 오랫동안 진행되었다. 아리스토텔레스의 두드러진 특징은 이러저러한 용어들이 다양한 의미를 지녔다는 사실을 발견함으로써 그 당시에 제기된 많은 문제들을 해결했다는 점이다. 자신의 모국어 이외에 다른 말을 몰랐던 희랍인들이 치밀한 정의를 통해야 비로소 구별될 수 있는 수많은 개념들을 한 단어가 떠맡아야 한다는 사실을 알아내기는 매우 어려운 일이었다. 이렇게 해서 철학적 논의는 줄곧 언어의 애매성에 담긴 암묵적인 전제에 의존해 왔다. 한 단어에 포함된 사유의 결합과 연결이 충실하게 사물들 간의 결합과 연결을 재현한다는 것은 당연하게 받아들여졌다. 즉 희랍어의 구조는 곧 세계의 구조를 그대로 반영한다는 것이다. 플라톤 자신은 모든 사물은 자연히 거기에 속하는 이름이 있고 그리고 참된 본성을 갖고 있다는 믿음을 씻어 버리기 위해 완결된 대화편 《크라틸로스》를 썼다. 그런 믿음을 갖고 있는 한, 한 단어의 모든 결합은 그런 이름을 가진 사물의 실제적인 속성을 가리킨다는 사실을 불가피하게 전제한 것이다.

아마 오래 전에 고도의 추상성에 이른 두 개념—**시간**과 **공간**의 개념—을 써서 내가 의미한 바를 예시할 수 있겠다. 우리가 사는 시간과 공간의 전체적인 틀은 지난 2천 년 동안 어떤 변화도 겪지 않았다. 상대성 이론을 알기 전에, 우리가 쓰는 또는 적어도 우리가 썼던 시간과 공간의 속성을 고대인들도 틀림없이 파악했을 것이라는 사실은 최근까지도 명백한 것이었다. 우리의 논의를 위해 저 상대성이론은 실제로 우리의 사유구조를 꿰뚫고 있었던 것이 아니기 때문에 그 이론을 무시해도 좋다. 수리물리학자가 무엇을 말하든, 우리는 여전히 시간은 한정 없이 과거로 되돌아가고 또 한정 없이 미래로 나아가는 직선으로 상상한다. 그리고 우리는 공간이 순전히 한정 없이 연장된 삼차원의 연속체(continuum)라고 상상한다. 우리는 시간에서 앞쪽으로 또는 뒤쪽으로 여행할 수 있고, 또 공간에서는 되돌아가거나 끝이나 출발점에 이르지 않더라도 아무 쪽으로 여행할 수 있다고 믿지 않을 수 없었다. 이것은 너무도 명료해서 고대인들도 또한 그것을 명료하다고 생각한 것이 실제로 그런지 어떤지를 의심조차 하지 않았다. 그러나 나는 5세기의 평범한 희랍인이 우리의 생각과 같지 않았을 것임을 알 수 있다고 생각한다. 그들에게 공간이 무한하고 형태가 없이 연장된 것이 아니라 유한하고 원형이라는 사실, 그리고 시간은 끝이 없는 직선이 아니라 곡선이라는 사실이 당연하다고 생각한다. 내가 지금 당장 이런 주장을 확인해 줄 증거를 제출할 수는 없다. 어떤 증거들은 시간의 개념에 얽혀있고 시적인 상상 속에 남아있는 옛날의 결합에 관한 연구로부터 이끌어 내야 하는 것이고, 또 다른 증거는 명확하게 드러난 철학자들의 진술로부터 이끌어 내야 한다.

 공간을 살펴보자. 5세기에 원자론자들은 공간의 존재를 주장했는데, 그 공간에서 무한한 물질입자가 아무런 제약 없이 무한히 운동할 자리가 있었다. 그러나 그렇게 할 때 원자론자들은 누구나 상식으로 인정하는 생각을 세우지 않았다. 이들보다 앞서 있던 파르메니데스는 완전한 존재는 유한한 원형이라고 주장했다. 그 원형 밖에는 **어떤 것**(something, 모든 존재는 내부에 있다)도 없고 **없는 것**(nothing, '없는 것'은 존재하지 않기 때문에)도 없다. 원자론자들 이후에, 플라톤과 아리스토텔레스는 우주자연은 원형이고 유한하다고 가르치기도 하고 또 우주 밖에는 빈 공간이 존재하지 않는다고 가르쳤다. 만일 밖에 빈 공간이 없다면 지각할 수 있는 원형의 우주물체는 공간 전체를 꽉 채워야 한다. 따라서 공간은 그 자체가 원형이고 유한하다. 에피쿠로스학파―예를 들어 루크레티우스와 같은―는 계속해서 무한한 공간을 주장하였다. 그러나 주로 플라톤과 아리스토텔레스의 권위가 중세를 통틀어 지배했다.

시간이 원형으로 간주되었다는 사실이 실제로 아리스토텔레스의 《자연학》에서 상당히 많이 언급된다. 시간은 운동과 분리될 수 없고, 시간으로 측정되는 운동은 순환하는 주기―날, 달, 해―이고 천체에 상응하는 회전운동이다. 이 모든 운동은 순환한다. 시에서 시간의 속성과 결합은 분명히 1년의 순환주기에서 빌려왔다. 1년을 주기로 해서, 자연의 생명은 겨울의 죽음에서 봄의 탄생으로 이어지고 성장과 소멸, 죽음과 재생이 이어진다. 즉 생성이 순환하는 주기이다. 나로서는 상세한 증거도 없이 이런 진술들을 받아들일지라도, 핵심은 이런 추상적 개념들―주로 암묵적으로 문화 전반의 공통된 특징으로서 전제되어 있다―이 대단히 중요한 종교적·철학적 결과를 수반한다는 점이다.

공간은 유한하고 원형이라는 전제와 더불어 우리가 사는 지구는, 플라톤과 아리스토텔레스가 주장하듯이, 우주의 중심에 있다는 믿음이 함께 한다. 태양이 신성이자 생명과 빛의 근원으로서 오랫동안 막강한 권한을 잡고 있었음에도, 사모스의 아리스타르쿠스(Aristarchus of Samos)는 태양을 중심적 위치에 놓는 일을 잘 해낼 수가 없었다. 무한한 우주에서 중심이란 있지(is) 않기 때문에 우리의 세계 전체―지구, 행성 그리고 별―는 만물의 중심이 아니라는 에피쿠로스의 불경스런 이론은 수용 가능성이 상당히 적었다. 그 결과의 중요성은 아주 멀리까지 미친다. 누구보다 잉에(Inge) 박사는 전체의 기독교 신학은 결코 지구중심주의를 포기한 적이 없음을 지적했다. 갈릴레오가 망원경을 만든 이후 우주의 광대한 심연이 드러나게 되었고, 이 광대한 심연은 다른 우주와 연관해서 볼 때 인간의 삶이 가진 가치와 중요성과 실제로는 아무런 관계가 없다고 말할 수 있을 것이다. 그럼에도 만일 무한한 공간이, 중심도 없고 주변도 없는, 줄곧 명백하고 의심의 여지가 없는 논거로서 수용되었다면, 고대와 중세의 우주론과 신학은 사실 전혀 다른 모습을 보였을 것이다.

시간의 순환성은 따라서 기묘한 결론에 이르게 되었다. 인류의 역사가 잃어버린 낙원에서 시작하여 되찾은 낙원에서 끝난다는 것은 성경에만 있는 것이 아니다. 모든 고대의 사유에서도 아득히 먼 시대의 황금기에 대한 미련이 떠나지 않고 있으며, 크로노스의 통치가 언젠가는 돌아오리라는 희망도 사라지지 않고 있다. 초창기 철학에서, 세계는 탄생한 시간이 있었고 소멸되리라는 사실을 의심하지 않고 전제로 놓았으며, 이후에도 이런 전제들을 다른 사람들이 계속 이어받았다. 자연(Nature)의 현상에서는 그런 과감한 이론을 가리키는 그 어떤 것도 없다. 이것은 시간을 순환의 이미지와 결합하는 모든 우주생성론의 원시적 전제로서, 끝은 시작과 꽉 밀착되어 있다. 피타고라스의 사상에는 영원한 반복성에 대한 한층 간결한 이론이 나온다. 즉 지금 일어나는 모든 것은 전에 일어났던 것이고 그리고 영원히 반복해서 일어날 것이다. 인류는 야만적인 환경에서 끊임없이 발전해 간다는 근대의 믿음이 고대에서도 있었지만 확고하게 굳어 있을 수 없었다. 확실히 대부분의 사람들은, 헤시오도스의 경우, 인간은 황금기 이후 퇴보했다고 계속 주장해 왔다. 플라톤은 당연히 철학자의 통치에 대해 말한다. 그리고 베르길리우스는 아우구스티누스 황제의 통치에 대해 말하는데, 이것은 과거의 잃어버린 행복으로 되돌아가는 것으로, **사투르누스(크로노스)의 통치시대로 되돌아가자(redeunt Saturnia regna)**는 것이다.

이런 사례들은 자연학이나 형이상학에 관한 이론뿐 아니라, 인간의 역사에 대한 전반적인 관점이 어떻게 추상적 체계의 개념에 의해 지배를 받게 되는가를 보여준다. 그런데 이러한 추상적 체계의 개념은 언급될 필요가 실제로는 극히 드물기 때문에 눈에 띄지 않는다.

4

플라톤의 국가[1]
Plato's Commonwealth

1935

一

나라의 발전이 해군력과 해외무역에 의존하게 되어 있는 상황에서, 어떤 나라가 제왕에 맞서 동맹을 이끌며 유럽의 상당 부분을 그의 지배세력에 편입시킴으로써 굴복시켰다. 그 제왕은 패했다. 그리고 비교적 평온한 시기를 맞으며 광활한 영역에서 자유를 쟁취한 그 나라는 평화 정책으로 주변국 사이에서 주도권을 잡을 기회를 얻는다. 본국에서 민주제도는 논리적인 완성을 향해 발전하고, 국외에서는 해외의 지배세력을 강화함으로써 야망이 충족된다. 황금기의 번영과 발전이 또는 우리가 더 어두워진 시대에 그것을 되돌아 볼 때 그럴 것 같고 그 시기가 오게 되어 있다는 것이다. 사실 팽창하는 번영은 무역거래에서 경쟁자의 시기심을 함께 고려해야 한다. 그리고 팽창하는 제국이 언제나 그가 침탈하고 합병한 나라들로부터 혜택을 입었다고 환영을 받는 것은 아니다. 긴장은 점점 높아간다. 대륙의 세력은 그곳 시민들이 고도의 군사력으로 훈련을 받게 하여 전쟁을 선포한다. 각 나라는 양쪽으로 나누어 동맹을 맺는다. 양쪽 진영은 어느 쪽도 다른 쪽을 압도할 만큼 충분히 강하지 않고 치명상을 입힐 정도로 강력하지도 않은 처지에 있다. 어느 쪽에서도 뛰어난 군인이 나타나지 않는다. 그리고 전쟁은 오래 질질 끌다가 변변찮은 승리를 거두거나 변변찮은 패배로 이어진다. 긴장된 불안과 그리고 전쟁 중에 덕의 이름을 가장한 매우 추잡한 열광이 터져 나오며 전투병들을 비도덕적으로 타락시킨다. 문명화된 삶의 바탕에 암묵적으로 인정받아온 관습에 대해 회의를 품게

---

1 | The Samuel Dill Memorial Lecture, 퀸스 대학에서 행한 강의, 벨파스트, 1933.

되고 공공연하게 그것을 거부한다. 사람들은 민주주의에 대한 믿음을 잃는다. 그리고 자유에 대해서도 마찬가지이다. 그들은 점점 더 사는 것 자체에 대해서도 신뢰할 수 없게 된다. 그들의 정신에서 급소 어딘가 끊어져 나간다. 그리고 기진맥진한 전쟁이 비참한 종말로 끝날 때, 사람들은 낙담하고 무력감에 빠져서 노력을 기울일 추진력이 없어 가치 있는 미래를 믿을 수도 없게 된다.

이런 묘사는 (아마 짐작한 대로) 내가 여러분에게 페르시아와 치룬 전쟁부터 페리클레스의 황금기를 거쳐 펠로폰네소스 전쟁에 이르는 아테네의 역사와 플라톤의 초기 인간성에 대해 말하려고 하는 것인지, 아니면 나폴레옹과 치룬 전쟁부터 빅토리아 여왕의 황금기를 거쳐 1914년의 전쟁에 이르는 영국의 역사와 젊은 세대의 초기 인간성에 대해 말하려고 하는지를 의심스럽게 만들 것이다.

우리는 인간사가 (고대인들이 믿었던 그대로) 주기적으로 순환하고 역사도 반복된다고 믿지 않는다. 그러나 나와 같은 빅토리아 세대의 사람들은 중년에 전쟁을 겪게 되었는데, 그들은 서기전 4세기가 시작되는 아테네와 두 가지 공통점을 만난다. 그 중 하나는 민주주의에 대한 믿음의 붕괴―그것이 일시적이든 영속적이든―이다. 또 하나는 빅토리아 시대 사람들이 마치 정신이 파산한 것처럼 우리에게 보인다는 것이다. 이들은 어린 시절에 전쟁을 겪은 세대이다. 아마 이 두 가지 특징은 모두 같은 문제에서 비롯된 징후임이 확실하다. 민주주의를 믿기 위해, 우리는 본질적으로 선한 공통의 인류애를 믿어야 한다. 그리고 우리가 전쟁상태에서 인류애를 알았다 해도 그런 믿음을 지키기는 어렵다. 만일 인간이 서로에 대해 믿음을 잃어버리면, 그들은 자신에 대해서도 믿음을 잃어버릴 수밖에 없다. 자유를 찾을 가능성이 없게 되어서, 그들은 권위에서 도피처를 찾으려 할 수 있다. 설득할 가능성이 없게 되어서, 폭력을 유일한 희망으로 삼을 수 있다. 우리는 잇따라 민주적인 제도가 독재자에게 복종하는 나라들을 얼마간 목격하였다. 어떤 이들은 그들의 손이 너무 약해서 노를 저을 수 없다고 느끼거나 어디로 노를 저어 가야 할지 몰라 로마 가톨릭 교회의 거대한 함선에 기어오른다. 이 배는 민주제도가 아니라 뱃머리에 무오류의 지혜를 내걸고 거기에 확실하게 의존하는 조직이다. 어떤 이들은 또 어떻게 냉혹한 운명의 도구가 되는가 하는 방법을 일러주면서 역사에 대한 저급한 해석으로 여전히 무오류의 지혜를 찾아갔다.

   서기전 4세기 희랍에서 우리는 정치적 또는 정신적 절대 권력을 바라는 이와 비슷한 어떤 점을 볼 수 있다. 그래서 일반 사람들한테서 그들이 감당할 수 없는 책임을 빼버리고 그들의 삶을 스스로 선택할 수 없는 어떤 목적을 향해 가도록 이끌어 간다. 크세노폰의 저작 가운데 어떤 것은 자비로운 독재를 갈망하는 모습을 보여준다. 그의 정치 소설인 《키루스의 교육 *Cyropaedia*》은 페르시아의 독재 군주를 온정주의적 군주로 미화시킨다. 심지어 그는 대략 6년간 희랍을 통치한 아게실라오스(Agesilaus)를 생생한 본보기로 삼았다. 안티스테네스는 헤라클레스가 인간의 선을 위해 고생을 참아냈다는 점에서 그를 이상적인 신비의 왕으로 추켜 세웠던 것 같다. 끝으로 이소크라테스를 들 수 있다. 부실한 발언으로 공직에서 쫓겨나고 전쟁으로 궁핍해지자, 그는 학교를 세워 공직생활을 원하는 젊은이들을 가르쳐서, 그들이 국제관계의 업무에 폭넓은 시야를 갖추도록 하고, 꼼꼼하게 빠진 글자 없이 자신의 독특한 양식의 소책자를 재현하도록 이끌었다. 그는 희랍세계의 북부변방에 있는 한 나라에 주목했다. 그 나라는 비교적 신생국에 속하는데 펠로폰네소스 전쟁을 준비하는 동안에도 수립되어 있지 않았다. 그리고 순수 헬레니즘의 눈으로 보면 문명화가 이루어졌다고 볼 수 없었다. 이소크라테스는 마케도니아의 필리포스 왕한테서 세상의 구세주를 보았던 것이다. 필리포스 왕은 사실 이소크라테스의 생각을 알고 있던 사람이었다. 그는 그의 아들 알렉산드로스가 페르시아에 대해 형세를 역전시킬 수 있도록 군사 장비를 개발했다. 정치적 계략에 의해 알렉산더가 동방으로 가는 길을 준비하도록 했고 한때 희랍의 지도자들이었던 나라들과 외교관계를 맺어 그들의 대표자들을 마음대로 부릴 수 있었다. 필리포스 왕을 제치고, 아테네를 페리클레스의 통치시대에 누렸던 지위로 원상복구하려는 가상한 꿈을 꾸었던 데모스테네스는 오늘날 유럽의 정치가들만큼이나 어리버리하고 변변찮은 것 같다.

처음에 내가 제시했던 비교가 여기서도 연관이 있을 수 있다. 유럽국가의 우두머리들은 유럽의 주도권을 꿈꾸며 여전히 과거의 지역적 반목과 시기심으로 빠져들고 있다. 그리고 그러는 동안 동부 변방에서 반쯤은 야만상태에 있는 신생 국가가 그들 자신의 생각과 계획을 알고 있는 철권정치가들의 통치를 받으며 기계적인 효율성을 숭상하고 이상주의적 운동에 쓸 수 있도록 세뇌를 하고 있다. 데모스테네스에 비견되는 유럽의 저 지도자들은 이 상황을 극복할 수 있는 수단으로 데모스테네스가 필리포스 왕에 대항하려고 갖춘 무기―배척과 악담―보다 나은 것을 갖고 있지 않다. 그러나 나는 이런 비교를 예언의 영역으로 밀고가지는 않을 것이다. 차라리 우리는 아테네로 돌아가는 게 더 낫겠다.

플라톤은 미틸레네인들의 반란과 코르키라에서 혁명이 일어났던 해인 서기전 427년에 태어났다. 그 해에 클레온은 미틸레네의 시민들을 몰살하고 그들의 아녀자와 아이들을 노예로 삼으라는 잔혹한 결정을 취소하지 않도록 아테네인들을 부추기면서 아테네에 다음과 같이 경고했다. 민주주의는 제국을 다스릴 수 없고, 아테네인들의 통치는 힘에 억압을 받아 마지못해 하는 국민에 대한 폭정이라는 것, 그리고 그들의 권력에 저해가 되는 세 가지 중요한 적은 동정과 감상적 정서 그리고 권력의 너그러움이라는 것이 그가 한 경고들이다. 그리고 만일 그들이 옳든 그르든 지배하기로 마음먹었다면 그들은 선을 위해 반란자들을 응징해야 한다. 그렇지 않을 경우 그들의 통치를 포기하도록 하라. 그리고 덕이 더 이상 위험하지 않을 때, 그들이 바라는 만큼 덕이 이루어지도록 하라. 코르키라에서 민주주의자들이 과두체제의 일당을 잔인하게 몰살하도록 한 것은, 투키디데스가 전쟁과 혁명에 따른 품성의 타락에 관한 고찰을 근거로 하여 결정을 내린 것이다. 그가 규정한 소름끼치는 진리는 아래와 같다.

"평화와 번영을 누릴 때, 국가와 개인은 민생이 절박한 궁핍의 통제에 들지 않기 때문에 더 고상한 동기로 움직인다. 그러나 민생의 평안한 공급을 없애버리는 전쟁은 냉혹한 지배자로서 인간의 품성을 그들이 처한 환경에 동화시킨다."

남다른 가문과 탁월한 재능을 지닌 탓에 아테네의 공직생활에서 화려한 직분으로 선발될 수밖에 없는 출생자들에게 이것은 좋은 소식이 아니었다. 플라톤이 14살 때 시칠리아 원정대는 대실패를 겪었고 23살 때 아테네가 몰락했다. 그때 민주주의는 회복되었지만 전에 믿었던 민주주의가 아니다. 몇 년 뒤 소크라테스는 사형선고를 받았다. 이 사건은 고발 주모자들이 미처 보지 못했던 상징적으로 중요한 의미를 띠게 되었다. 그들이 고발한 이유는 "소크라테스는 국가가 인정한 신을 받아들이지 않았기 때문에 죄가 있다"는 것이다. 고의가 들어갔다는 의미에서 이 고발은 허위이다. 그러나 더 깊이 들어가서 보면 이것은 충분히 인정할 만큼 사실이었다. 따라서 그(지혜로운 자)는 어떤 국가도 인정하지 않았던 신을 따름으로써 자신의 길을 갈 수밖에 없었다.

소크라테스가 죽은 뒤에 수십 년 동안 플라톤이 썼던 대화편들을 단지 짤막한 것들만 물려받았다면, 우리는 그의 정신 상태에 대해 아무런 실마리도 얻지 못했을 것이다. 그는 자신이 나아갈 안내판을 위해, 그리고 소크라테스를 사형 선고한 동료 시민들을 일깨우기 위해 쉽게 파악되지 않던 스승의 사상이 지닌 본질적인 의미에 대해 헌신적으로 생각을 거듭했다. 그는 무대를 어린 시절로 한참 되돌아가거나 심지어 태어나기 이전의 장면을 설정하며 극의 형식으로 대화편을 쓰기로 마음먹었다. 그 자신의 고민이나 걱정거리가 지나간

세대의 이런 상황이 처한 분위기를 혼란스럽게 하지 않도록 했다. 만약에 전반부의 끝무렵에 해당하는 비교적 긴 대화편인 《고르기아스》편과 《제 7서한》의 내용이 없었다면, 우리는 이렇게 평온한 표면 아래에서 일어나는 열정을 가늠할 수 없었을 것이다. 이 서한은 플라톤의 말년이 다가올 무렵 시라쿠사에 있는 디온(Dion)의 생존 친구들에게 쓴 것이다. 그때 디온의 죽음은 결국 플라톤이 시칠리아로 답사여행을 가도록 고무했던 모든 희망을 날려버렸다.

"내가 어렸을 때[스무 살 초기를 말함] 나는 매우 많은 것들에 대해 똑같은 경험을 했다. 남의 속박을 받지 않으려면 공직생활에 참여해야 한다고 생각했던 것이다. 이런 생각을 품게 된 것은 아테네의 정치상황에 따른 어떤 분위기 탓이었다. 기존의 제도는 대체로 비난을 받았고 혁명이 일어났다. 이것이 494년에 있었던 30인 참주의 혁명이었다. 일부 주모자들은 나의 친척이고 친구였다. 마치 이것이 나에게 일어날 당연한 행로이기라도 하듯이 그들은 당장 나에게 함께 할 것을 권했다. 나의 느낌은 젊은이들에게서 짐작할 수 있는 그런 것들이었다. 나는 그들이 통치를 하면서 국가를 부정한 삶의 방식에서 올바른 길로 이끌어 가리라고 생각했다. 그래서 나는 유의해서 그들이 무엇을 하는지를 살펴보았다.

나는 머지않아 이들이 초기의 제도를 마치 낙원처럼 보이게 만들고 있다는 것을 목격하였다. 특히 그들은 나의 후원자인 소크라테스—그 사람은 내가 살아있는 사람으로 거리낌 없이 가장 정의롭다고 부르는 사람이다—를 내몰았고 세월이 흘렀다. 그들은 사형 집형을 위해 강압으로 그를 체포하라는 명령에 의거해서 소크라테스를 다른 사람들과 함께 그저 시민의 한 사람으로 몰았던 것이다. 그들이 지닌 의도는 말할 것도 없이 소크라테스의 동의를 얻어 또는 동의 없이 그들의 소송절차에 그를 얽어매는 것이다. 소크라테스는 그들의 수치스러운 행위에 동조하기보다는 어떤 위험도 감수하기를 택하면서 거절했다. 이러저러한 일들이 나쁘게 보였기 때문에, 나는 싫증을 느껴 그 시대의 악폐로부터 뒤로 물러나 버렸다.

그 뒤 오래지 않아 30인 참주는 몰락했고, 모든 제도가 바뀌었다. 비록 열정이 크지는 않았지만 나는 여러 번 정치활동에 가담할 욕망을 느꼈다. 이 불안한 시대에 사람들에게 혐오감을 느끼게 하는 많은 일들이 전개되었다. 혁명적 전환기에 누군가 그들의 정적에 대해 잔인한 복수를 하는 것은 결코 놀랄 일이 아니었다. 그러나 전체적으로 이에 대응하는 추방은 상당히 온건한 것이었다. 그렇지만 불행하게도 권력을 쥔 일부는 나의 후원자 소크라테스를 수치스러운 죄과─소크라테스에 대해 취할 수 있는 최후의 조치─로 즉 불경죄로 재판에 붙여버렸다. 그는 유죄판결을 받고 처형되었다. 그를 고소한 사람들이 스스로 추방당하거나 불행한 처지에 있었을 때 그 고소인들의 친구들 중 어느 한 사람을 체포하는 데에도 관여하기를 거절했던 그였다.

내가 이런 점을 살펴보고 또 공적인 업무를 담당했던 사람들을 관찰하면서, 그리고 나이를 먹으며 법과 관습에 관해 더 치밀하게 공부를 하면서, 국가를 올바르게 다스리는 일은 나에게 점점 더 어렵게 느껴졌다. 친구도 없고 진정 믿을만한 동료도 없이 일을 한다는 것은 불가능했다. 내가 친분을 쌓아가면서 이런 것들을 찾아내는 것이 쉽지 않았다. 이제 아테네는 더 이상 우리 조상들이 했던 방식과 제도에 의해 지배되지 않게 되었다. 뿐만 아니라 새로운 동료를 쉽게 사귀는 것도 불가능했다. 이와 동시에 법과 관습의 전반적인 조직은 엄청난 속도로 악화되었다. 그래서 처음에 공직에 가담할 열정으로 넘쳤던 나는 이런 사건들을 보고 또 모든 것이 산산이 무너지는 사태를 보자 마침내 당혹감에 빠졌다. 나는 어떤 방식으로 이런 일들이 바로잡힐 수 있을지에 대해, 그리고 국가의 전반적인 조직화에 대해 고민을 멈추지 않았다. 그러나 나는 줄곧 행동에 옮길 적절한 기회를 기다려야 했다."

이런 상황에서 플라톤을 신경쇠약으로 모는 것은 지나치다. 그러나 이러한 편지의 내용─우리가 그의 다른 저작을 통해 짐작할 수 있는데─은 그의 능력과 재능으로는 그 시대의 사회에서 그가 실천적 지도자일 수 없다는 점을 보여준다. 그의 정신이 끊임없이 향하고 있는 차원은 타락한 사회에서 일어나는 정치적 삶의 수준과 실제로 만날 수는 없었다. 내가 실천가라는 말로 의미하는 것은, 만일 그가 어떤 것이 이루어지도록 할 때 자신과 어울리지 않는 사람들과도 반드시 동맹을 맺어야 하고 결코 오지 않을 미래의 어느 날을 위한 이상적 열망은 제쳐놓아야 하며 그리고 기회주의와 타협으로 순응해야 한다고 보는 그러한 유형의 사람을 가리킨다. 그렇지만 플라톤은 이미 사회를 이상주의에 따라 조직화하는 꿈을 꾸고 있었다. 그는 심지어 30인 참주들 모두 도덕적 개혁을 실행하리라고 상상한다. 그는 재현되는 민주주의에 희망을 걸었지만 결국 다시 한 번 그런 희망은 무너지고 말았다. 그리고 줄곧 그는 행동에 옮길 적절한 계기를 생각하며 기다리고 있다. 그런 기회가 결코 오지 않으리라는 것이 전혀 놀라운 일은 아니다.

한편, 그는 초기 대화편들을 저술한다. 그는 거기서 소크라테스의 인생에 관한 철학을 깊이 생각하게 되고, 그의 철학이 세상의 실천가들이 추구하는 그 당시의 야망과 목적과는 타협의 여지가 없이 상충하는 입장에 서 있음을 깨닫게 된다. 그러한 충돌이 그 단계에서 일어나서 《고르기아스》편의 끝부분에서 줄곧 다뤄진다. 적대적 입장에 선 이들이 소크라테스와 칼리클레스이다. 소크라테스는 고의로 정치를 멀리했고 그렇게 해서 말년에 그에게 닥칠 운명을 피하고자 했던 지성인이다. 칼리클레스는 역사적인 인물이 아니다. 그는 세상 사람을 대표하는 가공인물로 플라톤 자신과 같이 정치적 경륜을 추구하되 전혀 다른 인생관을 갖춘 젊은이다. 이 점을 그는 오랫동안 놀라운 설득력으로 말한다. 그는 강자가 약자를 지배할 권리, 그리고 강자는 세상의 이익들 중에서 가장 좋은 부분을 차지할 권리가 자연스럽다고 믿는 인물이다. 이런 자기 권리의 주장이 부당하다는 전통적인 생각은, 약하고 열등한 자들—이들은 자기 권리를 주장할 수 없어서 민주주의 표어인 평등을 칭찬하기를 바랄 수 없는 자들이다—이 퍼뜨린 소문이라고 그는 간주한다. 그는 자기절제의 위선과 적당히 얼버무림을 참을 수 없어 한다. 그가 믿는 행복이란 본래 타고난 자연의 욕구를 충실히 만족하는 데 있다고 실토한다. 소크라테스는 이런 입장을 그와 같은 수준에서, 또는 더 강한 설득력으로 논박한다. 욕구가 생기는 대로 그 모든 욕구를 충족하려고 애쓰는 이러한 이기적인 야망으로 사는 삶은 '악의 무한한 되풀이, 결코 인간의 친구일 수도 없고 신의 친구일 수도 없는 강도와 무법자의 삶'이라고 칼리클레스에게 말한다. 칼리클레스는 인정하지 않는다. 그는 소크라테스에게 아테네가 그 동안 배출한 모든 정치가들은 그가 제시한 기준에 의해서 비난 받아야 한다고 지적하며 어깨를 으쓱거린다. 소크라테스는 자신이 유일의 참된 정치가라고 선언한다. 그러나 만일 그가 칼리클레스의 조언을 받아들여 자신의 이상을 포기하지 않은 채 공직에 참여한다면 그는 확실히 처형될 것이다.

정치 활동과 철학적 삶 중에서 하나를 선택하는 일은 소크라테스가 현실에서 부딪혔던 선택이 아니었다. 플라톤은 여기서 그 자신의 문제를 고민하고 있다.《고르기아스》편은 그들과 함께 어울리라고 압력을 가했던 친구들에게, 그리고 포기하도록 부추기는 자기 자신의 내면에 있는 욕구에게 보내는 그의 마지막 답변일 것이다. 칼리클레스는 악폐를 옹호한다. 자신의 죽음에 대한 소크라테스의 예견은 내가 인용한 서한의 뒤쪽에 되풀이해서 나타난다. 정치적 조언을 주는 문제에 관해 몇 가지 일반적 고찰을 하는 동안, 거기에서 플라톤은 어떻게 신중한 사람이 그의 도시를 다스려야 하는지를 말한다.

"만일 제도가 나쁘다고 생각한다면, 나쁘다고 말하는 것이 소용없거나 자신의 죽음을 가져오지 않는 한 그는 그렇다고 말해야 한다. 그는 혁명적인 폭압에 의존해서는 안 된다. 만일 그것이 취할 수 있는 단 하나의 방책일지라도, 그는 행동을 참고 자신과 그의 국가를 위해 최선의 길을 기원해야 한다."

그것이 플라톤 자신이 마지막으로 취한 길이다. 오랫동안 고통을 겪으며 결정하지 못했던 그는 마침내 민주주의 상태를 지닌 정치에 참여할 수 없다는 결론에 이르렀다. 그리고 이 문제에 대해 자신의 생각을 결코 바꾸지 않았다. 아카데미로 그가 물러났을 때, 마치 아카데미의 교정이 에피쿠로스의 교정이었던 것처럼 민회와 시장에서 일어났던 모든 것으로부터 완전히 떨어져 나간 것처럼 보였다.

    칼리클레스는 소크라테스에게 철학을 포기하고 일상에서 그의 본분을 다하라고 호기있게 권고하면서 에우리피데스의 《안티오페》에서 테베의 형제인 제티스(Zethus)와 암피온(Amphion) 사이에 벌인 유명한 논쟁을 비유로서 인용한다. 제티스는 "아름다운 선율의 황홀한 소리로 테베의 성벽을 쌓았다"는 암피온을 꽤쳐서 뮤즈 신을 모시는 여리고 헛된 숭배의식을 버리고 건축과 전쟁, 그리고 정치에 몰두하라고 이른다. 일상생활과 관조하는 삶의 이런 대조가 에우리피데스의 연극에 나온다는 것이 중요하다. 오래 전 서기전 6세기 때에는 현인은 입법자 솔론 그리고 그 외 7현인처럼 실무자들이었다. 페리클레스의 죽음과 펠로폰네소스 전쟁은 사변가와 실천가가 서로 다른 길을 가기 시작한 계기가 되었고 점점 더 사이가 벌어져서 마침내 스토아의 현인은 자기 조국의 시민이 아니라 우주의 시민이 되기에 이르렀다. 페리클레스는 마지막으로 남은 철학적 정치가였다. 소크라테스는 《파이드로스》 편에서 페리클레스의 정신의 고결함은 아낙사고라스와의 교류에서 비롯되었다고 언급하면서 자연에 관한 아낙사고라스의 사변과 자연과 조화를 이루는 그의 지성이 페리클레스에게 민회의 지도자로서 업무를 수행하는 데 따른 통찰과 폭넓은 눈을 갖도록 했다. 페리클레스 이후 투키디데스와 에우리피데스와 같은 사변가는 자의든 타의든 망명의 길을 떠난다. 소크라테스만 시민의 의무에 충실할 따름이다. 그러나 그는 정치를 멀리하라는 그의 신성한 징표의 경고를 따른다. 성공 아니면 패배의 과제인 그 전쟁은 클레온과 같은 실무가나 알키비아데스와 같은 야망에 찬 이기주의자가 맡게 되었다. 전쟁이 끝났을 때 플라톤이 함께 일할 수 있는 정치가는 없었다.

그렇지만 플라톤이 보기에 사변가와 실천가가 따로 노는 이런 경향은 비참한 재앙이었고 실로 당시 사회적 악폐의 뿌리였다. 《고르기아스》편에 나타난 바와 같이 그가 제기한 문제는 사회의 운명에 관한 모든 관심사를 끊고 추상적 사변에 몰입함으로써 간단하게 해결될 수는 없었다. 소크라테스가 생각한 철학은 곧바로 플라톤이 받아들인 것으로, 이것은 자연학이나 형이상학에 관한 관조가 아니라 인간의 완성과 행복을 가름하는 지혜의 탐구이다. 그리고 인간은 사회적 존재이다. 개인은 결코 혼자 살아서 완성이나 행복을 얻을 수 없다. 사회생활에서만 활동범위가 드러나는 개인의 본성이 지닌 요소들이 있다. 따라서 철학과 시민으로서의 활동은 둘 중 하나를 선택하는 활동이 아니며 그런 활동이어서는 안 된다. 이 둘은 하나의 생활에 결합되어 있을 수밖에 없다. 그리고 오직 단 하나의 완전한 해결책이란 따로 흘러온 두 요소를 결합하는 것이었다. 이것이 내가 인용한 서한에서 플라톤이 우리에게 말하고 있는 결론이다. 이것은 그가 시칠리아에 처음 가기 전인 40세에 또는 그 즈음에서 내린 결론이다. 그 내용을 더 읽어 보자.

"마침내 나는 혁신적인 조치와 운 좋은 환경이 결합되지 않는 한, 존재하는 모든 국가의 조직은 나쁘고 그들이 조직한 단체들도 거의 쓸모가 없다는 사실을 알았다. 진정한 철학을 칭찬하며 나는 그러한 철학을 출발점으로 할 때만 공적 권리와 개인의 권리에 대해 참된 관점을 취할 수 있다는 사실을 확인하기에 이르렀다. 그리고 그에 따라 인간은 진정으로 지혜를 사랑하는 자가 정치권력을 장악하거나 또는 권력을 쥔 자가 어떤 신성한 명령에 의해 참으로 지혜를 사랑하는 자가 되기 전에는 결코 분란의 결말을 보지 못할 것이다. 내가 처음 이탈리아와 시칠리아로 가게 된 동기는 이런 생각에 있다."

이렇게 희랍의 서부를 방문한 것은 확실히 그 즈음의 이탈리아의 피타고라스 단체를 알고 싶은 마음 때문이다. 뜻밖에도 그것은 플라톤으로 하여금 철인정치가 실제로 가능하다는 희망을 품게 했다. 타렌툼에서 그는 아르키타스(Archytas)와 오랫동안 친분을 쌓았다. 아르키타스는 탁월한 재능의 수학자였고 동시에 정부당국의 선두에 서서 이웃나라들과의 전쟁을 승리로 이끌었던 인물이다. 시칠리아에서 당시에 강자는 아버지 디오니시오스(Dionysius)로서 마키아벨리류의 시라쿠사 출신의 참주이다. 그는 이미 시칠리아 전역을 장악한 맹주였고 이제는 남부 시칠리아를 그의 관할로 편입시키려는 야심을 품고 있었다. 플라톤은 확실히 결코 디오니시오스를 철학으로 바꾸겠다는 꿈을 꾸지 않았다. 그렇지만 《국가》 편에는 아들 디오니시오스에게 희망을 걸었음을 보여주는 구절이 있다. 플라톤이 방문했을 때 그는 10살 아래였다.

"누구도[소크라테스가 말하기를] 어떤 군주든 철학적 자질을 갖고 태어날 수도 있고 그 자질이 타락하지 않을 수도 있다는 사실을 부정하지 않을 것이다. 만일 그가 관할하고 있는 어느 한 도시를 다스리는 동안에 그런 일이 일어나기만 한다면, 그는 도저히 믿을 수 없는 모든 일들을 이룩할 수 있을 것이다."

믿을 수 없는 일이란 이상국가의 건설이다.

그런데 이런 희망을 그때 또 다른 오랜 친구인 디온(Dion)에게 걸었을 수도 있다. 아버지 디오니시오스의 형제인 디온은 시라쿠사 법정에서 영향력이 있는 지위에 있었다. 같은 서한에서 플라톤은 이렇게 쓰고 있다.

"나는 디온을 알게 되었다. 그때 그는 젊은이었다. 내가 인간에게 최고의 선이 무엇인지를 디온에게 말하고 그리고 그에 따라 행동하기를 조언한 것이 참주정치의 타도를 위해 일하기 시작한 빌미를 제공했다는 것을 알지 못했다. 그는 손쉽게 이해를 하기 때문에 나의 주장을 곧바로 파악했다. 그는 내가 만난 어떤 젊은이보다 주의를 기울여 경청했다. 그리고 그는 쾌락과 화려함보다는 선을 더 선호하면서 이탈리아인들과 시칠리아인들과는 다른 미래의 삶을 살기로 결심했다. 그래서 그는 디오니시오스가 죽을 때까지 여전히 그랬고, 그 때문에 참주 밑에서 신하로 살아가는 사람들의 미움을 사게 되었다."

20년이 지난 후, 아들 디오니시오스가 그의 아버지의 왕위를 계승했다. 디온은 플라톤에게 다시 한 번 시라쿠사를 방문하도록 설득했다. 그리고《국가》편에 나온 원칙에 따라 젊은 참주를 가르쳐서 그의 이상을 실천에 옮기도록 설득했다. 플라톤은 많은 번민과 망설임 끝에 이 제의를 수락했다. 그러나 젊은 디오니시오스는 플라톤이 철학적 자질이라고 부른 몇 가지 징조를 보여주기는 했지만, 그 자질은 타락에서 벗어날 수 없었다. 또한 그는 허위의식과 과대망상이 있었다. 야망이 크고 악랄한 아버지로부터 물려받은 독재 권력을 쥔 젊은이를 설득해서 그에게 순수수학을 오랫동안 가르치고 그의 지위에 걸맞는 자격을 갖추도록 하는 것은 거의 누구도 시도하지 못했던 과제였다. 그 일은 곧―플라톤이 진심으로 알았음에 틀림없었을텐데―큰 실패로 끝났다. 이 철학자는 세상 누구라도 웃음거리로 보았을 난처한 입장에 빠져버렸고, 실은 웃음거리가 되는 것보다 그가 품은 이상을 실천에 옮길 기회를 얻지 못한 게으른 몽상가라는 비난이 더 걱정스러웠다.

여기에는 실천적 삶에 간접적이나마 영향을 끼치는 또 다른 방법이 남아 있었다. 이것은 철학적 소양을 갖춘 정치가를 양성하는 학교를 세우는 것이었다. 그래서 플라톤이 젊었을 때보다 지위나 전망이 더 좋은 젊은이들을 다른 나라에서 모아, 플라톤이 생각한 정치적 역량을 그들이 갖추도록 훈련시키려는 것이다. 시칠리아의 첫 방문에서 돌아오자, 플라톤은 아카데미를 세웠다. 그 자신의 과제는 이 학교 학생들과 교류하면서 지도하는 것이었다. 이와 동시에 그는 희랍 전역에 걸쳐 자질을 갖춘 정치가가 퍼져나가도록 원칙을 수립하면서, 계속해서 소크라테스식 대화편을 써나갔다. 이 저작들은 소크라테스의 철학을 알리고 학생들을 아카데미로 끌어오는 두 가지 이점이 있었다. 이 부문의 대화편에서 으뜸으로 꼽히는 것이 《국가》 편이다.

짧은 시간에 《국가》 편에 담긴 내용을 아주 간결하게 개요로 다룰 수는 없다. 그러나 만일 플라톤 시대와 우리 시대의 사회 모습들 사이에서 내가 이끌어 낸 비유에 어떤 진리가 있다면, 인간의 문제에 대해 그가 제시한 처방과 우리가 받아든 처방을 비교하는 데 몇 가지 흥미로운 점이 있다. 그것은 혼란에 빠진 정치가들을 일시적으로 바로잡은 처방을 의미하지 않는다. 내가 생각하는 것은 오히려 사회의 미래를 위한 사변적 계획에 있다. 주로 이런 계획은 두 가지 목적을 고려한다. 첫째는 부유한 재산을 재분배해서 빈부의 격차를 줄임으로써 인류를 평준화하는 것이다. 둘째는 인간을 대신해서 힘든 일을 할 수 있는 기계의 효율성을 높여 그 평준을 조금 더 높이는 것이다. 그때 우리는 신체의 편안함에서 중용을 누리게 되고, 종종 영화를 보며 즐기고, 수백 권의 명저를 읽으며, 시간만 있으면 우리가 할 다른 많은 일들을 할 수 있게 된다. 최근 수백 년 동안 문명을 이룬 인간은 기계의 지배 아래에 들어갔고 기계는 인간의 삶을 규제할 뿐 아니라 그의 상상과 이상으로 파고들었다. 우리는 아직 이런 단계의 끝에 이르지 않았다. 현재 우리가 꾸는 미래의 꿈은 기계에 집중되어 있다. 기계의 작동이 점점 자동화될수록, 우리는 일상에서 더 많은 시간을 기계장치에 신경을 쓰는 일에서 벗어날 것이다.

기계를 최상위에 두게 되면서, 정연한 **질서(order)**의 이상향이 떠오른다. 이것이 (짐머른이 지적한 바로서) 민주주의와 결합된 개인적 자유의 이상향을 대체하게 된다. 공장보다 더 잘 질서가 잡힌 곳은 없다. 개인의 특이성이 이보다 덜 환영받는 곳도 없다. 그러나 만일 우리가 공장생활의 전반을 따르기로 되어 있다면, 그 공장을 누가 경영할 것인가라는 문제가 절박하게 다가올 것이다. 그리고 그 문제에 대해 우리는 다소 애매한 입장에 선다. 우리는 독재자에게 지배를 받기 원하는가? 아니면 마르크스주의에 따른 교조주의 관리자들에게 지배받기 원하는가? 그것도 아니면 사업가의 의도에 따르기를 원하는가? 우리는 필요한 자격이 어떤 것인지에 대한 기준도 없이 지원자가 어떤 용모이기를 바라는 것도 결코 아니면서 경영자를 모집하는 회사와 처지가 같다.

우리가 본 바와 같이, 만일 자유가 모든 사람들이 그가 바라는 대로 하는 것을 의미한다면 이제 플라톤도 자유에 대한 믿음을 잃었다. 만일 평등이 국가의 공직을 맡은 사람들과 같이 어떤 시민도 정의롭다는 것을 의미한다면 그는 평등도 잃어 버렸다. 그리고 그는 아테네 민주주의가 저 원칙들에 근거하게 되었다고 생각했다. 그도 역시 질서의 이상향으로 바뀌기를 바랐다. 그리고 《국가》편에서 제기한 문제는 안정적이고 조화로운 사회적 질서의 유형을 발견하는 데 있다. 기계문명의 시대에 살지 않아서, 그는 전권을 장악한 경영자나 운영 이사회를 갖춘 회사를 전형(典型)으로 보지 않았다. 그를 이끈 원칙은 이렇다. 사회의 질서는 인간 본성의 변함없는 조직을 반영하지 않는 한 안정되고 조화로울 수 없다. 더 정확하게 말하면 사회의 질서는 틀을 제시해야 한다. 그 틀 안에서 인간의 정상적인 욕구가 합당한 범위와 만족을 얻을 수 있어야 한다. 일단의 중요한 인간의 정상적인 욕구들을 없애거나 방해하는 사회체계는 강압적인 힘으로 조만간 뒤집혀질 것이고, 그런 체제가 지속되는 한 인간의 욕구들을 왜곡하거나 나쁜 길로 이끌어 갈 것이다.

이 점에서 플라톤의 사유가 그의 스승인 소크라테스의 철학으로부터 여러 다른 방향을 취하게 된다고 나는 생각한다. 인간이 이상 사회를 계획하는 과제에 접근하는 두 가지 방식이 있다. 하나는 개인의 도덕적인 개혁으로 시작해서 완전한 개인들로 이루어진 사회를 상정하는 것이다. 그것은 《변명》편에서 기술한 바와 같이 소크라테스가 그의 동료 시민들에게 행한 연설 내용의 논리적 결과이다. 또 다른 하나는 우리가 확인한 바와 같이 개인이 지닌 인간의 본성을 취해서, 실제의 모습으로서 또 그럴듯하게 드러난 현상으로서 최선의 것이 남아 있게 하는 그러한 사회의 질서를 구성하는 데 있다. 이것은 《국가》 편에서 플라톤이 취한 과정이다.

　잠시 소크라테스가 본 인간의 본성을 살펴보자. 소크라테스는 모든 인간의 영혼 안에 통찰력이 있다고 믿었다. 그렇지도 않은데 좋은 것처럼 보이는 쾌락의 환각과 편견의 소용돌이에서 일단 명료하게 모습을 드러낼 때, 그러한 능력은 어디에서 고유의 참된 행복이 발견되는지를 판별할 수 있다. 실제로 그리고 본능에 따라 인간에게 세상에서 단 하나인 좋은 것은, 그 자신의 본성을 완성하는 것이다. 그 밖에 우리가 찾는 다른 목적들—재산과 재산으로 살 수 있는 쾌락, 권력과 명망, 심지어 신체건강—은 그 자체로서 가치를 가진 것이 아니다. 완성을 위해 그 외의 다른 것들을 희생하는 것은 실제로는 결코 희생이 아니다. 우리는 오로지 행복을 얻기 위해 우리가 쾌락이라고 부르는 것을 희생할 따름이다. 이제 누구도 그가 스스로 자기 영혼 안에 있는 내면의 눈으로 진리를 보지 않는 한 그것을 믿지 않을 것이다. 우리는 그 진리를 알기 전까지는 마치 그것이 진리인 것처럼 행동하라고 그 자신이 겪은 경험에 의존해서 확신하도록 설득할 수 없다. 완벽한 의미에서 그것을 안다면, 그때 그는 아무런 잘못도 하지 않고 그에 따라 행동할 것이다. 그의 지식은 그의 의지를 반드시 통제하게 되어 있다. 왜냐하면 누구도 그가 환각임을 알 수 있는 쾌락을 위해 그의 진정한 행복을 희생하지 않을 것이기 때문이다. 이런 지식이 지혜이다. 그리고 그것을 얻은 자는 그렇게 해서 도덕적으로 자율권을 얻는다. 그가 하는 모든 행동은 그 자신의 내적인 판단으로 정해진다. 그는 어떤 외적인 권위에 이끌리지 않고 자율권을 가진 절대적인 자유를 요구할 것이다. 소크라테스는 사회의 개혁에 직접적인 관심을 기울이지 않았다. 그의 주장은 그에게 관심을 기울이는 사람이라면 누구에게나 전해졌다. 그는 그가 본 진리를 누구든지 스스로 볼 수 있도록 하는 데 일생을 보냈다. 그러나 그들을 가르칠 수는 없었다. 왜냐하면 지혜는 가르칠 수 없고 설득으로 소통될 수 없거니와 권위로도 주어질 수 없기 때문이다.

    이제 만일 이런 설득이 성공적으로 완수되었다면 사회의 개혁이 따라올 것이다. 그 결과 각 개인이 완벽하게 자율과 자유를 얻어 그러한 개인들로 이루어진 하나의 무리(사회)가 이루어질 것이다. 각 개인들은 내적인 조화를 누릴 뿐 아니라(그 자신의 영혼 안에 일어나는 욕구의 충돌은 결국에 가서는 화해를 이루게 되어 있으므로), 한 개인과 다른 사람들 사이에 어떤 충돌이나 경쟁도 없을 것이다. 만일 어느 집단이 인간 영혼의 완성이 어떤 가치이든 그 자체로서 유일한 목적이라는 점을 마침내 깨달을 수 있다면, 경쟁하는 이기주의의 성향들이 충돌하는 모습은 사라질 것이다. 어느 한 사람의 이득이 다른 사람의 손해가 되지도 않을 것이다. 그러한 사회는 법도 필요하지 않다. 지배자와 피지배자의 구별도 없다. 왜냐하면 누구든 스스로 지배하기 때문이다. 완전한 평등과 제한 없는 자유가 있을 것이다. 그러한 사회의 상태를 이르는 말은 아나키(Anarchy, 무정부 상태)이거나 또는 (신적인 통찰의 지배능력을 생각해 본다면) 신정론(Theocracy)이 되겠다. 아테네가 인정한 신을 받아들이지 않았다는 이유와 전통적인 권위에 반해서 젊은이를 타락시켰다는 이유로 소크라테스를 고발한 사람들은 소크라테스의 주장이 기존의 모든 제도를 뒤엎으려는 증거라고 막연히 알았던 것이다.

    그러나 스토아학파는 이런 결과를 정치영역으로까지 이어갔다. 인간의 완성은 진정한 가치를 지닌 유일한 것이고 이 덕이 지혜라는 소크라테스의 전제로부터, 그들은 완전한 현인의 이상을 이끌어 냈는데 이 현인만이 자족하고 행복하며 자유롭다. 그가 바랄 수 있는 모든 것이 그에게 합법이다. 그래서 우리는 스토아 사상의 창시자인 제논이 이론상으로 현존하는 모든 제도를 거부하는 태도를 볼 수 있다. 현인만이 우주의 시민이 될 수 있다. 지구상에 그러한 이상국가는 없다. 만일 인간이 완전하다면 그들은 모두 제우스가 다스리는 신성한 도시의 한 사람일 것이다.

중요한 것은, 제논이 플라톤의 《국가》 편을 제우스의 신성한 도시가 아니라는 이유로 비판한 것으로 알려져 있다는 사실이다. 사실 플라톤은 지식 또는 지혜가 포함하는 모든 것에 관한 그 자신의 생각을 겸해서 소크라테스와 같은 전제로부터 이끌어 낸 것으로, 완전한 인간을 배출하겠다는 계획을 세웠다. 그러나 그는 이렇게 말하는 것은 아니다. 우선 모든 개인을 완전하게 하라, 그러면 우리에게 법이라든가 공적 제도는 필요하지 않게 된다. 그는 지나치게 희랍세계의 개혁에 치우쳐 있어서, 천년왕국보다는 희랍의 개혁을 더 우선시할 각오가 되어 있다. 그래서 그는 또 다른 가능한 과정으로 방향을 돌린다. 인간의 본성을 그대로 받아들여라, 그리고 그것이 최선이 되게 하라. 플라톤의 국가는 제우스의 신성한 도시나 천년왕국이 아니다. 개혁된 희랍의 도시는 다른 도시국가들에 둘러싸여 있는데, 이를 위해 자신의 임무를 지켜야 할 것이다. 따라서 근대의 모든 유토피아에서 볼 수 있는 전쟁의 철폐를 그는 고려하지 않는다. 그가 문제 해결을 위해 제기한 물음은 이렇다. 최상의 형식을 갖춘 사회—희랍의 도시 국가—에서 치열한 싸움과 분파를 끝내고 안정된 질서로 인간의 본성에 따른 상충된 욕구를 조화롭게 할, 최소의 변화는 무엇인가?

있는 그대로 인간의 본성을 검토하면서, 플라톤은 현실의 어떤 계획이 반드시 고려해야 하는 자연적 사실에 주목한다. 즉 인간은 모두 똑같이 태어나지 않고, 다양한 유형으로 묶을 수 있는 아주 다른 기질적 차이점들을 갖고 태어났다는 자연적 사실에 주목한다. 이런 차이점을 고르게 다듬어서 같은 양태로 상향 또는 하향 평준화하는 것이 교육의 관심거리가 아니다. 교육은 각각의 유형을 할 수 있는 한, 가장 충실하게 발전시켜야 한다. 그리고 사회적 틀은 각 개인의 독특한 욕구의 성취를 희생하지 않으면서 그 유형이 공동체 전체의 삶에 공헌할 수 있는 자리를 마련해 주어야 한다.

그래서 우선, 우리는 인간들의 두드러진 욕구나 동기에 기반을 두고 그들의 유형을 명료하게 분류할 필요가 있다. 인간의 삶을 올림픽 축제와 비교해서 그 축제에 가는 사람들을 참석하는 동기에 따라 세 부류로 나누는 우화가 있다. 어떤 사람에게 그곳은 장, 또는 가게여서 물건을 사고판다. 이들의 동기는 이득에 있다. 시합에 참여하는 자는 다른 목적이 있는데 명예나 명성을 얻기 위해 온다. 이들의 동기는 비열한 야망이 아니다. 더 일반적으로 말하면 승리와 힘을 좋아한다. 끝으로 구경꾼이 있는데 이들은 이득을 얻는 게 아니고 명예를 추구하는 것도 아니다. 이들은 희랍인의 눈에 웸블리(Wembley) 경기장의 축구시합보다 틀림없이 더 매력적인 장면을 관람하러 온다. 세 부류의 참여자들은 플라톤의 국가에서 세 부류에 해당한다. 이것들은 물려받는 신분 상속 계급이 아니다. 오로지 그들이 타고난 기질과 능력에 의거해서 새로운 세대의 시민들로 분류되는 사회의 계층이다. 첫째, 축재(蓄財) 유형―재산과 재산이 살 수 있는 쾌락의 애호가들―이 있다. 둘째, 명예와 힘의 애호가들로 이들은 일상에서 탁월한 능력을 추구한다. 셋째, 플라톤이 철학자라고 부르는 사람들로 지혜와 지식의 애호가들이다. 이들은 모든 시간과 모든 존재의 구경꾼이다. 이 표현은 페리클레스의 친구인 아낙사고라스에 관한 일화를 떠올린다. 아낙사고라스가 인생을 살만한 가치로 만드는 것이 뭐라고 생각하느냐는 질문을 받았을 때, 그는 이렇게 대답했다. "천체와 세계의 전반에 걸쳐 있는 질서를 연구하는 것."

만일 주도적인 동기의 다양한 기질에 따라 인간을 대체적인 유형으로 나눌 수 있다는 것이 사실이라면, 그리고 사회가 이런 자연적 사실을 이용할 수 있다면, 다양한 유형들이 경쟁이나 충돌이 없이 나란히 각자 자신의 만족을 찾아갈 수 있다. 이것이 사회문제에 대해 플라톤이 제시한 해결책의 실마리이다. 그는 모든 시민들을 어떤 한 유형의 이상으로 바꾸라고 제안하지 않는다. 오히려 각 유형의 개인들의 특성을 확인하여 그들에게 적합한 자리로 보내는 것이고 그들이 그곳에 머물면서 맡은 역할을 수행하도록 보장해 주자는 것이다. 그가 보기에 기존 사회에서 잘못된 점은 이러한 유형들이 그들에게 적합한 자리를 유지하지 못하게 하는 데 있는 것 같다. 탐욕스럽고 야망이 넘치는 유형은 늘 국가의 활동을 통솔하려 하고—그런 시도를 성공시키려 하는—그리고 그들이 값어치 있게 평가하는 목표로 나아간다. 따라서 사회는 자신의 나라를 가장 부유하고 가장 강한 힘을 가진 나라로 만들려는 것을 지상목표로 생각하는 사람들이 다스린다. 공교롭게도 아리스토텔레스는 부와 권력을 '얻기 위해 싸워야 하는 재화'라고 부른다. 개인이나 국가는 누구도 타인의 희생이 없이 무한한 욕구를 누릴 수 없다. 플라톤이 본 유일한 처방은 최고의 정치권력을 셋째 부류에 맡기는 것이다. 그들의 욕구 대상은 경쟁하는 대상이 아니다. 인간이 지혜를 얻을 때 이웃의 희생이 필요치 않다. 반면 셋째 부류에 속한 그가 얻을 수 있는 지혜가 많으면 많을수록, 이웃이 그 지혜를 이용할 수 있다면 그들에게 더욱 더 좋다. 그들이 얻을 이익은 그가—비록 마음으로 내켜하지 않을지라도—국가를 다스리도록 밀어주는 것이다. 그래서 우리는 《국가》 편의 핵심 주제에 이르게 된다.

"〔소크라테스가 말하기를〕만일 지혜를 사랑하는 자가 그들이 사는 도시의 왕이 되지 않거나, 왕과 권력자라고 불리는 자들이 참된 의미에서 충실하게 지혜를 사랑하지 않는 한—만일 실제로 정치권력과 지혜의 탐구를 같은 사람이 모두 갖고 있지 않는 한—그런가 하면 여러 방면으로 다양한 방식을 갖는 많은 본성들이 각기 독자적으로 길을 따라 가는 일이 막혀 있다면, 인간을 위한 문제들로부터 안정을 얻을 수 없고, 우리가 이때까지 이 논의에서 다룬 국가는 가능한 상태로 갈 수 없고 밝은 미래를 볼 수도 없다."

누가 지혜를 사랑하는 자(철학자)가 되어 우리를 지배할 것인가? 만일 '철학자'라는 용어가 우리에게 형이상학에 관한 어떤 복잡한 문제에 대해 논문을 쓰느라 책상 앞에 구부리고 있는 긴 수염을 한 노신사를 상기시켜 준다면, 당신은 《국가》 편에 나오는 아데이만토스(Adeimantus)와 상당히 같은 입장에 서 있다. 이 사람은 철학의 전문가들이란 대부분 불쾌하다고 말할 수는 없지만 단연 괴이한 인물로, 이보다 더 낫다고 해봐야 그들의 국가에 전적으로 무익한 인물이라고 하면서 싫어한다. 우리는 소크라테스가 이런 반감에 동의하는 것을 볼 수 있다. 우리가 상상하는 철학자의 표상을 지워야 한다. 플라톤에게 지혜는 궁극적으로 소크라테스가 의미한 그것이다. 이는 자연학 또는 형이상학적인 진리에 대한 지식일 뿐 아니라 무엇보다도 선과 악에 관한 지식, 즉 (우리가 말하는 바와 같이) 가치에 관한 지식이다. 지혜를 얻는 것은 실로 선이 무엇이고 살아갈 만한 가치가 무엇인가를 아는 것이다. 사실 플라톤은 그런 지혜가 치열한 지적 훈련을 거친 소수에 의해서만 얻을 수 있다고 생각했다. 그러나 철학자가 통치해야 한다는 주장은 명료하게 사고하는 힘과 모든 욕구의 대상을 평가할 수 있는 통찰력―부와 권력은 국가나 개인의 올바른 목표가 아니라는 사실을 아는―에 기반을 두고 있다.

플라톤에서 국가의 제도는 내가 기술한 원칙에 따른다. 일상의 욕구가 합당하게 만족되어야 한다는 원칙은 사회개혁에서 매우 중요한 문제의 해결책―부의 재분배―을 알려준다. 이것은 부가 사회전반에 골고루 퍼져있어야 한다고 보는 일부 근대의 개혁가들에게 인기를 끈 생각을 배제한다. 이런 제안은 흔히 축재유형이 아닌 사람들이 내놓으며, 대중에 의해 아무런 열의도 없이 꾀하는 것으로 심지어 러시아에서도 볼 수 있다. 플라톤은 모든 물적 재산의 소유권을 축재유형―돈의 애호가―에게 넘긴다. 이런 유형은 3등급의 가장 낮은 계급인 산업 노동자를 형성한다. 이들은 부를 욕구의 대상으로 삼는다. 그리고 그들은 그것을 갖게 될 것이다. 재산을 적당한 양으로 누리는 것―가난과 부의 극단을 배제해야 하기 때문에―은 그들이 사회적 기능을 충실히 함으로서 얻는 보수이다. 이것이 국가 전반의 경제적인 수요를 공급한다. 그래서 그는 이런 유형을 알맞고 합당한 작업―필수적이고 실용적인 작업―의 부류로 설정한다. 그리고 이 유형이 납득하고 바라는 보수를 인정함으로써 만족을 얻도록 한다.

그러나 이 부류의 유형이 지배를 해서는 안 된다. 그리고 우리가 확실히 해야 할 일은 그 부류가 지배하기를 원해서도 안 된다는 점이다. 이런 일은 재산의 소유를 법에 의해 국가 권력의 소유와 화합할 수 없게 함으로써 이루어진다. 정치권력이 부와 결탁하고 한 쪽이 다른 쪽의 수단이 되는 한, 실업가는 그의 집무실을 떠나 정치조직의 지휘봉을 잡으려 할 것이다. 이를 방지하는 유일한 방법은 정부의 역할로부터 개인 재산과 부의 소유를 완전히 분리하는 데 있다. 부의 애호가들은, 만일 지배자가 되는 일이 최소의 생계로 엄격한 금욕생활을 가리킨다면, 지배하려고 대들지 않을 것이다. 따라서 이런 생활 방식은 상위 두 부류가 지켜야 한다. 부의 애호가 그들에게 천분으로 나타나지 않는 한, 그들 자신을 위해 재산을 주지 말아야 하고, 뿐만 아니라 산업일꾼이 보기에 금지하고 동의할 수 없는 업무를 정부가 할일로 하기 위해서도 재산을 주어서는 안 된다.

이 상위의 부류는 또한 가정의 생활로부터도 떨어져야 한다. 그렇게 생각한 이유는 성직자의 금욕생활을 지지한 근거와 같다. 가정생활이 있는 곳에는, 결혼과 부권에 결부된 가장 강력한 본능이 반드시 일반 사람들의 이해관계와 활동력 대부분을 흡수해 버린다. 플라톤은 이런 활동력이 그 부류 전반에 퍼져나가기를 원했고, 재산권의 분야에서와 마찬가지로 가정생활의 분야에서 내것과 네것의 구별이 사라지기를 원했다. 한편, 만일 우리가 가장 지적이고 인품이 높은 남자 또는 여성을 뽑아 조직의 수반으로 세우고, 그들은 아이가 없어야 한다고 정한다면, 어쩔 수 없이 종족의 수가 메마르게 된다. 이들 최고의 유형에서 씨가 마르는 것을 피하기 위해, 플라톤은 그의 수호자들(Guardians)이 임신할 의무를 갖게 하고 아이들도 그들의 자녀가 아니라 국가에 속하게 한다. 아주 치밀한 계획에 따라 중매결혼을 이루는 체계는 마땅히 반대에 맞서기 위해 고안된 것이다.

이런 제도는 산업일꾼들과 달리 수호자들 모두에게 공통으로 적용된다. 그래서 수호자들은 두 집단—지혜의 애호가와 권력의 애호가—으로 나뉜다. 야망을 추구하는 유형은 통제를 받지 않는다. 그들은 활동범위를 통치의 집행능력의 본령으로, 그리고 또 상비군으로 보게 된다. 이 때 그들은 자신의 고유한 동기—명예의 선호—로써, 그리고 그들 고유의 덕을 위해 충분히 활동할 것이다. 궁극적인 모든 권한은 사변가들이 맡는다. 이들은 지혜를 얻었기에 인간이 살아가는 궁극의 목적이 무엇인지를 안다. 이들은 권력을 집행하고자 하지 않을 것이다. 그렇지만 이들은 자신만이 맡을 수 있는 의무로서 사회의 지도감독을 수행하게 될 것이다.

《국가》편의 끝 쪽으로 오면서 플라톤은 지혜가 인간사회에서 진정으로 존경받을 수 있을지에 대해 점점 더 의심을 하게 되는 것 같다. 그리고 만일 우리가 그 당시부터 인간의 복리를 위해 책임을 맡았던 왕이나 지배자들의 오랜 집권과정을 검토해 보면, 우리는 그런 의심이 오히려 정당하다고 생각할 것이다. 러셀 경은 역사는 러시아의 볼셰비키 체제와 같은 플라톤의 공화국을 결코 닮지 않음을 보여준다고 지적했다.

"공산당은 수호자들에 해당한다. 군인들은 두 경우 모두 같은 지위를 갖는다. 러시아에서는 플라톤이 가리킨 것처럼 어느 정도 가정생활에 관여하려는 시도가 있다. 플라톤을 가르치는 이라면 세계 어디에서나 누구나 볼셰비즘을 싫어할 것이고, 볼셰비키주의자들은 누구나 플라톤을 낡은 시대의 부르주아지로 치부할 것이다. 그렇지만 이 비교는 플라톤의 공화국과 진전된 볼셰비키주의자들이 세우려고 애쓴 체제와 놀라울 정도로 꼭 맞아 떨어진다."[2]

2 | *The Practice and Theory of Bolshevism* (1920), p. 30.

물론 여기에도 일리는 있다. 이 두 체제는 다수의 대중을 일부 소수의 확고한 지배 아래 둠으로써 사회는 개혁될 수 있다는 믿음에 뿌리를 둔다. 이들 소수는 진리를 소유해서 그들의 임무에 헌신적으로 바칠 수 있다. 민주주의에 대한 신뢰를 잃은 것은 참혹한 전쟁에서 비롯된 듯이 보이는데, 민주주의에 대한 신뢰를 잃었기 때문에 생긴 결과가 저 두 체제이다. 한편 두 체제에 각각 영감을 불어넣은 철학은 거의 정반대로 대립되어 있다. 그리고 볼셰비키주의자들이 플라톤을 낡은 시대의 부르주아지라고 치부한다면 그들이 옳다고 나는 생각하고 싶은데, 플라톤은 틀림없이 인간의 본성을 잘못 분석한 토대에 근거한 것으로 보고 변증법적 유물론을 거부했을 것이다.

확실히 빌라모비츠가 확인한 관찰에는 주목할 만한 진리가 들어 있다. 그의 관찰에 따르면, 근대에서 로마 교황의 삼중관의 무오류성 권위에서 절정을 이루는 로마 가톨릭 교회의 구조에서만 우리는 플라톤의 국가와 어떤 유사점을 발견한다는 것이다. 플라톤의 후기 저작인 《법률》편에서 그는 《국가》편에서 말한 제도들이 실생활에서 가능한 여건들에 더 가깝게 하려고 시도한다. 여기에는 로마 가톨릭 교회와 더욱 비슷한 점이 있다. 로마 가톨릭은 인간의 본성을 고수하는 비밀을 보았고 로마제국보다 더 오래 살아남았다. 야간위원회〔the Nocturnal Council, 모든 사람들이 공적인 업무와 사적인 일에서 가장 편안하게 보내는 동틀 무렵에 매일 모인다는 뜻에서 붙여진 이름이다. 플라톤의 《법률》, 961b6-8〕에서 생사의 결정 권한을 쥐고 종교와 도덕을 몰래 주시하였다면, 플라톤은 이단자 탄압을 걱정해야 한다는 말을 들었을 것이다.

여기서 유사점은 겉으로 드러난 것 이상이다. 우리는 《카라마조프의 형제들》에서 이반이 말하는 종교재판소장을 기억할 것이다. 종교재판소의 판결 선고식은 세르빌에서 추기경과 법관 앞에서 이루어졌다. 다음 날 한 낯선 사람이 시장의 군중 속에서 나타난다. 비록 그의 출현이 눈에 띄지 않지만, 그는 즉시 알려진다. 치유의 효험은 그의 옷깃이 스치면서 일어난다. 대성당 계단에서 그는 땅에 묻으려 할 참에 있는 한 아이를 되살린다. 혼란이 일어나고 재판소장이 지나간다. 그는 키가 크고 꼿꼿한 노인으로 생기가 사라진 얼굴에 눈은 움푹 들어갔지만 여전히 눈에서는 광채가 이글거린다. 그 노인은 낯선 사람을 잡으라고 명령한다. 밤중에 감옥에 갇힌 그를 찾아간다. 소장은 그가 왜 로마 가톨릭 교회의 일을 방해하게 되었는지를 묻는다. 가톨릭 교회는 견딜 수 없는 자유의 굴레에서 인간을 구해냈고, 이것을 저 낯선 사람이 인간들에게 약속했던 것이다. "우리는 엄청난 값으로 그 약속의 대가를 치렀다"고 소장은 말한다. "1500년 동안 우리는 저 자유와 싸워왔다. 이제는 끝났다. 사람들은 그들의 자유를 우리에게 넘겼다. 그리고 겸허하게 우리의 발 아래 내려놓았다." 교회는 그들에게 자유 대신 권위를 주었다. 지식 대신 신비를 주었다. 그리고 인간들은 다시 양처럼 보내게 되었다고 기뻐했다. 그렇게도 많은 고통을 주었던 가공할 만한 선물은 마침내 그들의 심장에서 제거되었다.

낯선 사람은 아무런 대답이 없다. 마침내 그는 갑자기 그 노인에게 다가가 그에게 키스를 한다. 소장은 나가서 다시는 오지 말라고 하면서 어두운 거리로 감옥 문을 열어젖힌다. 그 후에 저 키스의 회상이 노인의 심장에서 활활 타오른다. 그러나 그는 그의 신념을 굳게 지킨다.

만일 《법률》편의 이상국가가 생생한 사실이 되었다면, 우리는 비슷한 장면을 상상할 수 있을 것이다. 소크라테스는 야간위원회의 앞에서 둘째 재판을 위해 심문을 받고 회의 의장인 플라톤과 맞서 있다. 소크라테스는 제한 없는 자유와 자율이라는 똑같은 선물을 주장하였다. 그리고 플라톤은 인류가 그것을 견뎌낼 수 없을 것임을 예견하였다. 그래서 그는 이러한 국가를 고안해 냈고, 현명한 소수가 결코 현명할 리 없는 다수의 의식을 감시하게 된다.

그러나 나는 이 이야기의 결말을 상상할 수 없다. 내가 확신하건대, 플라톤의 죄수는 저 재판소장의 죄수와 달리 끝까지 침묵을 지키지는 않았을 것이다.

5

플라톤의 《향연》에 나타난 에로스
The Doctrine of Eros in Plato's *Symposium*

1937

─

　《향연》은 시기상으로 《파이돈》에 가까운 것으로 알려져 있다. 《파이돈》에서 소크라테스가 스스로 택한 죽음으로 아테네 감옥에서 해방되는 것은, 지혜에 대한 자신의 열정에 의해서 신체라는 감옥에 갇힌 인간의 영혼이 해방되는 상징으로 되어있다. 두 대화편 중에서 어느 것이 먼저 완성되었든지—나는 《파이돈》이 먼저라는 것을 의심한다—플라톤은 소크라테스에 관해 부여된 묘사와는 별개로 가능한 한 전혀 다른 묘사를 해야 할 필요성을 느꼈다.
　순수 연극에는 어느 것이나 자연에 관한 상황이 있다. 폭풍이 지난 뒤의 고요가 《템페스트》에서 필요한 것처럼, 폭풍은 《리어 왕》에서 꼭 필요하다. 《파이돈》의 상황은 어둠이 들기 전인 해질녘이다. "해는 아직 산마루에 걸려 있다. 그는 아직 죽지 않았다." 정화된 영혼을 위한 지상 낙원을 주제로 소크라테스는 신화적인 논의를 펼치다가 해넘이가 되어 대화편은 끝난다. 《향연》의 상황은 아가톤(Agathon)이 연극 경연에서 승리한 것을 축하하는 가운데 열리는 향연으로 화려한 불빛이 가득하다. 소크라테스는 도착하자마자 그 시인의 환영에 화답하고는 자신이 생각하는 지혜에 관해 이렇게 말한다. "그것은 꿈처럼 유감스럽고 의심의 여지가 있다. 그러나 당신은 젊고 당신의 지혜는 영특하고 희망이 넘친다. 이것은 이틀 전에 3만도 더 되는 희랍인들의 눈 앞에서 찬란하게 빛나는 것이다." 그리고 향연은 졸음에 겨운 두 시인이 잠들어 버릴 때까지 그들과 토론을 펼치는 소크라테스와 함께 새벽녘에 끝난다. 그리고 그는 목욕하러 떠나고 그날은 온종일 리케움에서 토론을 펼친다.
　《파이돈》편에서 소크라테스의 금욕적 긴장을 드러냈는데, 이 사변가에게 감각과 욕구를 지닌 신체는 기껏해야 성가신 존재이다. 그에게 저 긴장이 있었다. 키니코스학파는 거기에 집착하게 되어 있다. 그래서 육체를 거부하고 현인이 기거하는 곳으로 향해 가는 수순을 밟는다. 그 곳에서 현인은 오두막집—디오게네스의 통나무 집인 호 키온(ὁ κύων)—에 안식처를 마련하고 삶의 우아함이나 비천함도 뭉개버림으로써 자신의 유일한 덕을 드러냈던 인물이다. 이런 사람을 가리키는 플라톤의 표현은 아무소스(ἄμουσος)--미개한, 무례한, 음악을 모르는—이다. 소크라테스는 그렇지 않았고 오히려 저 우아한 젊은 시인의 잔칫상에 없어서는 안 되는 귀한 손님이었다. 만일 그가 초인적 자제심을 가진 자라면, 그것은 그의 본성 안에 참아야 할 것이 아무 것도 없기 때문이 아니었다. 그는 누구보다도 술을 더 잘 마실 수 있지만 누구도 그가 취한 모습을 본 적이 없다. 일부 후대의 비평가가 말하듯이 그는 인간의 열정적 측면을 묵살하거나 '폐기해 버린' 것이 아니었다. 그는 그것으로 어떤 다른 것을 했다. 이 사변가는 또한 열정이 있는 사람이었다. 그는 항상 자신을 '사랑하는 사람'이라고 불렀다. 물론 이것은 일반적인 의미—알키비아데스의 연설은 이 점을 아주 명료하게 보여주었다—는 아니다. 그러나 여전히 그는 사랑하는 사람이다. 《향연》은 지혜를 사랑하는 사람에게 에로스의 의미를 설명하려고 한다.

《국가》편에서 플라톤은 영혼을 세 부분으로 나눈다. 반성적 내지는 이성적 부분, 정신적 내지는 열정적 부분, 그리고 탐욕적 부분이 그것들이다. 그리고 그는 지혜의 다양한 덕을, 그것들이 불완전한 그의 현재 상태에서 복합적인 인간 본성으로 나타나는 바에 따라 용기, 절제 및 정의(正義)로 정의(定義)한다. 이렇게 셋으로 나눈 핵심은 소위 영혼의 '부분'이 각각 나름의 욕구를 나타낸다는 점이다. 더구나 이런 세 형태의 욕구는 각각 나름의 대상을 갖는 특징이 있다. 플라톤이 인간 중에서 폭군이 가장 야비하다고 주장할 때, 그는 영혼의 각 부분은 자신의 고유한 즐거움과 나름의 독특한 욕구가 있으며 셋 중 어느 하나가 지배를 할 수 있다는 점에 유의한다. 반성적 부분은 지식과 지혜를 원한다. 열정적 부분은 성공, 영예, 그리고 권력을 목표로 삼는다. 탐욕적 부분은 영양섭취와 성욕이 특히 강하기 때문에 그렇게 불린다. 이것은 관능적 만족의 수단으로 돈을 좋아해서 소유하려는 욕구라 하겠다. 따라서 인간의 특성에서 그 중 한두 가지 지배적인 욕구로 결정되는 세 유형의 특성이 있다. 세 활동은 각각 진리의 관조, 다툼을 즐기는 야망, 물질획득에서 즐거움을 찾는다. 저급한 즐거움이란 어떤 의미에서 거짓이고 환상이다. 한편, 두 하위의 부분은 단순히 짓밟고 억눌러 버려야 하는 것이 아니다. 이것들은 그 자체로 남아 있을 때 보다 이성의 지배를 받을 때 그것들 고유의 만족이라는 점에서 확실히 더 나아질 수 있을 것이다. 그리고 반대로 하위 부분의 어느 하나가 지배권을 강탈하면, 다른 부분이 잘못된 즐거움을 찾아가도록 할 뿐 아니라 심지어 그 자체가 할 수 있는 진정한 만족도 찾지 못하게 막아버린다. 이런 점에서 가장 하위의 것이 가장 나쁘다. 통제를 받지 않는 관능적 탐닉이 지배하는 인생살이는 그 중 가장 하찮은 즐거움을 얻는다.

그래서 영혼이, 한 쪽에는 생각하는 부분인 이성과 다른 쪽에는 비이성적 욕망으로 나뉜다고 생각하지 않음이 명확하게 드러난다. 또는 내면의 충돌이, 언제나 올바른 쪽에 있는 열정 없는 이성과 언제나 잘못된 쪽에 있는 열정 어린 욕망 사이에 서 있다고 생각하지도 않는다는 점이 명백하다. 이런 분석이 열정이 빠진 관조만 남겨두고 육체의 억압과 난행고행(難行苦行)을 요구하는 금욕적 도덕, 열정과 욕망의 절멸을 가리키는 증거라 하겠다. 《파이돈》편에서 상당 부분이 이런 유형의 도덕성에 대해 말한다. 그렇지만 여기서 '영혼'이라고 불리는 것은 세 부분 중 가장 상위에 있을 뿐이다. 이것만이 불멸이다. 다른 부분은 '신체' 또는 육신이라고 불린다. 《파이돈》에서 초점은 죽음과 완전한 인간의 의미에 있다. 여기서 철학은 죽음의 연습이고, 죽음은 육체로부터의 해방이다. 그러나 《국가》편은 삶, 그리고 우리의 복합적인 본성으로 이룰 수 있는 최선의 것에 초점을 둔다. 복합적 본성에서는 세 가지 형태의 욕구가 각각 나름의 적합한 만족을 요구한다. 따라서 덕의 개념은 욕구들의 조화에 모아진다. 이 조화의 상태에서는 각 부분은 다른 부분을 훼방하거나 악용하지 않으면서 그에 합당한 즐거움을 찾아가고 가장 참된 만족을 얻는다. 각각의 유형을 지닌 사람에게는 여러 욕구들을 가능한 한 최선으로 하는 균형 내지 조화가 있다. 그 상태는 완전하지 않을 수 있다. 그러나 다른 상태보다 더 안정되어 있고 더 행복하다.

이를 넘어서면 완전한 개인을 양성하는 이상적인 해결책이 있다. 《국가》편의 뒷부분에서 이 해결책은 지적인 측면에서 기술되고 있다. 완전한 지식을 얻게 되고 사회의 통치권을 잡아야 할 유일한 유형—철인왕—을 양성할 수 있는 상위의 교육이 있다. 그러나 그 과정이 순전히 지적인 것은 아니고 욕구의 교육도 포함한다. 이런 관점은 《향연》에서 에로스에 관한 이론으로 전개되는데, 에로스는 모든 형태의 욕구가 지닌 충동을 가리키는 용어이다. 우리는 이제 세 유형의 삶을 형성하는 세 가지 충동이, 복합된 영혼의 분리된 세 부분 안에 들어 있거나 아니면 어떤 것은 영혼 안에 있거나 어떤 것은 신체 안에 있다고 하지만, 결국은 따로 분리된 그래서 바꿀 수 없는 그런 요소가 아니라는 사실을 알게 될 것이다. 이들 세 충동은 단일한 힘 또는 축적된 힘의 현현이다. 이 힘을 에로스라고 부르는데, 다양한 길을 따라 다양한 목적으로 나아가도록 이끈다. 이런 생각은 욕구의 2차적 제한을 가능하게 한다. 즉 에로스의 힘은 한 통로에서 다른 통로로 방향을 바꿀 수 있게 한다. 흐름은 위로 갈 수도 있고 아래로 갈 수도 있다. 아래로 가는 진행과정은 《국가》편의 8권과 9권에서 분석되고 있다. 그래서 그 과정은 폭군의 경우 육욕의 지옥으로 떨어진다. 위로 향하는 진행과정은 《향연》에 나타난다.

나는 앞부분에 나오는 연설을 건너뛰겠다. 이 부분은 에로스의 본질에 관한 시사를 담고 있는데 소크라테스가 논의하면서 수용했거나 비판한 것들이다. 여섯 명이 말을 하고 맨 끝으로 소크라테스가 시인인 아가톤의 뒤를 잇는다.

이 사람은 에로스란 예술가의 상상으로 구체화되는 것이라고 감성적이며 화려한 미사여구로 찬미한다. 아가톤은 '에로스 자체의 본성'을 기술하겠다고 주장한다. 신들 중에서 가장 큰 축복을 받은 자로서 가장 공정하고 가장 젊으며 외모가 우아하고 부드럽다. 그는 모든 덕을 두루 갖췄다. 그는 불의를 저지르지도 않고 불의를 당하지도 않아서 정의롭다. 그는 모든 즐거움의 주인으로서 온화하다. 왜냐하면 어떤 즐거움도 사랑보다 더 강하지 않기 때문이다. 또한 아레스 신도 그를 억압할 수 없으므로 그는 용감하다. 그리고 그가 쓰다듬어 주면 누구든 시인으로 바뀌기 때문에 현명하다.

소크라테스는 그때 아가톤과 비판을 주고받는 대화를 시작한다. 소크라테스는 그의 주인을 자상한 예우를 갖춰 능숙하게 대하며, 그가 어리석어 보이게 하는 모습을 피한다. 그는 만티네아(Matinea)의 현명한 여사제인 디오토마(Diotoma)에게 비슷한 말로 에로스에 관해 말한 적이 있다고 실토한다. 그리고 그는 디오토마가 자신에게 가한 비판을 말해 준다. 게다가 소크라테스는 그 이론의 전반을 자신이 아니라 그녀의 것으로 제시할 줄 안다. 그렇게 해서 그는 거기에 온 손님들보다 에로스에 대해 더 잘 아는 체 하는 주장을 피할 줄도 알고 있다.

아가톤이 에로스를 모든 아름다움과 덕을 갖춘 것으로 묘사한 것은, 에로스에 관한 묘사가 전혀 아니라 에로스의 대상에 관한 묘사이다. 아름다움과 좋음은 욕망의 속성이 아니라 욕구하는 대상이 지닌 속성이다. 이런 비판이 지적하는 것은 의인화라는 기묘한 현상이다. 상당히 발전된 미술에서 아프로디테와 에로스의 초상은 이상적인 아름다움을 지닌 여성과 젊은이로서 욕망(Desire)이 아니라 욕망을 할 수 있는 대상의 표현이다. 사랑(Love)이 아니라 사랑할 수 있는 대상의 표현이다. 그리하여 에로스의 대상은, 가장 낮은 곳에서 가장 높은 곳에 이르기까지 모든 형태에서 아름다운 것 또는 좋은 것이라고 아무런 차별 없이 부를 수 있는 어떤 것이다. 아름다움과 좋음은 존재의 전반적인 기준에 따라 다양한 형태로 드러날 수 있다. 욕구가 여러 종류로 갈리는 것은 이렇게 형태가 다양한 데 따른다. 그러나 열정 자체는 근본적으로 똑같다.

디오티마도 똑같은 주장을 소크라테스에게 했다. 욕망은 그것이 원하는 것이 반드시 부족해야 한다. 그러나 그녀는 덧붙여 말하기를, 비록 에로스가 아름다움과 좋음이 부족하더라도 그가 못생기고 나쁘다는 것은 따라 나오지 않는다. 그는 좋지도 않고 나쁘지도 않을 수 있다. 신화적인 표현에 따르면 에로스는 신도 아니고 죽게 마련인 인간존재도 아니다. 다만 그 둘 사이의 중간 단계에 있는 다이몬(daimon)—신의 세계와 현실세계 사이에서 교감하는 영적인 존재들 중의 하나—이다. 에로스의 대상은 두 세계, 보이는 세계와 보이지 않는 세계 양쪽에서 볼 수 있다. 여기 이 세계에는 볼 수 있는 아름다움이 있고 저 세계에는 이와 유사한 보이지 않는 아름다움이 있다. 그리고 에로스는 경계를 가로질러 갈 날개를 프시케(Psyche)에게 준다. 그러나 여기서 핵심은 욕망은 본래 중립이어서 좋지도 나쁘지도 않다. 그러므로 욕망은 그의 대상에서 가치를 갖는다.

이런 대상은 우선 다음과 같이 일반적인 용어로 기술된다. 에로스는 아름다움과 좋음을, 즉 행복을 소유하려는 욕망이다. 이 욕망은 보편성을 갖는다. "누구나 늘 이와 같은 것들을 얻으려는 열정을 갖고 있다." 이러한 보편적 욕망 중에 실제적인 단 하나의 형식에 우리가 보통 말하는 에로스라는 말을 잘못 제한해서 쓰고 있다. '만듦(포이에시스, ποίησις)'이라는 용어가 실제로 어떤 종류든 창출을 의미하였지만 실은 한 가지 종류에만 지나치게 쓰인 것처럼, 에로스라는 이름은 열정이라는 하나의 종류에만 지나치게 쓰였다. 그렇지만 사실 그것은 '좋은 것 그리고 행복을 바라는 어떤 욕망 그리고 그것들을 바라는 모든 욕망'을 의미한다. 디오토마는 이어서 세 유형의 삶을 넌지시 비춘다. 그 외에 다른 여러 방향에서 그것을 찾겠다고 나서는 사람들이 있다. 어떤 이는 부를 얻으려고, 어떤 이는 건강을 찾으려고, 어떤 이는 지혜를 찾아 나선다. 그렇다고 이들이 모두 '사랑하는 자'로 불리지 않고 '사랑에 빠져있다'고 하지도 않는다. 그러다 보니 에로스라는 이름은 하나의 종류에 온 힘을 기울였던 사람들이 함부로 끌어다 썼던 것이다.

공통된 추진력에 관한 이런 개념으로부터, 플라톤은 그 밖의 다른 곳에서 경험을 근거로 그의 생각을 펼친다. 일정량의 활력이 하나의 길로 향해 가면 오직 정해진 양만 쓸 수 있는 것처럼, 다른 길에서 빠져나간다. 《국가》 편(588b)에서 영혼은 혼합된 존재, 즉 일부는 사자, 일부는 사람, 일부는 머리가 여럿 달린 괴물로서 형상화되어 있다. 부정의를 기리는 사람은 다중괴물의 힘을 세게 키우는 것, 그리고 인간을 굶겨서 허약하게 만들고 그 결과 그는 자신의 처신을 다른 두 부류에 맡겨 두는 것이 더 낫다고 말할 것이다. 또 철학적 본성이란 진리를 향한 본질적 열정이라고 정의하는 곳(485)에서 에로스라는 용어가 다시 한 번 사용되고, 길이라는 은유로 사용된다. "한 개인의 욕망들이 강력하게 일정한 방향을 잡을 때, 우리는 그 욕망들이, 하나의 물줄기가 갈라진 여러 길로 흘러 왔듯이, 사방에서 약한 물줄기가 흘러들어와 넘쳐난다는 사실을 안다. 따라서 형식이 어떠하든 욕망들의 흐름이 지식을 향해 있을 때, 한 인간의 욕망은 영혼만이 홀로 간직한 즐거움을 향해 나아갈 것이다. 그리고 지혜를 향한 그의 사랑이 위선이 아니라면 신체의 즐거움을 포기할 것이다." 그리고 소크라테스는 계속해서 어떻게 전반적인 성격이 이 주도적 열정에 의해 틀이 잡혀 가는지를 설명한다.

우리는 이제 어떻게 일상의 덕—복합적 본성에서 욕망들의 조화—이 자연적 충동에 의해 다시 조정되는지를 더 명료하게 알 수 있게 된다. 사는 동안 그 활동력은 적절한 기준으로 모든 통로를 따라 흘러가야 한다. 어떤 부분은 죽을 운명에 놓인 생명력을 계속 보존해야 한다. 신체의 기능에 딸린 즐거움은 어쩔 수 없는 힘을 끌어당긴다. 그리고 통제되고 인생의 목적을 위해 실수를 범하지 않는다면 그 즐거움은 정결하다. 또 다른 부분은 공적 생활에서 이득과 의무에 열중해야 한다. 그래서 권력에 대한 애착은 사회가 부여하는 명예로써 만족을 얻고 보상을 받는다. 그리고 진리와 좋음의 애호는 신중한 사고 또는 실천적 지혜를 활용하는 데에서 만족을 얻을 것이다. 세 요소가 조화를 이루는 것은 쓸 수 있는 활력을 올바로 분배함으로써 가능하다.

그러나 이것은 문제의 끝이 아니다. 디오토마의 논의가 노리는 목표가 아닌 것이다. 그녀는 이제 모든 욕망의 공통된 목적을 '영원히'라는 뜻을 덧붙인 좋음의 소유라고 정의한다. 죽음을 피할 수 없는 인간이 어떻게 이것을 얻을 수 있는가? 사랑의 독특한 작용 즉 생식을 통해서 가능하다. 모든 인간에게는 신체적이든 정신적이든 아이를 낳으려는 충동이 있다. 그 목적은 아름다움에 대한 개인의 직접적인 즐거움이 아니라, 창조적 활동에 의한 생명의 지속이다. 이 창조적 활동은 미의 여신이, 출산의 여신처럼, 산고에서 벗어나게 하면서 보살피는 활동이다. 출산은 죽음에서 피할 길 없는 동물에게 스미는 신의 특성이다. 에로스는 최후의 수단으로서 불멸을 위한 욕망이다.

더 낮은 형식에서조차도 에로스는 신적인 특성을 드러낸다. 그것에 의지해서 에로스는 눈 앞의 명백하고 직접적인 대상을 넘어서—한 개인이 사는 동안 이룰 수 있고 즐길 수 있는 그 어떤 개인적인 행복을 넘어서—어떤 것에 닿으려 한다. 가장 낮은 수준의 동물적인 성욕의 열정에서 그 목적은 종의 불멸이다. 디오타마가 말하기를, "만일 욕망이 그들에게 성적 관심을 보여 자식을 낳도록 할 때 모든 동물이 기묘하게 접촉한다는 사실을 우리가 눈치 채지 못했다면? 그들은 모두 열정으로 고생을 하게 된다. 먼저 서로의 결합을 위한 열정으로 그 다음에는 어린 새끼를 보살펴야 하는 열정으로 고생을 한다. 이를 위해 약자는 강자와 싸울 것이다. 그리고 목숨을 내던지기도 할 것이다. 또는 자식을 먹이기 위해 굶어 죽기도 할 것이다. 그들이 하지 못할 것은 아무 것도 없다." 이것이 죽음을 피할 길 없는 동물이 힘이 닿는 한 영원토록 존재하고 불멸하려고 애쓰는 이유이다. 이것을 이룰 수 있는 자는 자신이 몸소 할 수 없고, 늙은이의 자리에 젊은이가 남게 됨으로써 가능하다. 죽음을 피할 길 없는 모든 생명체는 신적인 존재처럼 불변하는 것이 아니라, 끊임없는 소생과 변화를 겪는다. 이것이 죽을 수밖에 없는 종에게 가능한 유일의 불멸성이다.

플라톤은 그의 마지막 저작인 《법률》 편에서 결혼제도를 논의하며 이렇게 적고 있다. "인간이 본성적으로 불멸성―이를 위해 욕망은 모든 형태로 인간 안에 심어져 있는 것―에 참여한다는 의미를 기억할 때, 결혼을 해야 할 의무가 있다. 왜냐하면 유명해지기를 바라는 욕망, 그리고 무덤에 이름도 없이 누워 있기를 바라지 않는 욕망은 불멸을 향한 욕망이기 때문이다. 인간은 모든 시간과 함께 태어난 쌍둥이인 셈이다. 그리고 끝까지 견디게 하는 사귐으로 시간의 경과를 따른다. 이렇게 해서 인간은 불멸이다. 자식이 또 자식을 낳아 그래서 종족은 늘 동일한 하나로 남아 있고 출산을 통해 불멸성에 참여한다"(721b).

이 구절은 명성의 불멸을 향한 욕망을 언급한다. 디오토마는 이렇게 말한다. "우리가 인간의 야망을 고려하면서, 내가 말한 것을 되돌아보지 않는 한, 그리고 인간이 이름을 얻으려는 열망 그리고 영원히 불멸의 영광을 잡으려는 열망으로 인간이 움직인다는 것은 얼마나 불가사의한지를 살펴보지 않는 한, 우리는 그 불합리성에 놀랄 따름이다." 이런 형식의 에로스는 영혼의 열정적 내지 정신적 부분이 지닌 특징이다. 일반적으로 우리는 이 부분의 야망을 개인이 세상에서 성공하고 출세하려고 하는 것이라고 생각한다. 그러나 여기서도 욕망은 개인이 결코 누릴 수 없는 불멸성에까지 미쳐 있다. 그리고 이를 위해 그는 그가 누릴 수 있는 모든 것 그리고 목숨 자체도 희생할 것이다.

나아가 개인이 자신의 어떤 것을 영속시킬 수 있는 셋째 길이 있다. 이는 아이(생산물)를 낳되 몸이 아니라 정신을 낳음으로써 영속을 가능케 한다. 시인과 예술가가 이런 종류에 해당된다. 이들의 작품은 계속 남아 그들의 생각을 후대에 전한다. 더구나 가르치는 자는 한층 공정하고 더 오래 지속되는 종류의 생산물을 산출한다. 이 때 그들은 다시 살 것이고 여전히 또 다른 세대의 정신적 생산물을 낳게 되는 것이다. 그리고 이렇게 교육자와 같은 지위에 놓여 있는 사람이 입법자들―리쿠르고스나 솔론―이다. 이들은 법과 제도를 그의 동료 및 시민들을 덕으로 훈련시키는 영속적 수단으로 보존한다.

이 시점에서 디오토마는 멈춰서 이렇게 말한다. "소크라테스 당신이 에로스의 이런 저급한 신묘함들을 처음 배웠음이 틀림없다. 그러나 그 신묘함들이 향해 가는 목적지인 완전한 계시를 당신이 해낼 수 있는지 어떤지 나는 모른다. 나로서는 내가 할 수 있는 만큼 그것을 나타내고자 할 것이다. 당신은 당신의 힘이 닿는 한 따르려고 해야 한다." 그의 스승이 도달한 한계선을 나타내려는 플라톤의 의도를 이 구절에서 보았다고 말하는 학자들의 주장에 나는 동의하고 싶다. 소크라테스는 정신적 산물을 다른 사람의 정신 안에 산출하여 그들이 자신의 생각을 창출하도록 도와줄 수 있는 교육자 중 최고였다. 만약 그가 더 나아갔다면 어땠을까? 지금까지 기술한 모든 형태의 불멸성은 인간의 불멸성으로, 그는 그의 종족, 명성, 사고를 다른 쪽에서 지속시킬 수 있다. 개인은 계속해서 존재하지 않는다. 그는 죽고 무엇인가를 뒤에 남긴다. 이것은 시간 안에서 불멸이지 영원한 세계에서 불멸이 아니다. 개인의 영혼 안에 있는 어떤 요소로 인해 더 이상 존재하지 않게 되고 비록 다른 세계가 없다고 하더라도, 더 낮은 신묘함에 포함된 모든 것들은 틀림없는 사실이다. 다른 세계가 드러남―이데아들의 영원한 영역―은 뒤따르는 상위의 신묘함으로 바뀐다. 만일 소크라테스의 철학이 이세상의 삶에 대한 철학이고, 반면 플라톤의 철학은 저세상에 초점이 모아져 있다고 믿는 것이 옳다면, 이곳이 그것들이 이어지는 지점이다.

낮은 곳과 더 높은 신묘함이 나뉘는 이 경계선은 《국가》 편에 기술된 교육의 두 단계와 일치한다. 앞부분에서는 하위의 교육으로 체육과 음악을 언급하고,

7권에서는 철학자의 고등교육을 기술한다. 《국가》 편에서 이 등급 이동은 중간에 다른 문제들을 오랫동안 논의하면서 흐지부지 된다. 《향연》 편에서는 끊어진 그 부분을 잇는다. 음악교육의 목적은 영혼 안에 합리성, 조화, 리듬, 단순성을 갖추는 데 있다. 이런 것들은 개인의 영혼 안에 존재하는 절제, 용기 및 다른 덕들의 영원한 이데아를 닮았다. 이런 이미지는 그것을 판별할 수 있는 사람에게 관조의 가장 고귀한 대상이며 따라서 가장 사랑하는 대상이다. 이것이 에로스를 음악인에게 불어넣는데, 다름 아니라 좋음에 대한 이런 이미지들을 간직한 사람에 대한 사랑이다. 그래서 음악은 결국, 그것이 마쳐야 하는 곳에서 단순히 관능의 즐거움을 위한 열정이 아니라 아름다움에 대한 열정이 된다. 이 지점으로부터 《향연》의 상급 신묘함이 시작된다. 이 신묘함들은 단일한 하나의 아름답고 고귀한 것을 사랑하는 데서부터 아름다움 그 자체의 사랑으로 바뀌어 가는 과정을 기술한다. 그것들은 《국가》 편의 상위 지적교육에 상응한다. 여기서 영혼의 눈은 동굴의 우상에서 더 높은 빛의 세계로 그리고 마침내 선의 통찰로 바뀌어 간다. 이 마지막 변화에서 에로스는, 시간 안에서가 아니라 영원의 영역에서, 불멸에 대한 열정이 된다.

이 진행과정에는 네 단계가 있다. 첫째 단계는 에로스가 개인과 물질적 아름다움에서 분리된다. 개별 대상은, 어떤 모습을 하고 나타나든, 물질적 아름다움은 모두 동일한 하나라고 깨달을 때 우리의 시야에서 사라진다.

"[산타야나가 말하기를] 열정은, 행동을 부추기는 충동인 한에서, 존재하는 사물들을 파악하며, 바꾸거나 또는 파괴하는 데 몰두하기 때문에 우리를 물체의 흐름 속으로 온통 휩쓸려 들게 한다. 그러나 동시에 그 열정이 정신을 북돋워 나가는 한, 그것들은 기꺼이 본질을 판별한다. 그리고 진정으로 관조일 수 있는 것은 오직 열정적 영혼이다. 사랑하는 자가 받는 보상은 이것이 또한 그를 단련시키는데, 그가 이 세계의 어떤 것을 사랑했다고 생각할 때, 매우 큰 실수를 했다는 사실을 깨닫는 것이다. 모든 사람이 소유를 목적으로 삼아 애쓴다. 소유는 동물적 본능으로 모든 것이 거기에 매달려 있다. 그러나 소유는 참으로 사랑하는 자를 만족하지 못하게 한다. 그의 즐거움은 사랑받는 대상의 특성에 있고, 여기에 있든 저기에 있든 지금이든 어느 때이든 그의 것이든 다른 누구의 것이든 그것이 드러내는 본질 안에 있다. 이 본질은, 행위에서는 동물 일반의 충동을 자유롭게 풀어놓는 신호일 뿐이지만, 관조에서는 사랑의 완벽한 대상이고 사랑함에서 얻는 유일한 소득이다."[1]

그 다음에 우리는 신체의 아름다움 이외에 정신의 도덕적 아름다움을 평가하는 방법을 배워야 한다. 그리고 법과 행위에서 존중할 만하고 고귀한 모든 것들이 가진 단일성과 유사성—좋음(토 칼론, τὸ καλόν)의 상용의미—을 관조하는 법을 알아야 한다.

셋째 단계는 수학적인 분야에서의 지적인 아름다움을 드러낸다. 에로스는 이제 추상적 진리를 파악하려는 철학적 충동이 되고, 기하학자가 증명의 원리에 있는 그러한 종류의 아름다움을, 그리고 천문학자가 천체의 조화로운 질서에 들어있는 그러한 아름다움을 발견하려는 철학적 충동이 된다. 이미 우리는 개별적 대상들과 잠정적인 아름다움의 이미지를 잊어버렸다. 그리고 우리는 지적 세계로 들어갔다.

마지막 대상은—물질적, 도덕적 및 지적인 아름다움을 넘어선—아름다움 그 자체이다. 이것은 '홀연히' 직관에 드러난다. 여기 이 말은 엘레우시스의 신묘함을 드러낸 궁극의 계시—갑작스런 광채로 신성한 상징 또는 신성함의 형상이 드러남—를 상기시킨다. 이 대상은 변화와 상대성에서 벗어나 있어서 영원하다. 더 이상 어떤 다른 것에 나타나지 않고 살아있는 어떤 것이나 또는 지구상에 또는 하늘에도 나타나지 않는다. 그래서 언제나 '자체로' 있어서 그 특성에 참

---

[1] G. Santayana, *The Realm of Essence* (Cambridge, 1928), p. 116.

여하는 어떤 것이 생성 또는 소멸하더라도 전혀 영향을 받지 않는다. 그것을 파악하는 것이 구경꾼의 관람이다. 이를 통해 영혼은 에로스의 궁극적 대상과 접촉하고 그것을 소유하게 된다. 그렇게 되면 인간은 신적인 의미에서 불멸이 된다. 《국가》편에서 보듯이 영혼과 미의 여신의 결합은 결혼―엘레우시스의 신성한 결혼―으로 이 결혼의 산물(자식)은 처음 아름다운 사람의 사랑을 불러 일으킨 좋음의 이미지와 같은 그런 유형이 아니라, 참된 덕, 즉 지혜로서의 덕이다. 사실 플라톤은 어떤 잘못도 저지르지 않고 태도를 결정할 수 있을 만큼 아주 명료하고 확실하게 선과 악을 알아서, 인간이 신으로 되는 것이 철학의 목적이라고 믿었다.

인식의 궁극적인 행위는 더 이상 사유의 어떤 과정도 없는 직접적 직관으로 묘사된다. 우리는 이 묘사가 플라톤이 특별한 계기로 겪은 어떤 경험에 기반을 두고 있다고 짐작할 수 있고 아마 그렇게 짐작해야 할 것이다. 전승하는 바에는 그가 대체 황홀경이나 무아지경에 들어간 적이 있다는 어떤 증거도 없다. 신플라톤주의자들은 만일 그런 전통이 있었다면 적극 거기에 매달렸을 것이다. 그가 엘레우시스의 신묘한 언어를 사용하는 이유는, 교습과 전수의 오랜 과정을 통해 갑자기 도달하게 된 통찰에 적합한 어휘이기 때문이다. 엘레우시스에서 계시는, 당연히 성체거양(聖體擧揚)이 무아경이 아니듯이 결코 무아경을 포함하지 않는다. 아마 플라톤의 경험은 궁극적인 진리의 인식으로 종교적이라기보다는 형이상학적이라고 불러야 할 것이다. 한편 그것은 순전히 지적이라기보다는 영혼 안의 모든 요소가 에로스의 궁극적 변모로 바뀌는 것이다. 그리하여 그 지점에서 형이상학적인 것과 종교적인 것의 구별은 무의미하게 될 것이다.

에로스에 대한 논의로 돌아가 보자. 영혼을 최고의 수준으로 이끄는 힘은, 낮은 수준에서 종을 영속시키는 본능과 세상의 온갖 형태의 야망에서 나타나는 것과 똑같다. 그것은 생명 자체의 힘, 영혼의 운동력이다. 그리고 영혼은 플라톤의 정의에 따르면 스스로 운동하는 힘을 가진 유일한 것이다. 플라톤의 에로스에 관한 이론은 근대의 승화론(昇華論)에 비유되었고 나아가 승화론이라고 확정하기도 했다. 플라톤과 프로이트의 궁극적 출발점은 정반대로 대립되어 있음이 분명하다. 근대 자연과학은 진화의 개념이 지배했는데, 이는 우리의 조상이라고 일컫는 동물의 조상이 지닌 미발달의 원초적인 본능으로부터 고등의 합리적 생활이 나타나는 쪽으로 발전해 간다는 것이다. 이런 개념이 희랍의 사유에는 낯설지 않다. 초기의 철학자들은 인간이 물고기처럼 생긴 생명체에서 발전했다고 가르쳤는데, 이 생명체는 태양의 열을 받아 따스하게 된 진흙 속에 알을 낳았다. 그렇지만 플라톤은 이런 사고체계를 신중하게 돌아보고 받아들이지 않았다. 그에게 인간은 뿌리가 땅에 있지 않고 하늘에 있는 식물이다. 환생신화에서 하급 동물은 형상이 일그러져 있고 등급이 낮은 유형이다. 여기서 영혼은 천체와 친한 인척관계가 아니었기에, 감금되어 추락의 징벌을 치르게 된다. 인간의 영혼은 스스로 운동하는 힘을 지녔고, 이 힘은 당연히 가장 높은 영역인 불멸성에 자리를 잡는다. 그것은 아래에서 위로 오르는 것이 아니라 오히려 정신이 육체에 현혹될 때 위에서 아래로 빠져버린다. 그래서 그 힘이 아래의 길에서 벗어나면 한데 모여 원래의 자리로 간다. 이것이 실로 전환이고 변형이다. 그렇지만 오로지 낮은 형태로만 지금까지 존재했던 욕망이 승화하는 것이 아니다. 원래 정신적이었던 힘은 이후 우연한 일시적인 변화를 겪은 후에 다시 순전히 정신적인 것이 된다. 프로이트와 대립하는 것은 단순히 오해와 편견에서 비롯된 것이 아니다. 기독교의 종교적 의식은 거의 처음부터 플라톤주의의 영향을 받아왔다는 사실에서 비롯된다.

디오토마가 소크라테스에게 상위의 신묘함의 실마리에 대해 한 말이, 소크라테스가 앞으로 계속 그녀의 말을 따를지 그녀가 의심하는 곳에서, 플라톤이 역사적 소크라테스를 넘어선다는 점을 가리킨다는 견해를 나는 택했다. 이런 해석이 역사적 소크라테스가 오를 수 없었던 철학적 정점에 플라톤이 도달했다고 주장하게 하는 오만한 죄를 플라톤이 저질렀다는 사실은 거부되어 왔었다. 그렇지만 《향연》에 관한 최고의 논평은 《신곡》에서 확인할 수 있다. 단테는 한 인간으로서 플라톤보다 훨씬 더 오만하다. 그러나 그가 베르길리우스를, 지상에서 천국으로 날아가기에 앞서서 지상낙원의 문간에서 그에게 작별을 하고 떠나는 것으로 표현하게 한 것은 오만함이 아니었다. 단테는 연옥의 일곱 개 궤도를 지났고 이제 죄를 씻었다. 단테를 거기까지 안내한 베르길리우스는 인간의 지혜나 철학을 상징하는데 이는 인간을 천국이 아닌 지상낙원으로 이끌 수 있다. 이 비유는 완벽한 것이 아니다. 단테를 더 높은 영역으로 안내한 것은 기독교의 계시이다. 베아트리체에 의해 상징화된 신적인 지혜―인간의 철학이 한층 더 발전해 간 것이 아니라 신의 덧붙임이다―이다. 만일 어떤 유사점이 있다면 플라톤은 자신의 철학이 비록 그의 생활과 실천에 함축되어 있을지라도, 명백하게 드러난 스승의 철학을 넘어선다는 것을 의미할 것이다. 그것이 소크라테스가 이상적 철학자라는 점을 부정하는 것이 아니다. 물론 소크라테스는 플라톤이 가르치고자 한 대로 살았던(그는 결코 가르치지 않았지만) 철학자이다. 게다가 그것은 단테가 베르길리우스보다 더 나은 시인이라고 주장할 수 없는 것처럼, 플라톤이 소크라테스보다 더 나은 철학자라는 것을 주장하는 것이 아니다.

그렇다 해도, 베르길리우스의 고별사는 정확하게 에로스의 이론을 나타낸다.[2]

"오늘 인간이 그토록 많은 가지에서 찾아내는 그 달콤한 과일이 그대의 배고픔을 해결해 주리라."

---

[2] *Purgatorio*, Canto xxvii, 115행 이하.

달콤한 과일은 인간이 그토록 많은 모습으로 찾아가는 행복이다. 이런 말에서,

"위로 향하려는 욕망이 줄지어 나를 엄습하였으니 단계마다 그에 따라 나는 내 날개가 날아 가기 위해 자라나는 것을 느꼈다."

이것들은 프시케가 에로스한테서 받은 날개이다. 그녀 자신의 욕망의 날개이다.

"계단을 모두 지나 이제 모두 우리 발 아래에 있고 우리가 맨 꼭대기 계단에 서자, 베르길리우스는 눈을 들어 나를 빤히 쳐다보았다. 그리고 말했다. 이보게, 그대는 세상의 광채와 영원의 광채를 보았네. 그리고 그대의 재주는 내가 스스로 더 멀리 보지 못하는 곳에 이르렀네. 나는 그대를 여기까지 지성과 재주로 인도했다네. 지금부터는 그대 자신의 즐거움을 안내로 삼아야 할 걸세. 그대는 가파르고 비좁은 길에서 벗어났다네.
저 태양을 보게, 그대의 머리 위로 빛나는 태양을 말일세. 부드러운 풀들과, 꽃들, 어린 나무들을 보게, 여기 대지가 절로 오로지 홀로 탄생케 하였다네.
기쁨에 찬 저 해맑은 눈빛이 빛나고 그들의 내비침이 날 그대에게 오게 했나니, 여기 앉거나 그들 사이를 걸어보게.
나한테서 아무런 말이나 언표를 기대하지 말게. 그대의 의지는 자유롭고 올바르고 건강하다네. 그리고 그 이끌림에 따라 움직이지 않는다면 옳지 않다네.
그리하여 내 그대에게 네 자신을 다스리는 주교관과 왕관을 얹어 주겠네."

주교관과 왕관은 영계과 속계의 권좌를 나타내는 상징이다. 단테는 이제 정화되어 죄를 씻고 그 어떤 외부의 권력에도 복종하지 않는다. 왜냐하면 그 자신의 의지가 올바르고 건강하고 자유롭고 그래서 그를 타락으로 인도할 수 없

기 때문이다. 그래서 그는 자신을 다스리는 성직과 왕위를 수여 받는다.

《국가》편은 그래서 완전한 철학자를 '왕 중의 왕으로 자신을 다스리는 왕'이라고 부른다. 그러나 동굴에서 나와 가파르고 비좁은 길을 올라, 마침내 그의 머리 위로 빛나는 태양과도 같은 신을 보고 인간의 삶을 가치 있게 하는 것이 무엇인가를 알기 전까지는 그렇게 부를 수 없다.

6

희랍의 자연철학과 근대의 자연과학
Greek Natural Philosophy and Modern Science

1938

一

　이 연속 강좌에[1] 〈희랍철학과 과학〉이라는 강연을 부탁 받았을 때, 처음 내가 마음먹은 것은 다음과 같은 물음에 답하는 것이었다. 희랍철학은 밀레토스학파의 한 사람인 탈레스가 서기전 585년에 일식을 예측했을 때를 시작으로 해서, 기독교 로마황제인 유스티니아누스가 아테네의 학교들을 폐쇄한 529년에 끝났다. 11세기에 걸친—우리시대로부터 알프레드 왕이 통치했던 시기까지 거슬러 간 기간보다 더 긴—지성사에 대해 50분 동안 무슨 말을 할 수 있을까?

　당연히 몇 가지 일반적인 고찰에 머물 수밖에 없다. 그 중에서 가장 관련이 큰 것은 희랍의 자연탐구와 근대의 자연과학을 구별하는 차이점이 되겠다. 이 차이점은 겉으로 보기에는 분명하지만, 차이점을 지지하는 근거들은 쉽게 지나치고 있다. 오늘날의 과학자는 예측이 가능한 일정한 범위 안에서 자신의 분야에 종사한다. 그리고 같은 시대 사람들과 공통된 특징을 지닌 일정한 개념도구를 쓴다. 만일 그가 철학자나 심리학자가 아니라면, 그는 '자연'을 '자연 그 자체'로 연구하는 사람이 갖게 되어 있는 이 예측과 개념도구들이 유일한 것이고 언제나 공통된 속성이었다는 점을 암암리에 전제할 것이다. 그래서 만일 그가 아리스토텔레스나 루크레티우스의 자료를 탐구한다면 당혹감에 빠질 것이다. 거기에서 그는 최근에 발견한 것들에 대해 놀라운 예견을 밝힐 수 있지만, 그러나 그것들이 그에게는 무의미하게 보이는 많은 것들이 들어있다는

---

1 | 이것은 Cambridge University History of Science Committee가 1936년에 마련한 근대 자연과학의 배경에 관한 일련의 연속 강좌이다.

점을 보게 될 것이다. 그는 고대인들이 영특한 아이와 같다고 단정할 수 있다. 이 아이는 총명한 생각을 가지고 있지만 교육을 받지 않아서 진리로 가는 한 가지 적절한 길을 따라 단지 조금만 나아갔을 뿐이다.

이런 착각은 철학과 과학의 역사에서 널리 퍼져 있다. 그것은 온갖 기회를 잡아 자기가 좋아하는 과거는 시대에 뒤떨어진 것이 아니라는 점을 보여준 작가들이 고전에 대해 일으킨 착각이다. 그러나 이 연속 강좌의 한 가지 목적은 고대인들이 유년기나 청년기 단계에 있던 근대인이 아니라는 점을 지적하는 것이다. 희랍-로마의 문화는 자신의 고유한 유년기, 청년기, 성숙기 그리고 노년기를 거쳐 독자적으로 성장했다. 중세 암흑시대를 지나, 근대 자연과학은 새로운 동기로 자극을 받은 르네상스에서 시작한다. 근대과학이 던진 물음은 전혀 다르다. 이 새로운 물음에 적합한 답변을 주어야 할 필요성에 따라야 하기 때문에 방법도 새롭다.

실험실에서 여러분이 찾아야 하는 것이 무엇이고 어떻게 왜 그 과제를 힘써 해결해야 하는지를 나보다 여러분이 더 잘 안다. 여러분이 치밀한 관찰로 암시를 받고 상당히 치밀한 실험으로 규제를 받는 가설적 방법에 따라 연구를 수행한다고 들어서 나는 알고 있다. 여러분의 목적은 (적어도 최근까지) 현상의 불변적 연쇄작용인 원인과 결과의 법칙을 발견하는 것으로 기술하였다. 그런데 여러분이 그렇게 하는 동기는 무엇인가? "진리 그 자체를 위해 진리를 순수하고 냉정하게 사랑하는 것"이라고 말할 수 있을까? 나는 기꺼이 이 대답을 받아들이겠다. 케임브리지에서 지금 그러하듯이 그것은 오랫동안 참된 것으로 남아 있을 것이다. 그렇지만 진리는 다름 아니라 유용성이고 자연의 탐구는 실제로 더 나아간 목적을 향한 수단으로 자연력의 통제를 목적으로 한다고 생각하는 사람들도 있다. 또 어떤 사람들은 그 목적은 부와 물질적 안락을 증대시키는 것, 그리고 부를 축적하는 과정에서 경쟁자들의 안전과 생명을 파괴하는 힘을 증가하는 것으로 정의하기도 한다. 그래서 육군성과 산업 관련 수

장들은 자연과학에 보조금을 아낌없이 쓴다. 그러다보니 유럽 중앙에서는 게르만 민족의 물리학이, 극동지역에서는 프롤레타리아의 물리학이 태연스럽게 출몰한다. 그래서 여러분이 아는 양성자와 전자는 자본주의를 옹호하는 자의 호의 또는 마르크스주의자의 호의를 가진 것이라고 의심을 받는다. 여러분의 중성자는 정치적으로 결코 중립일 수 없게 되었다.

그런데 만일 그것이 대체로 최근 4세기에 걸친 자연과학의 참모습이라면, 그것은 여러 관점—방법, 목적, 저변에 깔린 욕구—에서 고대의 자연에 대한 사변과 사뭇 다르다. 나의 목적은 이런 차이점들을 들춰내고 비록 전체적으로 답할 수는 없겠지만 왜 그런 차이가 존재하는지 하는 물음을 던지는 것이다.

먼저, 내 주제의 한계를 지적해 보겠다. 이 강의의 제목인 '과학과 철학'은 희랍인들이 '자연학' 또는 '사물의 본성에 관한 탐구'라고 불렀던 것을 뜻하는 것으로 받아들여야 한다. 이 분야에서 가장 중요하고 근원적인 작업은 서기전 600년에서 300년 사이에 이루어졌다. 아리스토텔레스가 322년에 죽은 후, 자연학은 눈에 띄지 않는 배경으로 떨어지고, 철학자들은 인간의 삶을 견뎌내게 하는 도덕적 또는 종교적 신념을 탐구하는 데 몰두하게 되었다. 이 3세기를 거치는 동안에는 철학과 자연탐구를 구별하는 어떤 경계선도 드러나지 않았다. 아리스토텔레스 이전에는 자연과학에서 독립된 분과는 없었다. 학을 이르는 말인 '인식(에피스테메 ἐπιστήμη)'은 오히려 수학에 적용되었다. 왜냐하면 수학은 정확하게 정의할 수 있는 불변의 대상들과 논증 가능한 진리를 다루고, 우월한 의미에서 앎을 얻어낸다고 주장할 수 있기 때문이다. 자연학은 '사물의 본성에 관한 탐구'로 알려졌다. 우리는 그것을 더 오래된 용어, 즉 자연철학이라고 부를 수 있다. 따라서 우리의 관심은 이제 아리스토텔레스가 세운 학교가 문을 닫는 기간의 자연철학에 한정될 수밖에 없겠다.

우선 방법과 절차를 보자. 이 기간에서 더 내려가서 아리스토텔레스의 스승인 플라톤을 포함해서 보면, 철학은 전통적인 설명방식—우주생성의 신화, 질서를 갖춘 우주의 탄생과 형성에 관한 이야기체의 서술—을 이어 갔다. 그러한 신화들은 전 세계에 걸쳐 과학이 존재하지 않았던 시대의 사회에서 발견된다. 그것들은 별도로 되어 있든 혼합되어 있든 두 가지 중요한 형식으로 보여준다. 진화형과 창조형이 그것이다. 하나는 세계가 마치 생명체처럼 태어나서 자란다. 또 하나의 형식은 예술가의 작품처럼 고안되고 틀이 잡힌다. 우리에게 익숙한 표현을 보자. "태초에 지구는 형태도 없고 공간도 없었다. 어둠은 깊은 심연의 표면 위에 자리하고 있었다." 아니면 조금 더 세밀한 용어로, "태초에 무한히 뒤죽박죽된 균일물질이 있었다"고 전한다. 처음에 전제로 놓은 것은, 우리가 보는 복합적이고 천차만별의 세계는 여하튼 단순하고 무질서한 사물의 상태에서 나왔다는 것이다.

희랍의 초기 6세기에 활약한 밀레토스 학파는 진화형 도식을 따랐다. 만물의 원래 상태는 물 또는 짙은 안개였다. 우주생성론은 이어서 이런 원초적 습기가 어떻게 밀집해서 흙의 딱딱한 알갱이가 되고 희박하게 되어서 주변의 공기와 천체의 불이 되는가에 대해 계속해서 다루게 된다. 그리고 이 기본적인 질서 안에서 생명이 태양의 열을 받아 따스해진 진흙 속에서 태어났다. 이 진화적 전통은 서기전 5세기가 끝날 무렵 데모크리토스의 원자론에서 절정을 이루었다. 그의 체계는 아리스토텔레스가 죽은 뒤 약간 수정을 가해 에피쿠로스에 의해 채택되었고 서기전 1세기에 루크레티우스가 로마 국민을 위해 재현하였다. 데모크리토스에게 사물의 원래 상태는 미세하고 고체성의 물체들이 모인 혼돈이었다. 혼돈상태는 공간에서 사방으로 헤아릴 수 없을 정도로 움직이고 충돌을 일으키며, 소용돌이를 이루며 이 소용돌이에서 설계도 없이 필연과 우연에 의해 질서 잡힌 세계가 생겨난다. 셀 수 없이 많은 세계가 있는데 어떤 세계는 형성되는 중이고 어떤 것은 산산이 부서져서 무한한 빈 공간으로 흩어져 버린다.

이와 다른 유형은 플라톤이 도덕적·종교적 이유로 선호하는 창조형이다. 세계는 생성되어 가는 것이 아니라 이미 지적이고 지성으로 알 수 있는 설계를 포함하고 있어서 완성된 것이다. 필연과 우연은 단지 복종의 역할을 할 뿐으로 신의 이성(Reason)에 복종(비록 완전한 복종은 아니지만)한다. 편의상 플라톤은 옛날 이야기식의 설명을 따랐다. 그러나 그도 그렇고 아리스토텔레스도 그렇고 결코 우주가 시간상 어떤 출발점이 있다거나 끝나는 지점이 있다고 믿지 않았다. 그래서 《티마이오스》 편에서 플라톤의 창조신화는 사실 복합적인 세계를 단순한 요소들로 분석하는 방식이 숨어있는 것이지, 실제로 있었던 무질서한 상황에서 말 그대로가 발전해 간 역사가 아니다.

플라톤과 아리스토텔레스에게는 단지 하나의 세계, 고정된 별들이 한계를 이루는 구형(球形)의 우주가 있다. 플라톤은 그 우주가 '세계-영혼(World-Soul)'에 의해 생기를 얻었다고 주장했다. 그리고 우리가 구조로 판별할 수 있는 이성적 질서의 요소를 그의 지성이 책임지고 있다. 어떤 선한 지성도 바랄 수 없는 결과를 일으키며, 맹목적 필연과 우연도 또한 작동한다. 그렇지만 이것들은 자비로운 '이성'과 협력하기 위해 어느 정도는 복종을 한다. 이 이성 대신 아리스토텔레스는 애매하게 의인화된 '자연(Nature)'으로 바꾸어 썼는데 이것은 늘 어떤 목적을 향해가는 것이다.

이제 이 두 형식 중에서 어느 것—진화형 또는 창조형—을 택하든 우주생성론은 직접 관찰의 범위를 완전히 넘어서 있는 물질을 전적으로 다룬다. 실로 중심에 흙이 있고 물, 공기, 불이 층층이 둘러싸여 있다는 사실을 알기 위해 우리는 세계를 조사해야 한다. 그러나 누구도 원초적 무질서의 상태나, 어떻게 질서가 거기서 생겼는지 그리고 생명이 태어났는지를 본 적이 없다. 고대인들이 상상으로 과거를 재구성한 것이 실험조사를 통해서 확인할 수 있었던 것이 아니다. 밀레토스 학파의 셋째 인물인 아낙시메네스는 원초적인 공기 또는 안개가 가스 상태에서 물과 같이 액체 상태로 옮겨가고, 액체에서 흙이나 돌과 같이 고체 상태로 바뀌어 감에 따라, 점점 차갑게 그리고 또한 더 촘촘해져서 밀도가 높게 응축되었다고 주장했다. 이런 것을 볼 때, 얼음은 물보다 덜 성글다고 봐야 한다. 그러나 아낙시메네스는 얼음이 될 때 물이 얼마나 오그라드는지 알기 위해 물 단지를 한밤중 엄동설한에 밖에 내놓은 적이 없다. 이런 일을 보았다면 그는 참으로 놀랐을 것이다. 우리가 보기에 한층 더 이상한 것은, 어떤 비판가도 이런 실험적 수단을 사용해서 그의 주장을 확인하거나 논박하지 않았다는 사실이다.

이렇게 실험을 무시한 것은 전통적인 설명방식과 연관되어 있다. 자연에 관한 이론은 가설로서 언급되지 않고, 아주 먼 과거에 일어났던 일을 이야기하는 방식으로 다룬다. '맨 처음에' 물이 있었고, 안개가 있었고 아니면 뜨거움과 차가움 같은 성질이 있었고 일정한 크기와 모양을 가진 원자가 있었다. 이런 설명 중 어느 것을 선택해야 할지 누가 정할 수 있을까? 자연의 탐구자들은 다른 사람이 틀렸다고 비난할 수는 있다. 그러나 그는 그 자신의 이론이 맞다는 것을 증명할 수 없다. 아리스토텔레스는 말하기를, "우리는 모두 문제 자체를 직접 탐구를 하는 것이 아니라, 우리의 적대자들의 주장에 의거해서 탐구를 시작한다. 그리고 스스로 자문을 할 때조차도, 우리는 누구도 더 이상 어떤 반박도 찾을 수 없는 지점으로 우리의 탐구를 밀고 간다"(*De Caelo* 294 B7). 한편 이들 초기 철학자들은 가능한 한 대안이 될 수 있는 많은 것들을 생각해 냄으로써 큰 도움을 주었다. 이중 어떤 것은 나중에 결실을 맺기도 했다. 원자론은 최근에야 놀라운 결실을 맺었다. 그렇지만 만일 데모크리토스가 그의 감각을 넘어서 감각이 결코 지각할 수 없고 당시 현존하는 어떤 관찰도구도 검증할 수 없는 그러한 실재를 그의 이성이 주장하도록 허용하지 않았다면, 원자론은 생각도 못했을 것이다.

방법의 차이는 이 정도면 충분하다. 나의 둘째 요점은 목적의 다양성이다. 고대인들이 발견해 내려고 몰두했던 것은 무엇이었나?

두 유형의 우주생성론은 "무엇이 실제로 궁극적으로 **있는가?**"라는 물음에 답하는 것이라고 하겠다. 우리 주변에서 우리가 보는 대상들은 흙, 물, 불 및 공기로 구성되어 있고, 흙, 물 및 불은 그것들 자체가 원래 공기로부터 농축되거나 희석됨으로써 형성되었다고 가정해 보자. 그렇게 되면 우리는 모든 것이 밀도의 다양한 상태로 있지만 실제로 궁극적으로는 공기로 되어 있다고 주장할 것이다. 아니면 우리는 모든 것이 실제로 돌로 되어 있다고 말할 수도 있다. 이런 흐름에서 진화론적 유형의 우주생성론은 사물의 참된 본성은 그들의 물질에서 발견되어야 한다고 주장할 것이다. 그렇게 받아들이면 우리의 철학은 유물론적이 될 것이다. 그리고 우리는 계속해서 (데모크리토스가 했던 것처럼) 영혼은 특별히 움직일 수 있는 구형의 원자로 되어 있고, 우리의 사고와 감정은 모두 뚫을 수 없는 미세 물체의 운동과 충돌에 의해 설명되어야 한다고 말하게 될 것이다. 어떤 사람에게 이것은 환상처럼 들릴 것이다. 그러나 여전히 이런 종류의 어떤 것을 믿고 싶어 하는 이들이 있다. 그리고 에피쿠로스 철학은 다시 한 번 인기를 끌 조짐들이 보인다.

사물의 참된 본질에 대한 이 물음에 대해, 창조적 유형은 다른 답변으로 응수했다. 이는 참된 본질을 물질이 아닌 형상 안에서 찾았다. 그렇게 한 이유는 세계를 (장인의) 훌륭한 작품으로 보았기 때문이다. 그러한 작품의 본질은 그들의 형상 안에 놓여 있다.

옹기장이는 찰흙을 반죽해서 만든다. 우리는 이렇게 묻는다. 그가 만들고 있는 이것은 무엇인가? 이것은 찻주전자이다. 찻주전자는 무엇인가? 차를 따르는 꼭지가 있는 그릇, 차를 따끈하게 보존하는 뚜껑, 손을 데지 않고 물건을 들 수 있는 손잡이가 달려 있다. 우리는 그 본질적 특징을 지시하는 목적에 비추어 대상의 본질을 이해한다. 재료는 본질이 아니다. 우리는 찰흙이나 은 아니면 액체를 담는 단단한 재료로 찻주전자를 만들 수 있다. 그 사물의 본질 아니면 실재 내지 실체는 그것의 형상이다. 이제 세계가 설계 제작중인 찻주전자와 같다고 가정해 보자. 질료는 그때 실체가 되는 형상을 위해서 존재하게 될 것이다. 생명체의 본질은 완벽한 형상으로, 생명체가 자라서 그 형상이 된다. 이 형상은 씨앗이 아니라 다 자란 나무에서 명확히 드러난다. 참된 본질은 시작이 아니라 끝에서 찾아야 한다. 이 끝은 어쩔 수 없이 의식적 또는 무의식적으로 의도하는 목적을 가리킨다. 이런 유형의 우주생성론은 물질론에 신중하게 대립하며 플라톤과 아리스토텔레스에서 완결되었다.

그러나 답변이 물질이든 형상이든, 두 유형은 "우리에게 실제로 **있다**는 것들은 무엇인가"를 말한다. "그것들은 어떻게 사물이 **움직이**는가"라는 물음에 한정된 것은 아니다. 여기에 고대철학과 근대 자연철학의 차이를 나타내는 요점이 나타난다. 언제나 늘 탐구는 불변하는 것, 그래서 현상의 끊임없는 흐름에도 알 수 있는 어떤 것을 찾는다. 고대인들에게 영속하는 어떤 것, 실체가 감각에 파악되는 물질적 실체이든 종이 지닌 감각할 수 없는 본질로서 이해하든, 그것은 실체이다.

아리스토텔레스는 둘 다 설명한다. 즉 그는 사물의 물질적 그리고 형상적 '원인'에 대해 언급한다. 이 둘은 어느 것도 우리가 쓰는 의미의 '원인'은 아니다. 그것들은 두 가지의 요소로 "이 사물은 무엇**인가**"라는 물음에 대한 대답이다. 한편 근대인은 "그것들은 무엇인가"보다는 "그것들은 어떻게 움직이는가"에 관심을 기울인다. 우리는 원인이라는 말로, 어떤 다른 현상이나 사건 즉 '결과'라고 불리는 것을 규칙적으로 발생시키는 현상 혹은 사건을 지칭한다. 우리는 '자연의 법칙'으로 알려진 그러한 불변하는 전후관계 또는 연쇄관계를 찾는다. 이러한 법칙은 사물의 내적 본질을 기술하는 것이 아니라, 사물들 사이에 한결같이 성립하는 관계를 기술한다.

탐구의 목표에 대한 이러한 차이—고대인은 사물의 실체를 기술하고, 근대인은 사건의 연쇄관계를 세우는—는 왜 생기는가? 한 가지 이유는 고대인들에게 완벽하게 조직된 지식체계를 갖춘 탁월한 학은 기하학이라는 것이다. 기하학만

이 필연적 진리를 확증하는—전제를 받아들인 사람들이라면 누구든 받아들여야만 하는 결론을 증명하는—방법과 기법을 발전시켰다. 그리고 기하학적 추론방법은 끊임없이 활기찬 발견 과정을 이끌었다. 자연계에서 인식할 수 있는 어떤 것을 탐구하는 것은 이렇게 눈부신 예를 따르고, 무의식적으로 그 방법을 모방해야 한다는 것임에 의심의 여지가 없다.

그러나 기하학은 결코 시간 안에서 사건의 연쇄과정을 기술하는 데 관심을 두지 않는다. 이것은 관찰이나 실험에는 아무 소용이 없다. 예컨대 기하학은 삼각형이 본질적으로 무엇인가를 진술하는 정의에서 시작한다. 그 다음에는 몇몇 명백한 정의와 전제로부터 삼각형에 반드시 필요한 전반적인 일련의 속성을 연역한다. 이를 테면 내각의 합이 두 직각이라거나 하는 것들이 있다. 만일 우리가 이런 필연적 속성을 남김없이 나열할 수 있다면, 우리는 삼각형에 대해 알려질 수 있는 모든 것을 알게 될 것이다. 이렇게 지식의 이상을 마음에 간직하고 자연의 세계에 눈을 돌리게 되면, 우리는 볼 수 있고 감각할 수 있는 것들에 대해 본질을 탐구하고 그 대상들에 대해 알려질 수 있는 모든 것을 알아내려고 필연적 속성을 나열할 것이다. 우리는 그래서 유와 종차에 의해 정의(定義)를 발전시키게 된다. 인간은 무엇인가? 당연히 삼각형이 평면도형이라는 유에 속하듯, 그는 동물이라는 유에 속한다. 삼각형이 세 변을 가짐으로써 다른 도형과 구별되듯이 인간과 다른 동물을 구별하는 본질적 차이 내지 종차는 무엇인가? 인간은 두 발을 가졌다. 거위도 마찬가지이다. 우리는 또 다른 차이점 '날개 없음'이나 아니면 새와 인간을 구별해 주는 '이성적'이라는 속성을 덧붙여야 한다. 그래서 유는 분류법에 의해 종으로 나뉜다. 이 분류법은 처음 플라톤이 공들여 만들었고 여전히 동물학과 식물학에 남아 있다. 이 분류절차가 "이 사물의 본질은 무엇인가"라는 물음에 답변을 준다.

아리스토텔레스는 월식의 원인을 탐구하는 문제조차도 이런 유형으로 환원하려고 한다. 그는 '월식'을, 원인이라 불리는 앞선 사건에 뒤따르는 하나의 사건이 아니라 달의 속성으로서 다룬다. 달은 주체이고 우리가 달에서 잠식되는 현상이 일어난다고 말할 때, 우리는 달이 속성으로서 '식'을 지녔다고 말한다. 만일 우리가 그 이유—왜 달이 그런 속성을 지녔는가?—를 묻는다면, 대답은 우리가 '식'의 정의가 무엇인가라는 물음과 똑같다. 그는 다음과 같이 적고 있다. "분명한 것은 사물의 본질은 사태의 이유와 동일하다는 점이다. '월식은 무엇인가?'라는 물음과 '지구의 가운데 위치함에 의한 달빛의 결여'라는 답변은, '왜 월식이 일어나는가?'라는 물음과 '지구가 한가운데 위치할 때, 빛의 소실 때문'이라는 답변과 같다. 따라서 사건의 원인을 탐구하는 것은 속성의 정의를 탐구하는 것으로 귀결된다. 우리는 삼각형 또는 사람의 본질은 무엇인가라고 묻듯이, 식의 본질은 무엇인가라고 묻게 되는 것이다."

아리스토텔레스는 사건의 두 연쇄과정, 즉 두 사건의 하나가 다른 것에 앞서고 다른 사건을 일으키는 연쇄 과정을 상세하게 말하지 않는다. 근대인이 '원인'이라고 부르는 것—지구가 가운데 위치함—은 아리스토텔레스의 경우 달이 간혹 겪는 속성에 대한 정의의 일부이다.

이 접근방식은 계속해서 더 이어진다. 우리가 추상적이고 초시간적인 기하학의 대상으로부터 가시적 세계의 변화하는 대상에게로 옮겨갈 때, 삼각형과 달리 개별적 인간은 또한 본질이 아닌 많은 속성들도 갖게 된다. 사람에 따라 키가 크거나 작고 얼굴이 희거나 검기도 하고 현명하기도 하고 어리석기도 하다. 그것이 아니고서는 누구든 결코 사람이라고 할 수 없는 그러한 속성의 본질적인 핵심을 제외하고, 특정 개인에게는 그가 여전히 인간이면서 갖기도 하고 갖지 않기도 하며 획득하기도 하고 잃어버리기도 하는 변두리에 해당하는 속성이 있다. 이러한 속성들은 '우연적인' 또는 '개연적인' 것으로 '본질적인' 것과 '필연적인' 것에 대비된다. 만일 우리의 목적이 모든 인간들에게 공통된 보편적 본질을 정의하는 것이라면, 우리는 개체의 이런 우연적 속성들은 지식의 범위를 넘어선 것이라고 제외시킬 것이다. 그리고 '우연적' 또는 '개연적'

이라는 표현은 '운(運, chance)'을 가리키며, 이러 저러한 방식으로 결정되어 있는 것이 아니라, 그럴 수도 있고 아닐 수도 있다. 운의 개념은 아주 애매하다. 나는 이 용어를 추적할 수 없다. 그러나 고대인들의 세계관은 우리가 보통 인정하는 운보다 범위가 더 넓다.

만일 그렇다면, 그것은 고대인들이 우리가 생각하듯 원인과 결과의 불변적 법칙에 의해 자연을 생각한 것은 아니기 때문이다. 우리가 이 개념에 도달할 때, '운'은 사라지게 마련이다. 모든 사건은 그보다 앞선 다른 사건을 원인으로 갖는다. 그리고 그것은 또 다른 사건을 원인으로 갖고 이 과정은 무한히 계속된다. 질서와 필연성은 이제 우연적인 것, 개연적인 것, 무질서, 알 수 없는 영역을 침범하며 전체 영역을 포괄하게 되었다. 그렇게 해서 보편 법칙에 대한 믿음은 근대과학을 완벽한 결정론으로 이끌어 갔다. 기적은 우연히 일어난 것이 아니었다. 신들은 배제되거나 제일 원인이라는 명예직을 얻어 상상 속의 출발점으로 물러났다. 명예라는 의미는 누구도 제일 원인과 같은 그런 것이 있다고 실제로 믿지 않기 때문이다. 그래서 스스로 필연적 연쇄과정을 망가뜨리고 새롭고 예측할 수 없는 일련의 과정을 시작하지 않는 한, 인간은 그 자신의 자유에 대한 뿌리 깊은 믿음을 포기하도록 강요 받는다. 자연이 완벽한 기계처럼 작동하기 위해, 인간은 그의 지위를 기계의 한 부품으로 유지해야 한다. 우리가 염두에 두고 있는 시기에 살았던 고대인들은 자유에 대한 이런 문제로 골머리를 앓았던 것은 아니다. 왜냐하면 그들은 자연은 완벽한 기계라고 생각하지 않았기 때문이다.

'기계'라는 이 용어로 나는 셋째 요점을 만난다. 그것은 자연철학—고대인과 근대인의 전통—의 두 전통의 배후에 있는 동기 또는 추진력이 무엇인가라는 문제이다. 목적의 차이는 자연을 탐구하는 두 가지 방법으로 진행되었다. 과학적 탐구는 아무런 관계가 없는 다른 관점들을 무시하고 세계에 대한 특정한 관점을 택해서 관심을 집중해야 한다. 이런 선택은 이해관계에서 결정되는

데 어떤 이해관계는 필요나 욕구의 감정이고 어떤 것은 인생의 이러저러한 목적에 맞춘 가치이다.

이제 자연에 대해 기계론적 관점을 가진 근대과학의 시대는 레오나르도 다 빈치에서 마르코니에 이르는 기계발명의 시대와 일치한다는 점은 자명하다. 여러분이 주목할 것은 이 연속강좌의 후반부에 개최할 두 강좌 중세와 근대에 나타난 '과학과 산업'의 관계를 다룰 예정이라는 점이다. 그러나 고대 과학과 산업의 관계를 다룰 강좌는 없다. 그 이유는 고전기에 탐구한 자연철학은 기계적 발명과 아무런 관계가 없기 때문이다. 빅토리아 여왕의 첫해에 고대의 이 철학자들이 머콜리(Macaulay) 경이 쓴 베이컨에 대한 논문에서 공공연하게 비난을 받았던 것은 이렇게 제작 수단에 대한 관심이 없다는 이유에서였다. 머콜리는 베이컨을 근대 과학의 발전에서 선구자로 추켜세웠다. 오늘날의 철학자는 베이컨에게서 대기업의 대변자를 알아차렸다. 확실히 두 묘사 사이에는 어떤 연관성이 있다. 그러나 머콜리의 찬사에 잠시 귀를 기울여 보자.

"베이컨 철학의 두드러진 특색은 우리가 보기에, 그의 절차가 제안했던 것과는 전혀 다른 것들을 목표로 했던 것 같다. 이것이 그의 생각이다. 베이컨이 제안했던 목적은 무엇인가? 그것은 그 자신이 강조한 표현을 쓰자면 '결실'이다. 고통을 줄이고 기쁨을 늘리는 것이다.

유용성과 발전, 이 두 용어가 베이컨 이론의 핵심을 이룬다. 고대철학은 유용성을 홀대하고 고정성에 만족한다. 인간의 안락을 도모하는 하찮은 일에 만족할 수 없었다. 키케로와 카이사르 시대의 탁월한 작가인 포시도니우스(Posidonius)는 실로 그때까지 인류가 철학의 혜택을 입은 겸허한 축복 중에서 궁형(弓形)의 원리, 그리고 레일(metals) 사용의 도입을 열거하는 데 정신이 팔려있었다. 세네카는 이런 무례한 찬사를 극구 거절한다. 철학은 그에 따르면 궁형 지붕을 머리 위로 솟구쳐 세우는 방법을 가르치는 일과 아무런 관계가 없다. 진정한 철학자는 그가 궁형지붕을 세우든 아니면 다른 모양의 지붕을 세우든 염두에 두지 않는다. 철학은 레일을 까는 법을 가르치는 일과도 관계가 없다. 철학은 우리에게 모든 물질적 내용으로부터 독립하고, 모든 기계적 장치로부터 독립하라고 가르친다.

고대 철학자들은 자연과학을 무시하지 않았다. 그러나 그들은 힘을 키우고 인간의 상황을 개선할 목적으로 자연과학을 연마하지 않았다. 세네카는 자연철학에 관해 광범위하게 저술하였다. 그리고 그 분야의 탐구가 중요함을 강조했다. 그렇지만 왜 그렇게 했는가? 고통을 줄이고 삶의 안락을 늘리며 물질세계에 대한 인간의 경험을 넓혀 나갈 의도가 있었기 때문이 아니라, 정신을 저급한 관심사항 너머로 높이고 정신을 신체로부터 분리하며 애매한 문제를 해결하는 데 정신의 예리한 통찰력을 발휘할 의도가 있었기 때문이다."

상당히 유려한 이 구절에서, 머콜리는 결국 고대 철학자들이 목적으로 삼은 실천적 선을 얻는 데 실패했다는 이유로 그들을 비난했다. 이들 철학자들은 '인간의 정신을 더 높은 지혜나 덕으로 형성'하지 않았다는 것이다. 반면 요즘은 해마다 베이컨이 '결실'이라고 불렀던 것을 증가시킨다는 사실을 누구도 부정하지 않는다. "지금 우리가 사용하는 총기류, 철제 주방용기, 쌍안경, 시계는 선조들의 시절보다 더 낫다는 것을 우리는 안다."

머콜리에게는 인간이 빵만으로는 살 수 없다고 말한 사람이 세운 종교를 논박하기 위해 생겨났던 유사한 비난이 일어나지 않았다. 그러나 최근 베이컨 철학의 후계자들은 기독교가 "인간이 서로 사랑하게 하라"는 그의 실천적 목적에 도달하는 데 실패했다고 주저하지 않고 비난했다. 이 두 종류의 실패는 확실히 인정되어야 한다. 그러나 누구도 머콜리가 말하듯이 근대과학이 더 나은 철제 주방용기와 쌍안경뿐 아니라 더 나은 총기류를 만들었다는 것도 부정하지 않는데, 여기에다 우리는 소이탄과 독가스를 증산하고 있다.

이 모든 것을 인정할 때, 실로 반드시 그러해야 하듯이 그것이 근본적인 동기에 관한 우리의 문제와 어떤 연관이 있는지를 살펴보자. 만일 나무가 그 결실인 열매에 의해 알려지는 것이라면, 머콜리의 베이컨식 결실에 대한 묘사는 자연철학의 의식적 내지 무의식적 목적은 르네상스 이후 생활의 편리함을 늘이고 물질세계에 대한 인간의 경험—한마디로 말하면 부와 힘의 증가—을 늘이는 것이었다. 확실히 이것은 고대의 자연철학이 가진 목적은 아니었다. 고대 자연철학은 그에 따라 철제 주방용기, 총기류 및 쌍안경을 발전시키려 노력한 적이 없다. 목적이 다르기 때문에 그에 맞게 우리가 개관한 바 있는 방법과 목표물의 차이도 설명할 필요가 있다.

부와 효력을 향한 화려하고 성공적인 발전은 오늘날의 유럽을 페리클레스와 마르쿠스 아우렐리우스의 시대보다 훨씬 행복하게 해 주었다. 이런 발전은 기계의 발명에 따른 성과로 기계는 인간의 손을 대신해서 작업을 수천 배 빠르고 효율적으로 수행하도록 해 주었다. 기계로 된 도구의 제작은 자연이 제공하는 엄청난 힘의 도움을 받았다는 것을 의미한다. 처음으로 이용한 힘은 공기와 물의 자연운동에서 쓰이는 무게와 압력이 지닌 단순한 효력으로서, 배의 돛이 받는 바람, 물레바퀴를 돌리는 물줄기 등이 여기에 해당된다. 16~17세기에 과학의 선구자로 이름을 남긴 이는 갈릴레오와 뉴턴이다. 중요한 것은 이 선구자들이 특히 운동과 중력의 법칙에 관심을 기울였다는 점이다. 이들 법칙은 그들이 처음으로 공식으로 나타낸 것이다. 그 후에는 연소할 때 배출되는 에너지가 등장하는데 이 힘은 훨씬 활성이 높다. 흙과 공기 그리고 물을 이용할 수 있도록 관리를 하게 된 데에 이어, 인류는 발동기의 제작에 불을 이용했다.

인간의 지배력과 별도로 수많은 자연의 힘의 작동을 알기 전까지는 이런 힘이 가진 도움을 효과적으로 얻을 수 없었다. 그래서 궁극적으로 효력과 부의 결실에 몰두했던 과학은 자연 그 자체를 마땅히 복합적 기계로 간주하는 것이 유익하다는 것을 알게 된다. 첫째 과제는 이 기계를 부분으로 해체해서 각 부분들이 서로 이어진 연관성을 파악하고 어떻게 각 부분이 움직이는가를 파악하는 것이다. 기계는 가능한 한 고도의 질서체계와 규칙성에 따라 작동되어야 한다. 그래서 자연에 대한 기계론적 철학은 늘 원인과 결과의 불변하는 연쇄과정을 찾는다. 이 연쇄과정이 일정하게 불변하는 운동의 비밀이다. 알아낸 결과에 따라 인간은 재주를 발휘하여 기계를 발명하기에 이른다. 활용된 힘의 운동이 정확하게 파악되지 않는 한, 이런 기계들은 작동하지 않을 것이다. 실제로 활용하게 된 지식은 언제나 결과로서 점검을 받는다. 따라서 주의 깊은 실험과 정확한 관찰의 전반적인 기술력은, 요술 항아리에서 마법으로 불러나온 진(Jinn, 신령)이 마법사를 혼내주는 것이 아니라 그의 의지를 편하게 해주리라는 점을 확신하도록 부추길 것이다.

    자연을 기계적 힘의 원천으로서 대하는 태도와 에피쿠로스에 의해 정식화되고 루크레티우스에 의해 재현된 고대 원자론자들의 태도를 비교해 보자. 첫째, 원자론은 고대의 다른 이론체계보다 근대 물리학에 한층 가깝다. 둘째, 머콜리는 에피쿠로스 사상이 베이컨의 비난을 받아서는 안 되는 하나의 분파를 보았다. "모든 행복을 신체적 즐거움으로 돌리고 모든 악은 신체의 고통에 있다고 한 에피쿠로스학파는 그 자신의 신체조건과 이웃의 신체조건을 향상시킬 목적으로 노력했다고 기대했을 수도 있겠다. 그러나 이런 생각이 이 학파의 어느 누구한테서도 나타나지 않았던 것 같다." 맞는 말이다. 그렇지만 왜 에피쿠로스학파는 그렇게 냉담한 태도를 취했을까?

    인간의 힘이 아닌 다른 어떤 힘에 의해 작동하는 기계를 고대인들이 갖고 있지 않았다는 사실이 철학자들의 잘못은 아니다. 간단한 사실은 대규모 산업으로 불릴 수 있는 일을 추진하는 힘은 그때 노예들—아리스토텔레스는 그들을 '살아있는 도구'라 불렀다—로부터 제공받았다. 페리클레스가 죽었을 때 아티카는 20만 명이 조금 넘는 자유민과 11만 5천 명의 노예로 나뉘어 있었던 것으로 짐작된다. 노예노동이 풍부해서 인력이 아닌 힘을 산업에 투여하는 것을 불필요하게 만들었다. 따라서 기계적 힘의 원천인 자연을 인간들이 탐구하도록 압박하는 경제적인 압력은 없었다. 어느 시대가 되었든 철학자나 과학자는 부가 아니라 지식에 관심을 기울일 때, 생산을 위한 기계를 발명할 어떤 개인적 동기가 없다. 필요한 온갖 힘을 이미 산업이 갖고 있는 사회에서, 접혀도 주름이 지지 않는 면 조직을 만드는 법을 여러 해에 걸쳐 고안하는 탐구에 몰두하도록 공장에 임명된 과학자를 볼 수 없을 것이다.

그러나 에피쿠로스는 그의 원자에 들어있는 힘을 발견하는 데 있어서 어떤 외부압력으로부터 전혀 자유롭지 않았다. 만일 그가 그 에너지를 풀어내서 그것을 어느 것보다 더욱 강력한 기계에 적용할 실마리를 얻었다면, 그는 프로스페로(Prospero)처럼 맹세코 그 마법을 포기했을 것이고 다림추의 소리가 들리는 범위보다 더 깊이 그의 저서를 빠뜨려 버렸을 것이다. 그는 인간의 행복이 강렬하고 다양한 즐거움에 있는 것이 아니라 걱정이 없는 마음의 평온에 있다고 주장했다. 그리고 부와 힘의 추구는 불의 사용과 레일의 작동을 발견하기 이전의 원시 조상들보다 덜 행복하게 만든다고 믿었다. 루크레티우스가 하는 말에 귀를 기울여 보자.

"만일 누군가 참된 원칙에 의해 그의 삶을 따르기로 한다면, 그에게 만족을 얻은 마음에 연관된 검소한 생계는 커다란 부가 될 것이다. 왜냐하면 생계에 필요한 것이 적은 사람은 결코 부족하지 않을 것이기 때문이다. 그러나 인간들은 그들의 번영이 확고한 기반 위에 있고 부는 그들을 평온한 삶으로 이끌기를 기대하기 때문에 유명해지고 강력한 힘을 갖기를 갈망했던 것이다. 그럼에도 모든 것은 헛되이….

인간은 전연 헛되이 일하며 실없는 걱정으로 일생을 보낸다. 왜냐하면 그는 소유의 참된 목적이 무엇인지를 알지 못했고, 어느 지점까지 참된 즐거움을 늘려가야 하는지를 알지 못했기 때문이다. 이것은 서서히 삶을 깊은 바다로 실어갔다. 그리고 그들의 가장 밑바닥으로부터 전쟁의 강력한 소용돌이를 환기시켰다."

만일 이러한 나의 생각들이 옳다면, 동기와 그에 따른 이해관계의 차이—결국, 인간의 가치에 대한 물음인데—는 우리가 주목한 바 있는 여러 가지 다른 차이점들의 근본을 이룬다. 평화의 기술—머콜리 시절에 그렇게 불리웠던—은 이제 숨김없이 전쟁의 기술로 묘사된다. 러시아에서는 고된 노역이 무엇을 의미하는지를 뼈저리게 체감했던 노동자의 당이 '돌격대'로서 '농업전선'에 급히 파견된 것으로 알려져 있다. 모든 전쟁은, 플라톤이 지적하는 바와 같이, 돈을 얻기 위해 그리고 돈으로 살 수 있는 물질적 대상을 얻을 목적으로 일어난다. 이제는 국내산업과 해외무역이 그와 똑같은 목적으로 일어나는 전쟁으로 취급되고 있다. 또한 돈과 재화가 부자에게 갈지 가난한 자에게 갈지를 결정하는 계급전쟁도 있다. 나는 경제적인 이유로 고대의 자연 탐구가 이런 끊임없는 싸움으로 빨려들지 않았다고 시사한 바 있다. 그래서 그 탐구는 평화로운 지혜를 탐구하는 역할로서 그리고 부와 심지어 물질적 안락과는 무관한 행복을 추구하는 역할로서 남아있게 된 것이다. 고대의 자연탐구가 지식의 나무에서 거둔 결실은 유용성과 발전이라는 베이컨의 결실은 아니었던 것이다.

7

헤시오도스의 《신들의 계보》에서 제의(祭儀)의 기반
A Ritual Basis for Hesiod's *Theogony*

1941

—

　메이존(Mazon) 교수는 최근에 헤시오도스의 《신들의 계보》를 '일화에 의해 허리가 잘린 계보'라고 기술한 바 있다. 그 일화는 신화이다. 단지 신화가 계보를 차단시켰다는 이유로 또는 신화가 서로 일관되지 않는다는 이유로 신화의 권위가 의심을 받아서는 안 된다는 메이존 교수의 지적은 정당하다. 제멋대로 그런 의심을 했던 꽤나 신랄한 비평가들이 작성한 문헌들에 따르면, 질이 안 좋은 스펀지가 구멍이 숭숭 뚫려 있듯이, 이 시가 주로 중간에 써넣는 보간(補間) 작업으로 되어 있다는 인상을 남긴다. 바울 서신의 비평가들이 서로 비난하면서 진짜 바울 서신이 어떤 것인지를 알아낼 아무런 수단도 없었던 지점으로 이들은 다가가고 있었다. 만일 이 대립이 계속될 때, 적어도 나머지 것들을 물리칠 기준으로 삼을 한 가지를 되돌려 놓을 필요가 있다. 그렇게 했을 때, 대부분의 다른 것들이 다시 한 번 하나씩 차례대로 그 기준으로 되돌아간다.

　《신들의 계보》에서 소위 버려진 일부 일화를 살려볼 기대를 갖고 이 논문을 쓰게 되었다. 나는 현재 유행하는 견해, 즉 이 시의 이야기체 부분은 여러 곳의 출처에서 아무 연관도 없는 이야기들을 끌어다 모은 잡동사니일 뿐이라는 견해에 대해 이의를 제기할 것이다. 올림피아 세계에 대한 호메로스의 설명, 지방의 숭배-설화, 희랍에 널리 퍼져 있는 여러 신화들, 그리고 희랍의 것으로 받아들이기에는 너무 낯설고 상스러운 몇몇 이야기들이 그런 견해를 제공하는 출처들이다.[1] 나는 일화의 대부분이 동방의 출처로부터 우리에게 알려진

---

[1] Lex. Myth. '신들의 계보'라는 항목에서 Ziegler in Roscher의 경우가 그렇다.

그리고 궁극적으로 제의에 기반을 둔 아주 오래된 창조신화의 틀에 꼭 맞는다는 사실을 입증할 것이다.

서문에 기록된 헤시오도스의 계획은 그 시에서 나올 세 요소를 말한다. (1) 신들만의 계보, 즉 신들의 여러 세대들, (2) 우주 생성론, 또는 자연계의 세계-질서의 형성과 인류의 탄생, (3) 다른 신들에게 여러 지역과 명예를 나누어 준 제우스, 그를 최고의 통치권자로 하는 올림포스 산을 신들이 점령하게 된 이야기.

(1) 우리는 곧 첫째 요소 — 신들의 계보 — 로 넘어가는 것이 좋겠다. 헤시오도스는 세 갈래의 주요 계보를 제시한다. (a) 밤의 자식들은 추상적 비유를 통해 나타나는 목록인데, 여기에는 죽음, 잠, 운명 및 인간을 괴롭히는 모든 고통들이 해당된다. (b) 한 무리의 괴물을 거느린 바다의 용(Dragon)을 비롯한 바다(Pontos)의 자식들로, 이들을 우리는 뒤에 가서 보게 될 것이다. (c) 끝으로 우라노스와 가이아의 자식들로서, 티탄의 첫 세대로 키클롭스와 백팔이가 있고, 둘째 세대는 크로노스의 아들 세대로, 제우스와 올림포스 신들과 그의 후손들이 해당된다. 이런 계보들은 비록 당혹스러울 정도로 복잡하지만, 아주 구체적이고 인간의 모습을 한 것에서 극히 추상적 비유에 이르기까지 사뭇 다양한 초자연적인 존재들을 하나의 판테온(만신전) 안에 그러모으려는 노력으로 이해할 수 있겠다.

(2) 이 계보들을 옆으로 미뤄놓고, 다음 둘째 요소인 우주생성론으로 가보자. "어떻게 처음에 신들과 이 세상이 생겨났을까, 그리고 강물과, 맹위로 용솟는 끝없는 바다와, 빛나는 별들, 그리고 저 위 광활한 하늘이 어떻게 생겨났을까" (108-10). 서문에서 말한 대로 곧이어 우주생성론이 나온다. 내용은 17행에 지나지 않아 매우 짧은데, 이 중 서너 행이 아마 가짜일 것이다(116-32).

여기서 우리는 기존의 우주가 어떻게 주요부분으로 나뉘게 되는가에 대한 설명을 보게 된다. 건조한 땅과 바다가 있는 대지, 그리고 위로 별들이 총총한 하늘. 신화적인 언어를 덮은 막이 아주 얇아서 속이 훤히 보인다. 예를 들어 우라노스와 가이아는 단지 우리가 일상에서 보는 하늘과 땅이다. 이들은 여기서 신화적 일대기와 모험을 겪는 초자연적 인물이 아니다. '대지(Earth)'가 산과 바다를 '낳았다'고 말할 때조차, 헤시오도스 자신은 우리에게 이것은 의식적인 은유라고 말한다. '출생'은 단지 결혼에 따른 소산이지만 여기서 출생은 '사랑이나 결혼도 없이' 생기는 것이다(아테르 필로테토스 에피메르, ἄτερ φιλότητος ἐφιμέρου 〔132〕). 이러한 은유는 저 우주생성론이 진화형이라는 것을 의미할 따름이다. 또 다른 유형인 창조형에 따르면 앞서 존재하는 물질로부터 세계를 만든 그런 인격신이 없다. 인격신은 나중에 세계질서가 완결되었을 때 나타난다.

그 순간(132) 가이아와 우라노스는 돌연 신화적인 인물이 된다. 이들이 결혼해서 아이를 낳는다. 가이아는 이제 여신으로 그의 아들 크로노스와 함께 남편인 우라노스를 불구로 만들 계획을 꾸밀 수 있게 된다. 우리는 신화의 세계로 들어갔고, 여기서 등장인물들은 인간의 동기와 행동의 전반적인 기관을 갖춘 인격화된 개인으로서 고정성과 불투명성을 성격으로 갖게 된다.

(3) 시의 나머지 부분—저 세 요소 중 셋째—은 순수 신화의 은유로 펼쳐진다. 이것은 맨 처음 신들이 탄생하는 곳에서부터 제우스가 그의 적들을 물리치고 신과 우주의 왕으로서 최종적으로 통치권을 확립하는 데까지 이르는 모험담이다.

나의 목적은 신들의 계보가 '일화에 의해 허리가 잘린 계보'가 아니라 연결되어 있는 일련의 일화로 이루어져 있다는 것을 입증하는 데 있다. 일련의 일화들 대부분은 계보가 중간에 끼어들기는 했지만 하나로 연관된 유형의 일부분을 이루며, 이 유형이 신화적인 행동을 하는 인물들이 어떻게 태어나게 되었는가를 설명한다. 일련의 일화는 그 자체로 제우스에 대한 찬미이자 창조에 대한 찬미로—이보다 앞서 있는 진화론적 우주생성론보다 헤아릴 수 없을 정도로 훨씬 더 원초적인 만물의 시작에 대한 신화적 설명으로—되어 있다. 이 두 요소—우주의 생성(진화)론과 창조의 찬미—는 원래 헤시오도스가 그렇게 한 것, 즉 한 이야기 속에 들어 있는 두 사건이 펼쳐지는 것은 아니다. 창조의 찬미는 그 자체 제의에 바탕을 둔 아주 먼 과거의 순수 신화에 기반을 두고 있다. 반면 우주생성론은 거의 완벽하게 신화의 분위기에서 나타난다. 이것은 우리가 신화적인 사유와 초기의 합리적 철학—밀레토스의 이론체계—사이에 그어놓은 구획선에서 잘못된 쪽에 있을 뿐이다.

우주생성론의 내용들

먼저 우주생성론을 살펴보자.

이 내용을 아주 짧게 다뤄야 하겠다. 그것이 오르페우스의 우주생성론에서 보이는 유형 그리고 아낙시만드로스 이후 이오니아 철학체계를 지탱하는 유형에 들어맞는다는 점을 보여줄 수 있다고 나는 생각한다.

(1) "**무엇보다도 가장 먼저 카오스가 생겨났다.**" 카오스의 의미에 대해서는 의심의 여지가 없을 것이다.[2] 어원으로 보면, 이 단어는 하품으로 크게 벌어진 틈을 의미한다. 그리고 헤시오도스 자신을 포함하여(Theog. 700) 희랍의

---

[2] 이 용어를 둘러싼 대부분의 근대적 논의는, 무한한 빈 공간에 대한 후대의 개념을 도입함으로써, 그리고 근대적인 무질서와의 결합으로써 훼손되었다. 나는 카오스가 아페이론(ἄπειρον)으로 기술된다고 생각하지 않는다. 만일 그렇게 되면 그것은 단지 그 단어가 땅이나 바다에 적용할 때 단순히 '광대무변'을 의미할 뿐이다.

시인들에게, 그 용어는 틈을 가리키고 하늘과 땅 사이의 빈 공간을 의미한다. 이비코스(Ibycus, 29), 바킬리데스(Bacchylides, v, 27) 그리고 아리스토파네스(Birds, 192)는 모두 이 공간을 통과해 또는 이 공간에서(디아 투 카우스, 엔 카에이, διὰ τοῦ χάους, ἐν χάει) 날아가는 새들을 말하고 있다.

보통 함께 있던 두 물체가 분리됨으로써 틈 또는 하품이 **생겨난다**(헤시오도스는 엔(ἦν)이 아니라 게네토(γένετο)라고 말한다). 이런 것들이 무엇인가 하는 것을 우리는 디오도로스(I, 7)가 보존했던 5세기의 이오니아 철학체계로부터 알게 되었다.[3] 그것은 다음과 같은 말로 시작한다. "원래 하늘과 땅은 그들의 본질이 혼합되어 있어서 하나의 형상(미안 이데안, μίαν ἰδέαν)을 하고 있었다. 그런 다음에 이런 물체들이 따로 떨어져서 각자의 자리를 잡게 되었을 때, 세상은 지금 우리가 보는 바의 전체적인 질서를 포함하게 되었던 것이다." 디오도로스는 유사한 것으로서 에우리피데스의 멜라니페(Melanippe)의 유명한 구절을 인용한다. "그 이야기는 나의 것이 아니다. 나는 그 이야기를 나의 어머니에게서 들었다. 어떻게 하늘과 땅이 한때 하나의 형상이었는지, 그리고 그것들이 따로 떨어져 나갔을 때, 그것들이 모든 만물을 탄생시켰다는 것을 어머니에게서 전해 들었다."

오르페우스(아폴로니오스 로디오스, **Argon**. I, 496)는 "어떻게 땅과 하늘과 바다가 한때 하나의 형상으로 합쳐져 있었는지, 그리고 격렬한 싸움으로 서로 떨어져 나갔는지"를 노래했다. 그 다음에 천체와, 산과 강(건조한 땅과 물)이 형성되었다. 그리고 끝으로 모든 생명체들이 생겨났다.

그리하여 이 모든 우주생성론은 최초의 단일성에서 시작하였고, 하늘이 땅에서 들려 솟아올랐을 때, 그 사이에 딱 벌어진 공간 내지 공기의 틈을 남겨둔

---

[3] 이 체계는 이제 데모크리토스에 속한 것으로 돌리지만(Diels-Kranz *Vors*⁵, II, 135), 원자에 대한 언급이 없다.

채 이 단일성이 떨어져 분리되었다.

(2) 틈이 벌어지면서, 대지의 광대한(가이아 유리스테르노스, γαῖα εὐρύστερνος) 속이 드러났고, 에로스도 모습을 보였다. 에로스는 은유적인 표현이다. 그의 역할은 떨어져 있는 부모, 하늘과 땅을 결혼으로 합치는 일이다. 이 결혼으로 모든 생명들이, 죽음을 피할 수 없든 있든, 태어난다. 《새떼 Birds》의 파라바시스(Parabasis, 합창대가 관객을 향해 작가의 주장을 노래하는 부분)에서 우리는 다음과 같은 내용을 들을 수 있다. "'불멸하는 어떤 종도 없었던 그 이전에, 에로스가 만물을 결합할 때까지', 쉬네메익센(συνέμειξεν, 결합한), 결혼을 위한 미게나이(μιγῆναι, 합하다)의 용법은 예가 필요하지 않다. 에로스는 생명을 탄생시킬 분리된 대립자의 교합을 나타내는 은유적 이미지이다."

자연계에서 이와 동등한 것은 강우(降雨), 즉 천부(天父, Heaven-father)의 씨앗으로 이것이 대지-모의 태내(胎內)를 기름지게 한다.

(3) 틈이 벌어짐으로써 얻게 된 또 다른 자연의 산물은 분리된 영역들 사이에 빛이 스며들었다는 점이다. 그리하여 우리는 곧이어 어둠에서 빛의 출현을 맞이한다. 계보상의 관계에 따르면, 남성인 에레보스와 여성인 뉘스와 같은 어둠이, 남성인 아이테르와 여성인 헤메라와 같은 빛을 낳는다. 밤으로부터 낮이 밝아 온다.

오르페우스의 우주생성론의 한 형상을 보면, 에로스는 빛의 정령인 파네스(Phanes)로 대체된다. 그는 세계-알(world-egg)이 떨어져 분리될 때 나타나는데, 위로 반쪽은 하늘의 둥근 천장을 이루고, 아래로 반쪽은 축축한 진흙을 담고 있어서 여기서 건조한 땅과 바다가 드러난다.

(4) 이어지는 사건은 적이 놀랍다. 하늘과 땅을 분리하는 틈이 생겼음에도, 우

리는 다음과 같은 내용을 보게 된다. "땅이 처음으로 별이 총총한 하늘을 낳았으니, 그 자신에 버금가는 존재로 그의 주위로 온 천지 사방을 뒤덮었으니, 축복받은 신들을 위해 영원한 안식처가 되리라."

여기서는 틈을 벌이는 일을 되풀이 하면서 하늘과 땅이 또 한 번 분리된다. 우리는 곧 이런 반복을 다시 만나게 된다. 그리고 우리가 원래의 첫 신화로 되돌아 갈 때 그것을 설명할 수 있을 것이다.

한편 하늘의 특징을 나타내는 형용사— 별이 총총한(아스테로에스 ἀστερόεις) —에 주목해 보자. 이것은 헤시오도스의 시에 널리 퍼져있다. "저 높은 광활한 하늘 위로 빛나는 별들"(110). 우리가 보기에는 이상하지만, 이오니아의 철학자들은 이와 마찬가지로 천체를 땅에서 나온 것으로 간주한다. 그것들은 역학적으로 멀리 내던져진 거대한 암석으로 설명이 되는데, 운동하는 속도 때문에 빛이 나게 되었다.

(5) 그때 건조한 땅과 바다가 분리되었다. "땅은 높은 산맥과 거센 파도, 용솟음치는 바다(Pontos)를 낳았다." 이것은 결혼의 산물이 **아니라**, 분리하는 또 다른 활동, '사랑하는 이가 없이(아테르 필로테토스 에피메루, ἄτερ φιλότητος ἐφιμέρου)'이다.

그래서 역시 이오니아의 체계에서 마지막 단계는 건조함과 축축함의 분리이다. 이 때 땅의 영역은 태양의 열로 마르고 바다는 그들의 안식처로 가라앉는다.

세계-질서는 이제 우리가 보는 바와 같이 크게 네 영역으로 나뉘어 완벽하게 되었으니, 땅, 바다, 대기의 틈, 별이 총총한 저 위 하늘이 그것들이다. 철두철미 이 과정은 원초적인 미분화의 단일성으로부터 나온 분리 또는 분할이다. 이 단일성의 각 부분이 계속해서 우주를 가르는 영역이 되었다.

이 우주생성론은 내가 지적한 바와 같이 신화가 아니다. 더 정확히 말하면

더 이상 신화가 아닌 것이다. 그것은 그때까지 합리화의 길을 따라 왔는데, 아주 빈약한 분할로서 이 합리화는 우주생성론을 초기의 희랍체계와 구분하였다. 이 체계를 역사가들은 여전히 순진하게 순수한 합리적 구성물로 간주하였다. 그러한 체계와 비교하여 보면, 일단 우주의 질서가 확립되었을 때 다음에 할 일은 생명의 근원을 설명하는 일이 될 수밖에 없다. 철학에서 생명은 내적인 활동 또는 분리된 요소의 교접에서 일어난다. 동물체의 생명은 축축한 진흙에 하늘의 열이 가해져서 생긴다. 이것이 땅과 하늘의 결합과 동등한 차원의 합리화이다. 당연히 이러한 결합이 헤시오도스에서 곧바로 따라나온다. 가이아는 우라노스와 동침하여 티탄들을 낳았다. 이로써 가계의 혈통이 시작되었으니, 신들의 고유한 계보학이 성립하게 된 것이다.

그러나 여기서 내가 지적한 갑작스런 변화가 일어난다.

이들 신들은 초자연적 인물로 인간의 형상과 개성 그리고 잘 알려져 있는 일대기를 갖고 있다. 그래서 그 지점에서 이제 우리는 합리성을 갖춘 우주론이 그때까지 뒤에 남겨두었던 신화적 표상의 세계로 되돌아간다. 하늘과 땅은 다시 바뀌어 신이 되고 여신이 되었다. 이들의 사랑과 증오는 어이없게도 인간의 어휘로 묘사된다.

제우스에 대한 신화적 찬미가 가장 나이 많은 신의 탄생으로 시작하는 여기서, 우리는 잠시 헤시오도스를 떠나 합리적 우주론에서 순수 신화로의 돌연한 전환과 기이하게 유사한 것들에 주목해야 한다.

생성의 처음 세 사건은 창조에 대한 두 대안적인 설명을 포함한다. 처음 설명이 현재의 형태로 구성된 것은 유대인의 바빌론 유수(幽囚)보다 앞선 시기가 아니다. 헤시오도스보다 꽤 늦은 때이고 심지어 아낙시만드로스보다도 늦을 것이다. 이 유대인 우주론에서 게다가 우리는 거의 똑같은 사건들의 연쇄 과정을 본다. 창조의 엿새 동안 일어난 일을 돌이켜 보자.

(1) 처음에는 뒤섞여 있는 혼합물이었으니, 어둠에 덮여 아무런 형체도 갖추지 않은 축축한 덩어리이다. 밤이 나타나, 어둠과 나누어졌으니 이는 낮이 밤과 나뉘어진 것과 같다.
(그래서 헤시오도스의 틈이 열리고, 낮이 밤에서 태어났다.)
(2) 단단한 천계(天界, στερέωμα)는 위로 솟아, 비가 올 때 지상의 물과 천상의 물을 갈라놓는 지붕을 이루었다.
(이것은 신들의 안식처로 하늘을 낳았던 헤시오도스의 땅에 대응한다. 우리가 주목한 것과 똑같은 반복이 들어있다.)
(3) 건조한 땅이 바다와 분리되고, 식물과 나무로 뒤덮인다.
(4) 천상의 물체들, 태양, 달 그리고 별들이 생긴다.
(희랍신화와 철학에서처럼, 이것들은 땅이 생긴 뒤에 형성된다.)
(5)와 (6) 그 다음에 생명을 가진 동물들—새, 물고기 그리고 기어 다니는 것들—이 나왔고 끝으로 인간이 태어났다.
(그리하여 생명은 우주의 틀이 완결된 이후에 등장한다.)

희랍의 우주생성론과 가장 두드러진 차이는 유대인의 일신론은 유일의 제일원인으로서 신적 창조주를 포함했다는 점이다. 그렇지 않았다면 신화적인 현현, 에로스나 파네스와 같은 은유적 표현도 없을 것이다. 그리고 엘로힘(Elohim)의 행적은 창조적 어휘로 말하는 것에 국한된다. 그는 극단적으로 추상화되고 멀리 있다. 만일 우리가 신의 명령을 제거한다면—이러이러하게 '있어라', 그리고 오직 명령한 사건만 남게 하라. 이러이러하게 '있었다'—그러면 자연의 인과적 연쇄과정으로 이러한 사건을 연결하여, 전체적인 설명이 세계-질서의 유사 과학적 진화과정으로 바뀌어 갈 것이다. 그 과정은 희랍의 우주생성론에서 일어나는 것—분리 또는 원초적 혼합으로부터 차별화—과 똑 같다. 그리고 비유적 의인화가 빠졌다는 점을 고려할 때,《창세기Genesis》는 헤시오도스의《신들의 계보》에 비해 덜 신화적이고, 심지어 밀레토스의 합리적인 체계에 더욱 가깝다.

《창세기》 2~3장에서 창조에 대한 둘째 설명을 보면, 우리는 신화의 세계로 다시 한 번 돌아가 있음을 확인하게 된다. 첫 장에 나온 아득히 먼 엘로힘이 인간을 닮은 야훼로 바뀌는데, 야훼는 인간을 흙으로 만들어 그의 코에 생명을 불어넣어 숨 쉬게 하였으며, 동산에 나무를 심고 남자의 갈비뼈로 여자를 만들었으며 그 날 낮 서늘한 때에 동산을 거닐며 인간의 목소리로 아담에게 속삭인다. 이야기의 내용은 순수 신화로 되어 있다. 여성인 이브 그리고 그녀가 일으킨 사건은 헤시오도스의 판도라를 떠올리게 한다. 생명나무의 과실을 따먹는 실수로 인간의 도덕성을 설명하기도 한다.

이런 신화들은 결정적인 일화를 원시의 창조신화로 표현한다. 첫 앞부분은 인간을 만들기 이전의 세계질서의 형성과정을 다룬다. 이 부분을 경건한《창세기》편집자들이 삭제해 버렸다. 그들은 그 부분을 1장에서 그들 자신이 첨삭한 반(半)철학적인 우주생성론으로 대체했다.

따라서 헤시오도스와《창세기》사이에는 묘한 대비가 있다. 양쪽에서 우리는 산문체의 생성론을 보게 되고 이어서 시의 세계로 되돌아가는데 이 세계에는 구체적인 인간의 형상을 한 신화적 신들이 살고 있다. 이것은 결코 단순히 일어난 우연이 아니다. 그 각각의 생성론은 오랜 합리화의 과정을 거쳐 나왔다. 이 과정에서 그때까지 신화적 상상의 첨삭이 이루어져 왔고 그 결과 현존하는 세계의 관찰로부터 이성적 사유로 구성하는 데에서 거의 대부분 잘못 받아들이는 오류를 범하게 된다. 몇몇 특징을 고찰해 볼 때에, 우리는 결코 그런 일이 일어날 수 없다는 사실을 깨닫게 된다. 세상에 일어나는 현상에서 우리는 하늘이 땅에서 위로 들려 올라갔다거나, 또는 천체가 땅을 본따서 형성되었다는 시사도 찾아 볼 수 없다. 이와 같은 지적은 이오니아 철학자들이 생각한 다소 합리적인 우주생성론에도 적용된다. 이들은 같은 유형을 따르고 있는데, 이

유형은 결코 자연을 관찰하여 얻은 것을 참조해서 고안된 것일 수는 없었을 것이다.

헤브라이인들의 우주생성론과 비교해서 이끌어 낸 가치는 《구약》이 다른 지역의 민족이 지닌 원초적 창조신화를 간직하고 있다는 사실에 있다. 이 창조신화를 경건한 《창세기》 편집자들이 폭넓게 삭제해 버렸던 것이다. 이 신화를 학자들이 복원해 놓았고 나아가 제의에 깃든 기원까지도 추적해 들어갔다. 그리고 이 팔레스타인의 신화와 제의의 배경에, 바빌론의 창조 예찬과 신년예식이 깔려 있다. 만일 이런 경로를 추적해 가면, 헤시오도스의 《신들의 계보》에서 셋째 요소인 제우스에 대한 신화적 예찬을 구성하는 일화의 틀을 발견하리라고 나는 생각한다.

카오스(혼돈)의 시작

내가 강조한 기묘한 특징 즉, 헤시오도스와 《창세기》 모두에서 하늘이 땅에서 분리되는 일이 두 번 일어난다는 사실에서 시작해 보기로 한다. 우리는 이 사건에 관한 두 판본을 각각 따로 다룰 것이다.

가장 먼저 틈이 벌어지고 원초적 어둠 속에서 빛이 나온다. 헤시오도스의 생성론에서 이어지는 예찬론으로 눈을 돌리면, 이 사건이 예찬론의 첫 일화에 대응하는 짝이 된다. 50년 전 앤드류 랭(Andrew Lang)은, 하늘 신 우라노스의 성기를 그의 아들 크로노스가 절단한 사건은 "일부 종족들 이를테면 폴리네시아인들이 생각하듯이, 서로 처음부터 꽉 끌어안고 있었던 하늘과 땅이 격렬하게 분리된 신화로서 설명"될 수 있다고 지적했다. 나는 이런 말을 프레이저(Frazer)의 《아도니 Adonis I》(283)에서 인용하였고, 닐슨(Nilsson)은 그의 저서 《희랍종교사》에서 이런 설명방식을 채택한다.

오르페우스의 세계-알을 언급한 뒤에 닐슨은 이렇게 적고 있다. "헤시오도스에서 우주생성의 신화는 한층 투박하다. 우라노스(하늘)는 가이아(땅)를 완전히 감싸 안으며 가이아 위에 정착하였고 그들의 자식을 가이아의 몸 안에 감춰버렸다. 가이아는 그의 자식 크로노스를 설득하여 우라노스의 성기를 절단함으로써 자식들을 떼어놓았다. 땅 신과 하늘의 여신인 케브(Keb)와 누트(Nut)의 이집트 신화와, 랑기(Rangi)와 파파(Papa)에 관한 마오리(Maori) 신화에는 묘하게도 비교할 만한 점들이 있다."

이 신화를 우리는 이렇게 이해하게 된다. "하늘인 랑기와 땅인 파파에서 모든 사람들과 만물이 태어났다. 그러나 하늘과 땅은 굳게 결합되어 있었다. 그리고 어둠은 그 위에 머물러 있고 그들이 낳은 존재들 위에 머물러 있다. 마침내 그들의 자식은 자기 부모를 떼어놓아야 할지 아니면 제거해야 할지에 대해 논의를 하기에 이르렀다."

타네 마후타(Tane Mahute)는 그들을 분리해서 하늘을 위로 밀어 올렸다. 신들은 각자 공기, 땅, 바다에 있는 자신의 독립된 자리로 흩어져 가면서 세계가 이루어졌다. 나아가 우리가 주목할 것은, 헤시오도스의 생성론에서 틈이 벌어진 데 이어 에로스가 출현하듯이, 그의 신화에서도 우라노스와 가이아가 분리된 데 이어 아프로디테가 태어났다. 그는 에로스와 히메로스(Himeros)를 낳았으며 아프로디테의 특권(티메 τιμή 와 모이라 μοῖρα)은 결혼을 관장하는 일이었다(201-6).

폴리네시아의 신화는 헤시오도스가 했던 것보다 더 명료하게 하늘과 땅이 불가피하게 분리될 수밖에 없었던 목적을 드러내고 있다. 즉 그것은 태어날 자리를 신들에게 마련해 주고 그들이 세계-질서에서 차지할 독자적인 영역을 마련해 주기 위한 것이다. 신화를 빌려 말하자면, 가이아는 그의 자식들, 즉 폰토스와 그 외의 신들을 낳을 수 있었다. 합리성이 가미된 생성론으로 말하면, 바다와 건조한 땅이 나누어지고 생명체들이 생겨나게 되는 것이다. 일단 우리가 "하늘과 땅이 한때 하나의 형태로 있었다"(또는 철학자들이 제시하는 바와 같이, "모든 것이 함께 결합되어 있었다", 엔 호무 판타 ἦν ὁμοῦ πάντα)는 근본적 원칙을 받아들인다면, 신들의 계보와 우주생성론은 다 같이 양부모 역할의 신들을 떼어냄으로써 또는 우주의 주요한 영역을 분리함으로써 시작해야 한다.

신화의 판본에서 행동의 주체는 가이아의 꼬임을 받은 크로노스이다. 그런 한에서 크로노스는 창조주의 역할을 맡게 되는 것이다. 게다가 그는 왕으로 맨 처음에 티탄들에게 세계-질서의 특권과 영역을 나누어 주었다(Theog. 392 이하). 그러나 그의 통치시대는 희미한 과거로 잊혀져갔다. 그 찬미가에서 전경은 그의 아들인 젊은 왕 제우스가 독차지한다. 제우스는 지금의 세계를 확립하는 데 공적을 세운 영웅이다.

용(The Dragon)

하늘과 땅 사이의 틈이 열리는 것에 대해서는 이 정도면 되겠다. 우리는 이제 이런 분리의 둘째 판본으로 나아갈 차례다. 헤시오도스의 판본에서 땅은 하늘과 빛나는 별들을 낳는다. 《창세기》에서 엘로힘은 창공을 밀어 올려 천상의 바다를 지탱할 수 있도록 하였고 해와 달과 별을 창조하였다. 우주생성론에서 이 일화에 버금가는 신화적인 짝은 무엇인가?

이에 대한 대답은 한 번 더 《황금가지》의 기록에서도 볼 수 있다. 프레이저는 이렇게 쓰고 있다.

"바빌론 신화는 최초에 강력한 신 마르두크(Marduk)가 어떻게 태고의 물속 혼돈의 화신인 거대한 용 티아마트(Tkamat)와 맞서 싸워 죽이게 되는가를 설명한다. 그리고 그가 승리를 거둔 뒤에, 괴물의 거대한 몸통을 반으로 갈라서 그 중 하나는 위로 하늘이 되게 하고 다른 반쪽으로는 땅을 만들어 지금의 하늘과 땅을 창조했던 것이다.

그리하여 이 이야기는 창조의 신화이다. 《창세기》 1장에 나오는 창조에 대한 설명은 절대적인 장대함과 숭고함을 극구 칭찬한 것으로 용과 맞서 싸운 오래된 신화를 합리적으로 각색한 판본일 뿐이다. 즉 사유의 투박함에 비춰볼 때 아주 미개한 야만의 기이한 환상을 간직한 신화의 판본이다."[4]

프레이저는 소위 바빌론의 '창조의 서사시'를 가리키고 있다. 우리는 거기서 물의 용 티아마트가 그녀의 남편 아프수(Apsu)를 죽인 데 대해 젊은 신들한테 복수를 갈구하면서 어떻게 괴물의 주역이 되는가 하는 과정을 읽을 수 있다. 그녀는 마르두크의 지원을 받는 신들 중 최고의 전사를 물리친다. 마르두크가 세계에 대한 통치권을 보장받기를 기대한다면, 그들을 구원할 책임이 있다. 최고의 신의 지위에 오른 그는 그 용을 죽이고 그녀의 괴물들을 지하세계에 가둬버린다. 그 다음에 그는 그녀의 몸통을 반으로 갈라 하늘과 땅으로 만든다. 그리고 세계-질서의 영역을 고정시키고 하늘, 땅 그리고 바다의 세 영역을 아누(Anu), 엔릴(Enlil) 및 에아(Ea)에게 할당한다. 그는 한 해, 12궁(宮) 그리고 그 밖의 천체의 질서를 세운다. 별자리를 길게 다룬 내용도 들어 있다.

여기서 우리는, 가장 오래되었다고 알려진 형태로, 땅에서 별이 총총한 하늘을 위로 밀어올리고 이어서 별들과 우주의 영역이 자리를 잡아 질서를 이루는 과정을 보게 된다. 바빌론 신화와 《창세기》 1장을 잇는 연결고리는, 시편과 예언서에서 용 라합 또는 거대한 해수(海獸) 리바이어던을 살해하는 야훼의 신화를 언급하는 데에서 읽어볼 수 있다. 그 중 하나를 보자.

"신은 예로부터 나의 왕이시며 이 땅의 한가운데에서 구세주이시도다. 당신께서는 손수 힘으로 바다를 나누시고, 물 가운데 용들의 머리를 깨뜨리셨도다.

---

[4] *The Dying God*, p. 105.

리바이어던(거대한 해수)의 머리를 산산이 부셔버리시고…
낮도 당신의 것, 밤도 당신의 것이니, 당신께서 빛과 태양을 마련해 두었더라.
당신께서 땅의 모든 경계를 정하셨고 여름과 겨울을 이루시었더라."[5]

여기서 창공으로 물을 나누는 것은 용을 산산이 깨뜨리는 것과 같다. 이어서 빛과 태양을 만들고 계절을 이루고 땅의 경계를 정한다.

그런데 헤시오도스에서 가장 흥미를 끄는 일화 중 하나는 제우스가 용을 죽이는 일이다. 이것은 편집자들이 일관성이 없고 뒤섞여 있다는 이유로 비난을 하는 구절 중 하나이다. 폰토스의 후예들 중에서 반은 인간의 형상을 한 용인 에키드나(Echidna)를 볼 수 있다. 이 용은 티폰(Typhaon)과 결혼하여 한 무리의 괴물을 낳는다(Theog. 295이하). 뒤에 가면(820), 티탄들이 하늘에서 추방된 뒤에 제우스가 티폰과 전쟁을 벌이는데 티폰은 가이아와 타르타로스의 자식이다. 세계는 온통 이렇게 소름끼치는 싸움의 소용돌이에 휘말려 있다. 제우스가 그 전쟁에서 이긴 후, 마르두크처럼 제우스는 신들을 지배하는 왕으로 지위를 굳히게 되고 세계-질서에서 그들에게 독자적인 영역을 분배해 준다.

헤브라이와 바빌론의 신화를 대조한 (다른 것들을 언급하지 않음) 내용에 따르면, 제우스와 티폰의 전쟁이 희랍 창조신화의 본래의 특징이라는 것이 나의 주장인데, 이 신화에서 이어지는 사건은 하늘은 위로 올라가고 이어서 천상의 물체들이 형성된다. 이어지는 일 중에서 단지 하나의 흔적이 우주생성론에 남게 되는데, 땅은 하늘을 낳고 빛나는 별을 낳는다. 하늘과 땅의 분리가 두 번 일어나고 우리가 주목한 것은 그중에서 두 번째 분리였다.

이제 이런 분리가 왜 두 번 일어나는지를 설명할 수 있겠다. 합리적으로 구성된 우주생성론에서는 설명할 수 없다. 그럼에도 이성이 이 신화에서 나타난다.

[5] 『구약』, 시편 74편, 12~17.

신화에서 창조하는 과업은 인격화된 신—마르두크, 야훼, 제우스—의 공적이다. 이들은 처음으로 물 속의 용과 괴물의 후예들의 모습으로 구현된 악폐와 무질서의 세력을 물리침으로써 어둠에서 빛을 만들 수 있고 형체가 없는 곳에서 질서를 만들어 낼 수 있다.[6] 그렇지만 이런 공적은 **어디에선가(somewhere)** 일어날 수밖에 없는데, 극은 활동무대가 필요하게 마련이다. 그리하여 영웅은 출생과 역사가 있어야 한다. 그리고 그가 하늘과 땅의 아들이어야 한다면, 그의 부모는 결혼해서 자식을 낳기 전에 따로 떨어져 있어야 한다.

그리하여 전체의 이야기는 결국 생성이 일어나기 위해서는 반드시 벌어진 틈에서 시작하지 않을 수 없다. 헤시오도스의 우주생성론에서, 이것은 그냥 단순하게 일어난다. 최초의 사건은 그 배후에 어떤 원인도 갖고 있지 않다. 그러나 신화에서 모든 사건은 특정인을 원인으로 갖는 경향을 보인다. 그래서 우리는 제우스를 포함한 신들이 태어나기 이전에 우라노스와 가이아가 크로노스에 의해서 분리되는 사건을 볼 수 있다. 그 결과 기묘하게 이런 일이 반복해서 일어난다. 신을 탄생시키기 위해서는 먼저 하늘과 땅이 분리된다. 그렇게 태어난 신은, 용의 두 부분을 하늘과 땅으로 분리함으로써 세상을 창조하게 될 것이다.

그렇지만 이제 이 제목이 시사하는 바, 헤시오도스의 《신들의 계보》는 결국 제의(祭儀)에 기반을 두고 있다는 기대치를 충족해야 할 시점이 되었다. 《창세기》가 야훼와 마르두크의 신화에 대한 반성이듯이, 헤시오도스의 거의 철학적인 우주생성론은 제우스의 신화적 찬미에 관한 합리적 반성이라는 점이 지금까지 내가 펼친 논증이었다. 그러나 나는 그 신화에서 두 가지 일화를 다루었을 뿐이다. 동방의 자료에 비추어서, 우리는 이제 더 나아가 제우스 찬미에

---

6 | Roscher, Lex. '오피온(Ophion)'의 항목을 보라. 젠센(Jensen)의 시사에 따르면, 페레키데스(Pherecydes)의 우주생성론에서 크로노스크로노스가 오피온과 싸운 전쟁은 마르두크와 티아마트가 싸운 전쟁에 버금간다는 것이다.

나오는 다른 일화들도 연관된 유형과 일치하는지 그리고 이 유형이 결국은 일련의 제의행위를 가리키는지를 물을 수 있다.

야훼가 리바이어던을 살해하는 것이나 또는 티아마트를 마르두크가 살해하는 것이 프레이저가 난롯가에 앉아 세계의 기원을 고찰하면서, 불확실한 원시 야만인들의 '기묘한 환상'이라고 불렀던 것은 아니라는 사실이 이제 확연히 드러났다. 뿐만 아니라 이러한 싸움이 아무런 배경도 없이 따로 떨어진 사건도 아니다. 성서를 인용하는 학자들은 그 사건을 찬양하는 시편이 유대인들의 초막절(草幕節)에 예배식의 일부로 부른 성찬식의 노래집에 딸린 것이라고 주장했다.[7] 이 초막절은 신년에 거행되었다. 그리고 이 시편에 기록된 사건들은 극으로 구성된 제례의식으로 해마다 다시 상연되고 있다.

시편에서 가리키는 바에 따르면 용과 싸우는 것은 축제기간 동안 야훼의 역할을 맡은 왕이 극의 전개에 나오는 일화의 한 토막이었다. 또 신성한 왕이 성전에서 왕좌에 오르기 위해 전차를 몰아 시온 산을 향해 나아가는 개선 행렬이 있었다. 새로운 발육과 비옥함, 그리고 습기를 나타내는 상징은 내년에 비가 풍족하게 내리게 하는 부적에 담아 흔드는 신호로 쓰인다. 또한 왕의 행렬에는 어떤 지점에 이르러 또 다른 제의상의 싸움이 일어난다는 신호가 나타난다. 그리고 어둠과 죽음의 세력들이 왕의 행차를 공격한다. 이들은 이스라엘의 적으로 땅의 왕이며 구세주에 대항하기로 합심을 한 세력이기도 하다. 천둥을 휘두르는 신이 끼어들어 그의 왕족인 아들을 구하고 적들을 공격하여 격파해 버린다. 이 이야기는 이집트의 아비도스(Abydos)에서 벌어지는 연례 제례의식과 유사한 점이 있다. 명부(冥府)의 왕 오시리스(Osiris)가 그의 성전으로 가는 행렬이 악의 신 세트(Set)와 그의 추종자들로 된 한 무리의 공격을 받는다. 이들 무리는 태양신 호루스(Horus)가 이끄는 집단에게 격퇴된다. 예루

---

[7] W. O. E. Oesterley, *Myth and Ritual*, 6장. A. R. Johnson, *Labyrinth*.

살렘에는 대개 작은 숲속 나뭇가지로 지은 오두막에서 기념식으로 열리는 신성한 결혼식이 있다. 이 오두막에서 벌어지는 축제가 초막절이라는 이름을 얻게 된 것이다.

왕-신이 용을 살해하는 창조의 첫 번째 행위가 새해맞이 축제에서 극화된 제례의식이 가진 하나의 특징이었던 것으로 보인다. 새해맞이 축제와 창조신화 사이의 연관성은 무엇인가?

이 물음에 대한 답변은 동방의 학자들이 확신을 가지고 제시하였다. 그 축제는 새해맞이 시민들의 행사 그 이상이었다. 그것은 무엇보다 우선 마법의 효험이 새해기간 동안 비를 적절하게 내리고 인간의 생명이 의존하는 식물과 동물의 번식을 보장해 주는 축제였다. 이런 목적이 잊힐 리가 없다. 예언자 즈가리야(Zechariah)가 아주 간결한 용어로 이것을 기록하고 있다. 그는 예루살렘에 대항했던 나라들에 남아있던 만백성이 해마다 왕인 만군의 주(야훼)를 경배하고 초막절을 지키러 오르게 되리라고 예언한다. "그리하여 누구든 오려 하지 않는 자들… **그들에게 비도 내리지 않으리라.**"

그래서 새해예배에서 중심인물은 비를 내리는 신성한 왕이었다. 그렇지만 우리가 지금 살펴보는 바와 같이 바빌론, 이집트 및 팔레스타인에서 보는 발전된 문명의 단계에서 왕은 비를 내리는 마법사 그 이상의 존재가 되었다. 비를 다스리는 것은 계절의 운행을 관장하고 계절이 건기와 습기, 열기와 냉기를 지배하는 힘을 다스리는 것이다. 이런 것들은 또한 해와 달 그리고 별들의 질서정연한 순환과 연결되어 있다. 왕은 자연의 질서를 이루는 신의 생생한 화신으로 간주된다. 그리고 끊임없이 인간의 이익을 위한 역할을 반복해서 보존해야 한다. 왕은 그런 힘을 실현하고, 그가 공인한 인물에 집중하면서 백성들의 활력을 구체적으로 나타낸다. 그는 사회질서의 보존자이다. 그리고 국가의 번영은 그의 정의로움, 즉 헤브라이어 **세데크(sedek)**, 희랍어 **디케($δίχη$)** 에 달려있다. 그는 적에 대항해서 백성들을 전쟁의 승리로 이끌 뿐 아니라 죽음과 무질서의 악의 무리에서 백성들을 보호한다.

새해맞이 축제의 목적은 사회집단의 질서정연한 삶을, 그리고 겨울의 어둠과 피폐가 지난 뒤 자연계의 질서정연한 생명을 새롭게 하는—다시 상연하는—데 있다. 순환하는 해의 바퀴를 수차례 돌리는 힘은 왕에게 귀속되어 있지만, 그 힘은 그가 구현하고 있는 신으로부터 나온 것이다. 이 신은 맨 처음 그 바퀴를 운행하도록 설정했다. 그래서 의식은 창조의 연례적인 재상연으로 간주된다.

외스털리(Oesterley) 교수는 바빌론과 이집트의 새해맞이 축제에 공통된 특징에 관한 논평에서 지적하기를,[8] 많은 신들이 있기는 하지만,

"최고의 권위를 생산적인 창조자라는 역할에 두고 있는 존재가 있다. 땅의 왕이 바로 그 존재이다. 이집트인들에게 오시리스가, 바빌로니아인들에게는 마르두크가 최고의 신이다. 각각 땅의 왕이 신과 동일시된다. 연례 새해맞이 축제가 신위에 경의를 표하기 위해 열리는 동안, 왕으로 포고한다. 이것은 그가 왕위에 오르는 극에서 생생하게 나타난다. 그는 그렇게 해서 창조의 주군으로 인정받는다. 이 신비의 제의는 상징으로 되었을 뿐 아니라, 실제로 자연의 소생을 창출하는 것으로 믿게 되었다.

이제 이집트인들에게 오시리스의 위상, 그리고 바빌로니아인들에게 마르두크가 가진 위상은, 이스라엘 자손에게 야훼가 놓여 있는 위상과 같다. 이스라엘의 새해맞이 축제는 초막절(Sukkoth)의 첫날에 열렸다. 그때 그들의 신 야훼의 왕위를 위해 축하 행사가 열리고 그는 창조의 주군으로서 경배를 받고 영예를 차지한다. 그의 의지로 내년에는 경작이 풍성할 것이다. 따라서 해마다 그의 창조적 힘이 새롭게 나타났으니, 새해맞이 축제는 해마다 창조의 기념식이었다. 새해가 올 때마다 땅은 새롭게 창조되었으며… 새해맞이 축제는 말하자면 창조의 반복이었다고 할 수 있겠다."

[8] *Myth and Ritual*, p. 123.

같은 취지로 후크(Hooke) 교수는 바빌론 의례에 관해 썼다.

"문자 그대로 그것은 새해의 제작이다. 해묵은 악폐와 오욕을 제거하고 새해의 안전과 번영을 보장하는 것이다. 이 예식에 따라 해, 달, 별 그리고 계절을 비롯한 만물의 합당한 역할이 보장받고 정해진 질서를 충실하게 따른다. 여기에 창조의 예식이 가진 의미가 있다. 해마다 새로운 창조가 이러한 예식에 따라 일어나는 것이다. 종교의 발전과정에 나타난 이 단계의 창조 개념은 우주론이 아니라 제례의식에 관한 것이다. 그것이 생겨난 것은 만물의 기원에 관한 고찰에 따른 것이 아니라 공동체의 안녕에 꼭 필요한 질서를 유지하기 위한 제의적 수단으로 나온 것이다."[9]

이제 우리는 창조적 신화와 새해맞이 의례 사이의 관계를 정의할 수 있다. 그것은 '원인론적'이라고 불리는 관계이다. 바빌론의 증거자료가 이를 결정적으로 보여준다. 대부분의 신화가 현재 '창조의 서사시'라고 제목을 잘못 붙인 목록에 들어 있다. 이것은 서사시가 아니라 찬미가이다. 서사시는 제례의식을 반영하지 않는다. 뿐만 아니라 서사시는 제의가 거행될 때마다 그 효험을 강화하는 주문(呪文)으로 낭송되지도 않는다. 이 기록에서는 신과 인간의 세상을 창조하고 질서를 잡는 데 마르두크가 세운 공적을 일일이 열거하며 그를 찬미한다.

나아가 새해맞이 넷째 날인 춘분축제일에 고위직 성직자가 성소에서 홀로 갇힌 상태로 이 찬미의 노래를 처음부터 끝까지 낭송하는 것으로 알려져 있다. 이 행사는 왕이 본 행사에서 주역을 맡으러 도착하기 전에 치러졌다.

게다가 제의에 대한 성직자의 산발적인 논평에 따르면, 왕이 치르는 일련의 행동은 마르두크의 공적을 창조 설화에서 상징화한다. 창조설화는 사실상 새

---

[9] | *Origins of Early Semantic Ritual*, p. 19.

해맞이 축제의 원인 신화이다.

원인 신화가 실은 제의를 이루는 일련의 초자연적인 사건을 역사적으로 기록한 것이 아니라는 사실을 우리는 알고 있다. 물론 이 제의는 말하자면 그 초자연적 사건들을 작은 규모로 줄여서 다시 무대에 올리는 것으로 되어 있다. 해마다 봄이 오면, 왕-신은 자연과 세상의 질서를 창조한다. 신화는 그런 행사를 고차원적으로 옮겨놓은 것이다. 이렇게 옮길 때 그에 따른 행위는 일단 한 번 신이 거행을 했던 것이라고 상상하는데, 왕은 신이 현현해서 나타난 모습으로 인정받는다. 그러나 그 신은 왕의 공적인 특징과 역할을 단순히 투영한 것이다. 이러한 투영은, 왕의 활력이 왕성하게 지속되는 한 그러한 역할을 부여받은 인간의 고유한 성격에서 이끌어 낸 것이다. 그가 늙어 죽게 되면 신적인 특성은 후계자에게 넘어간다. 플라톤의 이데아가 잠시 동안 그 특성을 나타내는 일련의 개체들에 관련되어 있듯이, 신은 개인으로서의 왕에 관련되어 있다. 이와 마찬가지로 신화는 반복되는 제례의식을 인간을 넘어선 신의 차원으로 투영함으로써 보편화해서 옮겨놓은 이야기이다.

결국 창조신화의 내용은 '기묘한 환상'이나 근거가 없이 펼쳐지는 사유가 아니다. 또한 그런 내용은 자연현상을 관찰하여 그로부터 이끌어 낸 것도 아니다. 위로는 별이 총총한 하늘 그리고 발 아래는 끝없이 펼쳐진 땅의 광경들로부터 시작하면서, 마약에 취해 제 정신이 아닌 바에야 누구도 용을 반으로 갈라냄으로써 처음으로 하늘과 땅이 이루어졌다는 이론에 도달할 수는 없을 것이다. 우리가 제례의식의 극으로 시작한다고 가정해 보자. 이 극에서 용의 가면을 쓴 경건한 배우가 악과 무질서의 세력으로 등장한다. 이 세력은 자연과 세상의 질서를 마법으로 재생하는 역할을 맡은 신성한 왕에게 정복당한다. 그 다음에 우리는 찬미의 노래를 짓는다. 이 노래는 신들의 왕과 바다의 용 사이에 소름끼치는 전쟁이 펼쳐지면서 장대함과 공포감에 휩싸인 상황을 배경으로 놓고 저 활동을 칭송한다. 그리고 우리는 제의의 극이 상연될 때마다 전

레의 신성한 막강한 권위로 효험을 강화할 수 있도록 이 찬미의 노래를 낭송한다.

그러므로 신화가 생생한 제의의 일부로 남아있는 한, 그것이 지닌 상징적 의미는 명확하다. 그러나 그 제의가 더 이상 쓰이지 않게 될 때에도, 신화는 수 세기에 걸쳐 존속할 수 있다. 연기는 생경하고 기괴하며 소름이 돋는다. 그렇지만 아무리 애매하더라도, 시인은 직감으로 그 이야기에 중요한 의미가 담겨 있음을 느낄 수 있다. 이는 결정적으로 그것이 중대한 종교적인 행위의 일부일 때 제작되었다는 강렬한 감성에서 비롯된다. 용과 같은 상징은 우리와 같이 문명이 발달한 현대인들의 꿈에서도 여전히 따라다닌다.

이 모든 복잡한 논의가 이르는 시사는 《신들의 계보》에서 신화의 요소가 주로 제우스의 찬미가이기도 한 창조신화의 일부를 이룬다는 점에 있다. 헤시오도스의 시대에 이르기까지, 이 신화의 요소는 그것이 반영된 제의와 오랫동안 분리되어 있었고, 이야기의 일부가 혼합되어 뒤죽박죽 얽혀버렸다. 또한 헤시오도스는 일화를 이해할 수 있도록 하는 제의의 기원을 파악하지 못했기 때문에 전체의 개요가 종종 희미해진다. 그러나 그러한 일화들을 간단히 훑어보면 우리는 고대의 유형을 발견할 수 있다.

(1) 헤시오도스의 신화는 이보다 앞선 우주생성론과 연결되어 있는데 이 우주론은 초기 신들의 부모인 우라노스와 가이아의 혼인에서 시작된다. 여기에는 제우스에게 번개를 선물한 키클롭스들, 티탄들에 맞서 제우스를 도운 백팔이(팔이 백 개 달린 괴물), 그리고 티탄들이 등장한다.

우라노스는 그의 자식들을 싫어했다. 자식들은 크로노스가 그의 아버지를 거세하여 부부를 떼어놓기 전까지는 세상에 나올 수 없었다.

바빌론의 신화에서 첫 부모는 태고의 심연으로 남성적이면서 여성적인 힘인 티아마트와 아프수이다. 이들의 바닷물이 처음으로 함께 혼합이 되었던 것이다. 아프수는 초기의 신들인 그의 자식을 해치려 한다. 에아(Ea)는 아프수에 대항하여 음모를 꾸며 그를 죽이고 그의 전령, 맘무(Mammu)를 거세한다.

(2) 헤시오도스에서는 세 계보로 이어진다. 밤의 자식에는 죽음을 비롯하여 인류를 괴롭히는 모든 악이 포함되어 있다. 폰토스의 후손들 중에, 배우자로 티폰과 괴물로 자식을 거느린 에키드나가 있다. 바빌론의 찬가에서, 티아마트는 바다의 후예인 괴물들의 도움으로 아프수의 원수를 갚을 계획을 세운다. 그녀는 맏아들 킹구(Kingu)를 내세워 다른 자식들을 다스릴 왕으로 삼는데, 이것은 가이아가 다른 티탄들을 이끌어갈 지도자로 크로노스를 택한 것과 아주 비슷하다.

(3) 둘 다 젊은 신의 탄생을 예고한다. 마르두크와 제우스가 등장하고 이들은 각각 왕이 되어 인간과 신들의 세계를 다스린다.

제우스에 관한 이 부분의 일화는 크레타에 기원을 두고 있다. 아들에게 왕권을 빼앗긴 왕은 다시 한 번 자기 아들을 무너뜨리려고 시도하다가 계략에 걸려 패배한다.

팔레카스트로(Palaikastro)의 찬가에서 젊은 제우스가 춤추는 쿠레테스(Kouretes)를 이끌어 갈 때 그의 풍요에 대한 생각이 어떻게 나타나고 내년에도 풍작을 불러일으키는지를 기억할 필요가 있다.

헤시오도스에서 제우스는 백팔이와 키클롭스를 풀어준다. 키클롭스는 제우스의 왕권을 확고하게 해주는 번개를 선물한다.

닐슨(Nilsson)이 지적하는 바와 같이, 해마다 다시 태어나는 다산(多産)의 신은 반드시 해마다 죽어야 한다. 제우스의 죽음은 희랍인들이 감춰버린 크레타 신화의 일부였다.

주목할 일은 마르두크의 죽음이 창조신화에서는 나타나지 않는다는 점이다. 그러나 우리는 그의 죽음과 소생의 제의를 기록하는 판본을 갖고 있는데, 어찌되었든 이 제의는 새해맞이 축제에 따른 행사이다. 이 제의는 탐무즈(Tammuz)의 것을 닮았다. 그리고 벨-마르두크(Bell-Marduk)는 지하의 세계에 있었지만, 창조의 찬가는 그가 다시 생명을 되찾게 하는 화신으로서 불려졌다.

(4) 헤시오도스의 이야기는 여기서 이아페투스(Iapetus)의 계보에 의해 중단된다. 이 계보에는 프로메테우스가 제우스를 속이고 불을 훔치고 인류를 괴롭힐 여성을 만드는 일이 이어진다. 인류가 이미 창조되어 있었다는 것을 함축하는 이런 사건들은 분명 제자리에 놓여있는 것이 아니다. 617행에서 헤시오도스는 백팔이를 풀어주는 곳으로 되돌아간다. 제우스는 그들에게 불멸의 음식을 제공하고 이들은 올림포스를 공격하는 티탄에 맞서 싸운다. 이 전쟁은 번개로 무장한 제우스가 개입하기 전까지는 승부가 나지 않는다. 결국 티탄들은 결단이 나버리고 타르타로스에 갇힌다.

올림포스를 공격한 이 티탄들은 앞의 계보에서 티탄이라고 불린 우라노스의 자식과 동일한 종족이었다고 볼 수는 없다. 사랑스런 테티스, 금관을 두른 페베(Phebe), 그리고 제우스의 두 신부인 테미스와 므네모시네가 바위로 공격을 받고, 번개를 맞아 결단 나서 영원히 타르타로스에 갇혀버린다는 사실을 우리는 믿을 수 없다.

이 이야기는 제의의 싸움에서 나온다. 여기서 죽음과 무질서의 세력인 세트(Set)의 추종자들은 땅을 지배하는 왕들이다. 이들은 젊은 왕의 무리를 공격하다가 젊은 왕의 역을 맡은 신에게 패배를 맛본다. 그렇게 본다면 티탄과의 전쟁은 새해맞이 축제의 특징을 계속 이어간다고 하겠다.

(5) 바빌론 신화에서 젊은 신들의 적은 티아마트, 그리고 그와 함께 하는 많은

괴물들이다. 그녀는 그들 젊은 신들의 첫 승리자인 아누(Anu)를 격퇴한다. 그때 젊은 신들은 마르두크에게 도움을 호소하는데, 그가 온 세계를 다스릴 왕권이 보장되어 있다면 그들을 구조할 책임이 있다. 신들은 그에게 경의를 표하고 왕권의 신표를 수여한다. 장황한 이야기로 전해오는 가혹한 전쟁이다. 티아마트는 죽임을 당하고 그가 거느린 괴물들은 갇혀버린다.

마르두크는 그녀의 몸체를 나누어 하늘과 땅으로 만들고, 세계-질서의 영역을 확고하게 다진다. 그리고 하늘과 땅과 바다를 아누와 엔릴 그리고 에아에게 각각 다스릴 영역으로 분배한다. (이와 같은 영역의 분배를 크로노스의 세 아들과 비교해 보라.)

마르두크는 한 해의 주기와 12궁(宮)과 그 밖의 다른 천체들이 질서를 잡도록 한다.

인간은 티아마트의 혈육인 킹구와 에아에게서 태어난다.

마르두크는 그때 신들에게 법을 부여하고 그들에게 대권을 확고하게 해준다. 감사의 표시로 그들은 이-사길라(E-Sagila) 사원을 짓는다. 그들은 해마다 새해맞이 축제를 위해 거기에 모인다. 이 찬가에 반영된 제의가 바로 그 축제이다.

헤시오도스에서 티폰과 벌이는 전쟁은 티탄을 제거한 뒤의 일로, 이 티탄 제거는 제우스의 마지막 공적이다. 창조의 위업이 뒤따라 올 수는 없겠다. 왜냐하면 세계-질서는 이미 전체신화에 앞선 우주생성론에서 기술되었고 헤시오도스는 아주 논리적이어서 여기서 그것을 되풀이할 수 없기 때문이다. 그렇지만 제우스가 특권을 부여한 신들에 의해 그들의 왕으로 최종 승인하는 일이 이어진다.

그렇게 해서 제우스는 자연과 사회의 질서를 세우게 된다. 이 왕권의 기능은 제우스와 테미스의 결혼(사회의 질서), 자식을 낳음, 계절들(이들의 이름은 각각 바른 통치, 정의 및 평화이다) 그리고 인간에게 선악의 몫을 나눠주는 모이라(Moira)를 비유하여 표현된다.

그래서 마르두크 찬가에서 마지막 사건은 운명을 관장하는 일곱 신들이 모든 인류의 운명을 정하는 일이다.

여기서 인용한 비유는 훨씬 더 자세하게 설명할 수도 있다. 그렇지만 헤시오도스의 제우스 찬가는 아무 관련이 없는 일화가 중간에 끼어든 계보가 아니라, 왕이 제우스로 분장하고 펼치는 새해맞이 재창조를 위한 고대의 제의를 반영한다는 주제를 입증하는 자명한 사례가 분명히 있다. 그 신화는 오랫동안 제의와는 별도로 떨어져 있었을 것이다. 헤시오도스는 그 기원을 알아채지 못했을 것이다. 그렇지만 그는 이런 일화들이 창조설과 연관되어 있다는 것을 희미하게나마 깨달았다는 것은 분명하다. 크레타와 소아시아를 조금 더 살펴보면 새해맞이 축제가 한때 미노스 왕궁에서 거행되었다고 짐작할 어떤 근거가 있는지를 알 수 있을 것이다.

주석

"이 글의 수고의 말미에 다음과 같은 내용의 주석이 덧붙여 있다. 논의의 대상인 그 신화가 제의의 원인론에 해당될 수 있는데, 이 제의가 **희랍의 농사**에 기반을 두었다는 점을 지적할 수 있어야 한다는 취지로 쿠크(A. B. Cooke) 교수가 가한 비판에서 제기되었음을 말한다." ─W.K.C. 거스리

이 새해맞이 축제가 디오니소스 축제(새해맞이 축제가 반드시 봄에 있을 필요는 없다)를 포함하여 많은 축제의 원조인지 아닌지에 대해 나는 궁금한 점이 있다. 디오니소스 축제는 원시적인 다양한 특징들을 강조하면서 갈라져 나왔는데, 이전까지는 그러한 특징들은 말의 다리, 사람의 팔뚝과 손, 새의 날개와 같이 공통점이 거의 없었던 것들이다. 따라서 죽음과 소생의 요소는 거의 하나의 형태로 감춰져 있을 수 있다(바빌론에서처럼, 여기서 다만 연고가 없는 제례로서 남아있고 그리고 신성한 왕이 고위 성직자한테 굴욕을 받을 때, 이와 관련해서 대관식에 여전히 그 흔적이 남아 있다). 그 밖에 이런 특징은 핵심이자 매우 중요한 것

이 될 수 있고 우리는 그래서 비극과 희극을 창출하고 있는 제의를 간직하고 있다. 호카르트의 **왕권**(Hokart's **Kingship**)이 시사하는 바에 따르면, 우리는 한 출처로부터 대관식과 엘레우시스 유형의 개시의식을 이끌어 낼 수 있다(이런 유형은 농사와 관련된 풍요의 의식이지 종족의 개시의식이 아니다). 오시리스의 경우에 죽음과 소생이 주제의 핵심이지만 다른 특징들도 남아 있다.

이 모든 것들의 이면에 있는 하나의 근본적인 주제가 있는데, 생명의 소생, 재생, 젊은 왕이 선대의 왕을 대체하는 것이 그것이다.

나를 자극했던 것은 (내가 후크의 저서에서 얻은 생각인데) 초기의 철학적인 우주생성론은 신화적인 우주생성론의 복사일 뿐 아니라, 결과적으로는 근거 없는 '환상'과 사변이 아니라 명백히 존재하는 어떤 제의에 그 뿌리를 두고 있다는 생각이다.

8

고대철학에 대한 마르크스주의적 관점
The Marxist View of Ancient Philosophy

1942

一

　이 글의 주제는 최근의 두 저서에 나타난 마르크스주의적 역사 해석을 고대 철학에 적용하는 데 있다. 파링톤(Farrington)의 《고대에서 학문과 정치학 Science and Politics in the Ancient World》, 그리고 톰슨(G. Thomson)의 《아이스킬로스와 아테네 Aeschylus and Athens》라는 저서가 그것들이다. 톰슨의 저서는 아주 광범위한 영역을 다룬다. 그가 철학자를 언급하는 경우는 그저 어쩌다가 나올 뿐이다. 그렇지만 그는 철학자들에 대한 파링톤의 견해와 의견을 같이한다. 그는 마르크스주의적 이론의 공공연한 신봉자이기도 하다.

　우선 이 이론에 대해 한마디 덧붙일 필요가 있겠다. 나는 여전히 권위가 있는 것으로 언급되고 있는 저작에서 인용하려고 한다.

　엥겔스는 불운한 듀링을 겨냥한 논박에서[1] 역사의 개념은 1830년대와 40년대에 있었던 노동계급의 운동이라는 '새로운 사실'에 의해 결정적으로 바뀌었다고 선언했다. 그는 이렇게 말한다. "그 새로운 사실은 **모든** 과거의 역사를 새롭게 검토할 것을 명한다. 그렇게 할 때 과거의 모든 역사는 계급투쟁의 역사였다는 것이 드러난다. 즉 사회의 적대 계급들은 항상 생산과 교환 양식의 산물이다. 한마디로 말하면 당대의 **경제적** 지위의 산물이다. 그리하여 사회의 경제적 구조는 늘 실질적인 기반을 이룬다. 이 기반을 토대로 삼아 궁극적으로 분석해 들어가면 역사를 이룬 각 시대의 종교적·철학적 및 그 외의 개념들뿐 아니라, 법적인 그리고 정치적인 제도의 전반적인 상부구조를 설명할 수

---

[1] Anti-Dühring (영문판), p. 32.

고대철학에 대한 마르크스주의적 관점　**177**

있게 된다. 이제 관념론은 그의 마지막 피난처인 역사철학으로부터도 쫓겨났다. 그리하여 유물론적 역사개념이 제기되었으며 지금까지 인간의 의식에 의해 그의 존재를 설명하는 방식 대신, 인간의 의식을 그의 존재에 의해 설명하는 방식이 나타난 것이다."

이것은 매우 포괄적인 진술이다. 나는 파링톤의 역사철학에 대한 진술에서, 특히 에피쿠로스와 플라톤에 관한 그의 견해에서 볼 수 있는 일련의 사유에 함축된 점들을 추적해 보겠다.

나는 역사의 경제적 해석이 종교적·철학적인 사유의 과정에 영향을 미쳤지만 간과되었던 일부 요인들을 선명하게 드러나게 했다는 사실을 거부하는 데 집중을 하려는 것이 결코 아니다. 적어도 일부 철학적 및 학적 개념이 어떤 점에서는 매우 애매한 구절로 된 사회적인 기원을 간직하고 있다고 나는 오랫동안 믿어왔다. 30년 전에 출간된 한 저서에서 나는 그런 것들 중에서 일부를 추적하여 학적 이전의 시대에 있었던 그리고 후기 신화와 시에 간직되어 있는 집단표상으로 거슬러 올라가려고 시도한 적이 있다. 그렇지만 그 당시 나는 결코 변증법적 유물론에 대해 들어본 적이 없다. 그리고 나의 사유는 (그럴만한 가치가 있는) 전적으로 마르크스주의 이론과는 무관한 것이었다. 이제야 그 이론에 대해 조금이나마 살펴보았고, 그에 따라 그 영역에서 조금 더 나은 설명을 얻을 수 있었다. 경제적인 요인들과 그 밖의 사회적인 요인들을 냉정하게 검토하고 평가할 경우, 철학사는 그 밖의 다른 형식의 인간 활동의 역사와 더욱 긴밀하게 연결될 수 있다.

그렇지만 여기서 일단 — '냉정하게'라는 말을 넘어서 — 마르크스주의자인 나의 친구들과 의견이 엇갈리고 있다는 것을 알게 되었다. 그들은 철학자들이나 그들을 해석하는 학자들이 냉정하거나 공평무사하다는 것을 받아들이지 않을 것이다. 마르크스주의자들에게 열 없는 빛은 있을 수 없다. 실로 그가 빛을 많이 쪼일수록, 그는 그만큼 더 뜨거워지는 것이다.

그 이유는 내가 엥겔스로부터 인용한 글에서도 분명하게 드러난다. 마르크스주의 이론은 1세기 전에 틀이 잡혔다. 그 당시는 산업혁명이 일어나 계급갈등의 첨예한 대립이 일어났고, 분명히 유럽은 실패로 끝난 사회 변혁의 태동기에 놓여 있었다. 《공산당 선언》은 1848년에 나왔다. 그 이후 이 선언은 아주 정열에 넘치는 정당의 투쟁 교시가 되었다. 이 당의 지지자들은 그들의 적대자들이 그리고 심지어 추상적인 사고와 학자들을 망라하여 그들 대부분이 잘못을 범했을 뿐만 아니라 그들의 부와 사회적 지위를 이기적으로 고수한다는 신념에 설득력이 있다고 보았다. 그들 자신들은 억압받는 자들과 폭넓은 공감대를 형성하며, 그들이 올바른 쪽에 서 있다는, 즉 승리하게끔 되어 있는 편에 서 있다고 그들에게 확신을 주는 모든 역사의 해석에 따라 그 공감대는 더욱 확장되었다. 그들이 심지어 냉정한 입장에 서려고 하더라도 그들의 태도는 더욱 더 좋지 않다. 즉 '비역사적'이 될 것이다.

이 교시에 힘입어, 마르크스주의자들은 당대의 투쟁에서 열렬한 지지자들에게 아주 적합한 정당한 분노의 분위기를 역사연구에서 되살려낸다. 그래서 매우 자연스럽게 그들은 "**모든** 과거의 역사는 계급투쟁의 역사이다"라고 하고, 모든 철학적 체계는 추상적 사유의 차원에서, 즉 경제적 사회대립의 차원에서 반성이라고 말한다. 이렇게 해서 결국 철학자들은 심지어 철학적 삶을 견지하는 한에서 시인들조차도 그들이 사는 사회의 시대와 공간에 고용되어 있어서 불가피하게 계급투쟁의 어느 한 쪽에 설 수밖에 없게 된다는 것이다. 그들이 표면상으로 내세우는 공평무사한 사변은 반드시 일정 부분 경제적 또는 사회적 변화와 연결되어 있다. 실제로 우세하도록 되어 있는 사회 세력의 편에 설 수 있는 사람들이, 결국 혁명적이고 진보적이라는 것이 드러나게 될 것이다. 사실상 실패를 맛볼 수밖에 없는 요인을 지지하는 것으로 보이는 사람들은, 그들 자신의 계급적 특권을 영속화하려는 이기적 태도로 규탄을 받게 될 것이다. 이제 우리가 만일 이런 관점에서 희랍철학을 연구한다면, 우리는 곧바로 (고대인들이 스스로 파악하듯이) 두 가지 주요 전통이 나란히 계속해서 이어지고 있다는 사실을 깨닫게 된다. 사실 여러 관점에서 그것들은 겹쳐 있고 서로 복합적인 체계로 흘러 들어가기도 한다. 그렇지만 전반적으로 그 전통들은 뚜렷한 특징을 간직하고 있어서 시간이 흘러가면서 점차 공개적인 충돌로 이어졌다.

첫째 전통은 이오니아학파가 세웠다. 탈레스와 아낙시만드로스에서 시작해서, 서기전 5세기에는 아낙사고라스, 아르켈라우스(Archelaus), 아폴로니아의 디오게네스로 이어졌다. 그리고 데모크리토스의 원자론에서 아주 극적인 표현으로 나타났으며 이 원자론은 에피쿠로스에 의해 채택되고 수정이 가해졌다. 이런 전통의 흐름은 유물론으로 향해갔다. 유물론이란, 실재는 우리가 볼 수 있고 만질 수 있는 물체 안에 있으며 영혼은 단순히 특정한 미세 조직의 물체로 이루어져서 죽는 순간 흩어져 버린다는 믿음이다. 신의 존재가 거부되지는 않는다. 그렇지만 신은 물리적 사건의 과정에 개입하지 않고 물리적 현상은 목적이 빠진 우연과 필연의 활동으로 남아 있다.

또 다른 전통은 피타고라스에서 비롯된 이탈리아 학파가 세웠다. 이들의 강조점은 물질이 아니라 형상에 두고, 사라질 수 있는 물체보다 불멸의 영혼에 관심을 집중한다. 이 전통은 플라톤의 이데아론에서 절정을 이룬다. 이데아론에 따르면 영혼은 존재론적으로 신체보다 앞서 있고 모든 물체가 운동하는 원천이다. 실재성은 비물질적이어서 사유로서 접근할 수 있지만 감각으로는 다가갈 수 없다. 끊임없이 흐르는 현상은 어떤 확실한 앎을 창출할 수 없다. 비록 자연의 주요 구조가 지적인 설계의 증거를 보여주기는 하지만 엄격하게 말해서 자연에 대한 학은 없다. 왜냐하면 우주 질서의 합리적인 원칙이 우연과 필연이라는 제어할 수 없는 요소들을 완벽하게 압도하지 않았기 때문이다. 제어하기 어려운 이 요소는 이오니아의 체계에서는 논란의 여지가 없이 영향력을 갖고 있었다.

이 두 전통을 만나보면, 말할 것도 없이 마르크스적인 의도와 공감하는 부분이 무엇인지 알 수 있다. 그의 유물론적 역사해석은 그 자체가 헤겔의 관념론적 해석에 대한 반동으로 철학적인 의미에서 물질주의 이론과 밀접한 관계에 있다. 모든 종교 철학적 개념은 궁극적으로 물질적 재화의 경제적 관계와 양식에서 그 흔적을 찾아볼 수 있다고 주장하기 때문에, 그는 자연히 물질은 일차적이고 사실상 정신보다 앞서 존재하지만 이에 반해서 정신과 정신의 산물들은 모두 여하튼 이차적인 상부구조이거나 반영물이거나 부수현상이라는 이론을 받아들인다. 그리고 그가 물질에 관해 말할 때, 그가 생각한 것은 20세기 물리학이 존재하는 것으로 파악한 것과 같은 것이라기보다는 에피쿠로스나 아이작 뉴턴의 원자에[2] 한층 가까운 어떤 것이 아니었을까 한다. 따라서 그는 플라톤의 입장에 반대해서 희랍의 사유에서는 이오니아의 입장을 더 선호할 것이다.

우리는 이제 파링톤이 다음의 세 가지 이유로 이오니아 철학을 특히 무엇보다도 에피쿠로스의 원자론을 지지하고 있다는 것을 보게 될 것이다. 첫째는 그렇게 전개되는 한에서 과학적으로 참이라는 점에서, 둘째는 물질적인 진보에 잠재적으로 유용하다는 점에서, 셋째는 박애주의라는 점에서 지지한다. 그런 점에서 대중의 철학은 플라톤과 같은 과두체제의 정치로부터 '지위가 낮은 백성들'을 해방시킬 것을 목표로 한다. 그래서 플라톤은 저 백성들이 진리에 접근하는 것을 거부하고 그들의 정신을 낡은 미신으로 오염시킴으로써 영원한 예속관계에 두기를 바랬던 인물이 되겠다.

나는 이 세 관점을 각각 따로 다루겠다. 그리고 왜 이런 도식이 내가 보기에는 사실을 왜곡하는지를 간략하게 설명해 보겠다.

---

[2] 뉴턴은 원자를 "고체의, 부피가 있는, 견고한, 침투할 수 없는 입자… 매우 딱딱해서 결코 닳아서 떨어지거나 조각으로 부서지는 일이 없다"고 기술한다(Dampier, *A History of Science*, 제 4판, p. 170).

(1) 첫째, 과학적 진리에 대한 문제이다. 이오니아학파의 아낙시만드로스에서 에피쿠로스에 이르는 이론체계를 보고, 공정한 탐구자라면 누구든 받아들일 수 있는 근거 위에 그들이 확고하게 서 있다고 주장할 수 있을까?

파링톤은 이오니아학파에 대한 그의 설명을 다음과 같이 주장하면서 펼쳐 보인다. "누구든 확인할 수 있는 사실은, 아낙시만드로스가 그의 저서 《자연에 관해 On Nature》에서 말하고 있는 것은 현대의 작가들이 과학적인 안내서에서 우주에 관해 소개하는 것과 같은 종류의 것이다".[3] 그리고 그는 옛것이 지닌 특징을 생략하고 톰슨이 올바르게 강조한 사회적 기원의 모든 흔적들을 우연찮게도 제거하면서, 아낙시만드로스의 체계의 틀을 근대의 용어로 제시한다. 끝으로 파링톤이 우리에게 전해주는 바에 따르면, 아낙시만드로스가 "그의 주변에 있는 우주를 관찰하고 그가 본 것들을 생각함으로써" 새로운 종류의 앎에 도달했음을 깨달았다는 것이다. 이 때 그 새로운 종류의 앎을 아낙시만드로스가 생각하기에 "지적인 사람들이 그것만으로도 나아갈 수 있다고 믿을만하고 인류애에도 도움을 줄 수 있는" 것이었다.

이런 말은 당연히 진리의 일부를 나타낸다. 그렇지만 파링톤이 생략한 그런 특징들을 설명하지 못한다. 어떤 종류의 관찰을 했기에 아낙시만드로스가 지구는 높이에 비해 평면길이가 세 배가 되는 원통형 드럼으로 되어 있고, 항성과 달 그리고 해는 각각 지구의 지름의 9배, 18배 그리고 27배가 되는 거리만큼 지구에서 떨어져 있다고 생각하게 되었을까? 그렇지만 그는 그 밖의 다른 모든 것과 같은 확신을 가지고 이런 주장을 했다. 이런 것들은 현대의 과학서적에서 보는 것과 같은 종류가 **아니다**. 왜냐하면 근대의 과학자들은 이오니아학파 중 누구도 알지 못했던 과학적 방법의 개념에 매어 있기 때문이다.

이오니아학파의 체계는 사실 관찰의 영역을 넘어선 문제들에 주로 관심을

---

[3] 앞에서 인용한 책, p. 19.

두고 있다. 그들은 질서가 잡힌 세계가 일종의 혼돈으로부터 생겨날 수 있는 방식에 관해 고찰을 했다. 즉 물체를 구성하는 궁극의 요소들에 관해, 그리고 생명체는 초자연적으로 생성된 것이 아니라는 전제 위에서 가능한 생명의 근원에 관해 고찰했던 것이다.

만일 우리가 아낙시만드로스의 우주생성론이 옛것이 지닌 온갖 특징들을 간직한 것으로 받아들일 때, 고대의 창조신화가 합리화를 거친 것임을 보여줄 수 있다고 나는 생각한다. 그의 철학이 근거하는 사회적 원천은 서기전 6세기 밀레토스의 경제적 조건이 아니라 바로 그 창조신화에서 찾을 수 있겠다. 그는 신화적 사고에서 우주생성론의 도식을 물려받았는데, 이 우주론에서는 운행요소가 처음부터 인격신으로 파악되고 있었다. 그가 신화적이라고 생각했던 이 요소들을 제거함으로써, 그는 신을 '차가움' 또는 '뜨거움'과 같이 작동하는 힘으로 대체했고 이것들을 그는 의심할 여지도 없이 자연스러운 것으로 취급했다. 그의 이론체계가 가진 구조는 관찰된 현상에 대해 공평무사한 반성의 결과는 아니었다.

이렇게 합리적 과정을 통한 제거작업은 물론 우리가 자연과학이라고 부르는 것을 향해 나아가는 매우 괄목할 만한 단계였다. 그렇지만 본질적으로는 독단적인 사변이다. 이오니아학파 중 다른 사람들이 따랐던 체계가 요구하지 않듯이, 이 독단적 사변도 여타 지성의 소유자라면 누구든 받아들여야 하는 근거에 기반을 둔 진리로 확립될 것을 요구하지 않는다.

이런 언급은 원자론에 유효하다. 이 이론은 관찰로부터 이끌어 낸 것이 아니라 그보다 앞서 만물은 '수'로 되어 있다고 한 피타고라스학파의 이론으로부터 이끌어 낸 것이다. 이 학파에게서 수는 물질적인 방식으로 파악되는데, 기하학적 점일 뿐 아니라 물체가 구성되는 불가분의 기본단위로서 파악된다. 이 이론은 논리적 및 수학적인 논쟁을 불러 일으켰는데 엘레아학파들이 주도를 한 논쟁으로 이들은 여럿(다)과 변화가 실제로 존재한다는 것을 인정하지 않았다. 데모크리토스의 원자론은 이러한 명백한 사실에 대해 실재성을 되찾으려는 수단이었다. 두 가지 다른 체계가 엠페도클레스와 아낙사고라스에 의해 같은 목적으로 제시되었다. 이 체계들은 과학적 진리를 증명하였다는 상당한 자격을 가졌던 것이고 또 그런 자격이 없었던 것이기도 하다. 어떤 관점에서 그것들은 원자론보다 더 그럴듯한 틀을 갖추었다.

원자론은 결코 에피쿠로스가 펼친 그 지점을 넘어서 한치도 더 나아가지 않았다. 그것은 2천 년이 지나 현미경과 실험을 통한 가설의 검증을 거치는 접근 방식의 근대과학에서 되살아나기 전까지 전혀 발전이 없었다. 비록 지금 살아 있는 사람들의 기억에서는 원자론이 옛날의 흔적을 찾아볼 수 없을 정도로 바뀌고 말았지만, 원자론은 이제 그와 경쟁하는 이론들보다 한층 유용한 가설임이 드러났다. 그러나 최근에 이룬 성공적인 업적이 마치 고대의 원자론이 과학적 진리를 확립한 것처럼 추켜 세울만한 근거는 아니다. 그리고 (파링톤이 그렇게 하듯이) 이 성공적인 업적이 "희랍 사유의 가장 확실한 성과물이고 우주의 구성요소에 관한 문제를 성공리에 해결한 것"으로 간주할만한 근거도 아니다.[4] 플라톤과 같은 관념론자들에 의해 그것이 자기개인의 이익을 위해 또는 계층의 이익을 위해 거부되었다고 말하는 것도 공정하지 않다. 플라톤은 자신이 물질의 구성요소를 설명할 때 수정된 형태의 원자론을 제시했다. 그러나 그가 보기에 빈 공간 속에 혼돈스럽게 떠다니는 미세한 크기의 생명이 없고 침투할 수 없는 입체로 모든 실재가 환원된다는 이론은 질서를 갖춘 우주를 설명할 수도 없고 사고와 감정을 가진 우리 자신의 마음을 포함하는 생명의 현상을 설명할 수도 없었던 것 같다. 그리고 유물론자들이 백 년 전에 무엇을 믿었던 간에, 누구도 이런 모든 현상을 빈 공간에서 소음을 내며 충돌하는 무수한 당구공에 의해 만족스럽게 설명할 수 있다고 주장하지는 않는다고 본다.

[4] Farrington, p. 122.

(2) 둘째, 과학을 물질적 재화의 생산에 활용하기 위한 든든한 물질적 기반을 제공하고, 그리고 부와 건강의 향상을 진보로 인정하는 이들이 간주하는 바와 같이 인간의 진보에 공헌한다는 점에서, 이오니아 철학이 '인류에 유용' 하다는 시사를 살펴보자. 우리가 알기로, 이런 경향은 인간의 친구이자 예술의 창조자인 아이스킬로스의 프로메테우스에 의해 상징적으로 나타났다. 프로메테우스의 연설은 그의 박애가 '응용과학의 창안에 다름 아닌' 것을 말해 주는 것으로 알려져 있다.[5] 게다가 그와 한 편인 머리가 백 개 달린 티폰은 기존의 질서에 대항하는 '대중의 반란' 을 상징으로 나타낸다.[6] 아이스킬로스가 프로메테우스의 무모한 돌진과 고집을 비난하고, 티폰을 '무서운 입에서 공포에 떨게 하는 소리를 내지르는' 존재라고 말할 때, 그가 의미하는 것은 '문명을 향한 열렬한 인류애' 와 '수백 개의 머리를 가진 사람들' 과 연결하는 것은 위험하다는 점이다. 한편 제우스는 우악스럽게 억압적인 폭력을 행사하며 소수가 독재정치를 하는 반동주의자들을 대표한다. 그는 테오그니스(Theognis)한테 '수백 개의 머리를 가진 대중을 짓밟도록' 충고를 받았다. 그래서 화해는 오로지 '개혁이 슬기롭고 끈기 있게 이루어지며, 권력이 교육을 통해 인간적인 면모를 갖출' 때 오직 그때에만 이루어질 수 있을 것이다.[7]

《프로메테우스》를 이렇듯 정치적으로 또는 사회적으로 해석함으로써, 내가 구별하고자 하는 두 가지 특징이 이오니아의 개명된 철학의 덕을 보게 된다. 첫째, 이 철학이 물질적 향상을 위한 방법을 제시한다는 점에서 이 철학은 인류애를 간직한다고 주장한다. 그리고 두 번째로 그것은 기존의 질서를 뒤엎으려고 하는 대중의 철학으로 지배계층이 불쾌하게 여겼다고 주장한다.

첫째, 응용과학처럼 자연의 힘에 대한 물질적 부와 힘을 증가시키는 데 공

[5] 같은 책, p. 68.
[6] 같은 책, p. 69.
[7] 같은 책, pp. 83 이하.

헌한다는 의미에서 이오니아 철학은 진보적이었는가? 감히 주장하건대, 인간이 처한 가련한 처지에서 고통을 덜어줄 기술을 인간에게 전해준다는 프로메테우스의 이야기를 듣는다면 어떤 사람도 확실히 이런 기술을 원자론이나 그 밖의 이오니아의 체계와 연결시킬 수는 없을 것이다. 프로메테우스는 집을 짓고, 셈하고 글을 쓰는 법, 농부의 역법(曆法) 작성법, 동물을 길들이는 법, 배를 만드는 법, 약초를 이용한 질병 치료법, 점을 치는 법, 그리고 금속을 제련하는 법을 인간에게 가르쳐 주었다. 이 모든 기술들은 물론 이오니아학파가 우주의 기원을 기술하기 시작하기 전에 그리고 만물은 물, 공기 또는 원자나 4원소로 되어 있다고 주장하기 이전에 이미 수세기 동안 전해져 왔던 것들이다. 이러한 고찰이 제작수단에서 있을 수 있는 기술의 발전과 여하간의 관계에 있다는 점이 누구에게나 떠오를 수는 없을 것이다. 물체가 원자나 이와 유사한 부분들로 이루어져 있다는 주장은 누군가에게 더 효율적인 쟁기나 직조기를 만드는 데 도움을 줄 수 없을 것이다. 따라서 비록 프로메테우스가 야만에서 벗어나 문명으로 나아가기 위해 싸우지 않을 수 없었기에 활기에 찬 지성을 대표하기는 하지만, 그러한 물질적 발전을 이오니아의 자연학과 연결시킬만한 어떤 것도 없다. 즉 자연과학은 인간의 복리에 활용할 인류애에 관한 문제가 아니다.[8]

프로메테우스가 열거한 온갖 기술들 중에서, 가장 자랑스럽게 과학적이라고 하는 것은 의학이었다. 의학은 항상 인간의 고통을 덜어주기 때문에 확실히 인류애가 담겨있다고 하겠다. 그렇지만 의학은 우리가 과학의 이론 또는 절차라고 부를만한 어떤 것을 발전시키기에 앞서, 개별사례의 실제적인 치료에 별도의 뿌리를 두고 있다. 그 이론의 단계에 진입하게 되었을 때, 특히 히포크라테스의 학파에서 이오니아의 자연학에 두드러진 반응을 보인 것은 자신

---

[8] 프로메테우스에 관한 이와 아주 비슷한 견해는 톰슨의 *Aeschylus and Athens*, pp. 327 이하에 나와 있다.

의 영역으로 철학적 독단 체계가 침투하는 것에 강력하게 대항한 것이다. 《고대 의학에 관해 On Ancient Medicine》라는 논문은 의술이 아주 오래되었고, 또 그것은 자신의 확실한 기반을 환자들의 관찰 그리고 원인을 알 수 있는 사실들을 축적한 경험에 두고 있다고 주장한다. 이오니아의 사유는 독단적인 가정에서 나온 것이지 경험에 기반을 둔 것이 아니다. 그리고 의사들의 박애의 목적에도 아무런 도움을 주지 못한다. 목적과 방법상의 이러한 충돌은, 파링톤이 하는 방식대로 그렇게, 의학의 박애정신을 이오니아의 자연학으로 확장시켜갈 수 없다고 우리에게 경고한다. 의사들이 고통을 덜어준다는 사실로부터, 우리는 철학자들이 물질적 조건을 증진하는 데 자연과학을 활용하는 쪽으로 관심을 두었다고 논증을 펼칠 수는 없겠다. 그렇게 하지 않았다는 것이 확실하다. 그리고 철학자들에 대해 퍼져있는 일화들을 보면 통속적인 관점에서 그들이 멍하니 현실감이 없는 이론가로서 부당하게 그들 자신의 경제적인 이해관계조차에도 무심한 인물임을 보여준다.

끝으로, 왜 현실에서, 제우스로 상징화되는 부와 힘을 소유하는 자들이 응용과학에 힘을 얻어 늘어나는 자신들의 이득에 굴복해야 했는지를 말하는 것은 쉽지 않다. 근대의 자본가는 자연과학을 성가시게 요구하지 않는다. 그는 열정을 다해 산업용 탐구에 엄청난 시간을 소비한다. 반면 에피쿠로스는, 부의 추구를 인간의 정력을 잘못 사용하는 것으로 간주했고, 권력의 추구와 마찬가지로 재앙으로 간주했다. 그는 자연의 힘을 통제하고 개발하려고 하지 않았다. 그 이유는 그가 보기에 힘과 부의 취득은 가장 단순한 삶의 양식에서 그가 찾았던 마음의 평온을 깨뜨릴 수 있기 때문이었다. 만일 우리가 원하는 행복을 아주 소박하게 빵과 물로 살아가는 데에서 가장 잘 얻을 수 있다면, 수증기가 펄펄 끓어 주전자의 뚜껑이 요동치는 광경을 보고 증기—엔진, 동력—및 직조기, 트랙터를 발명하려 하지 않았을 것이다. 아마 에피쿠로스는 너필드 경(Lord Nuffield)보다는 간디에게 더 공감을 느꼈을 것이다.

(3) 그렇지만 이런 반론을 잠시 미뤄두고, 프로메테우스가 보통 '이오니아의 계몽'을 상징한다는 견해를 살펴보자. 이 표현이 자연 철학자들, 박애정신을 가진 의사들 그리고 소피스트적 흐름을 포함하는 것으로 받아들이기로 한다. 이 모든 것들과 반대로, 제우스는 반동적인 소수 독재자, 부유한 자를 대표한다. 이들이 (우리가 알기로) 실제로는 아테네 민주주의가 한창 전성기를 누릴 때조차도 지배계급이었던 자들이다. 아이스킬로스는 (파링톤이 말하기를) "그 자신의 당대의 관점에서 무력과 폭력을 앞세운 엄청난 **무지**의 반동, 계몽을 위한 열렬한 인류애, 그리고 수백 개의 머리를 가진 대중과 연합할 위험성"을 통치의 문제로 보았다. 그가 본 해결책이란 "개혁은[프로메테우스와 티폰] 슬기롭고 끈기 있게 바뀌어야 하고 그리고 권력은[제우스] **교육을 통해** 인간적으로 바뀌어야 한다"는 것이었다.[9]

좀 더 구체적인 용어로 이 해결책은 무엇을 뜻하는가? 무지한 상부계급은 철학자, 의사, 소피스트의 가르침을 받을 필요가 있고 그래서 아티카의 수많은 머리를 가진 노동자들과 농부들을 부추겨서 기존의 질서에 저항하여 이를 뒤집을 수 있는 계몽된 합리주의로 상부계급이 나아갈 필요가 있음을 의미했음에 틀림없다. 여기서 파링톤의 이론에서 내가 도전해 보려는 셋째 관점에 이르게 되었다. 그가 '이오니아의 계몽'이라고 부르는 것을 그는 '아주 실제적인 의미에서 **대중적** 계몽운동'으로 기술한다.[10] 대중의 특성을 증거로, 그는 5세기 말엽 소피스트 시대의 의학논문을 인용한다. 이 논문에서는 대중의 관심을 크게 끈 논쟁으로 철학과 의학의 이해관계의 충돌을 논의한다. 동시에 에우리피데스는 그의 친구인 아낙사고라스의 이론들을 연극에서 '어느 정도 뒤처진 동료-시민들'로 끌어들인다. 보다 앞서서 크세노파네스는 희랍의 여러

---

[9] 위의 책, pp. 84, 33. [이 인용문에서 볼드체는 콘퍼드의 것이다 - W.K.C.G.]
[10] 위의 책, pp. 84, 33. [이 인용문에서 볼드체는 콘퍼드의 것이다 - W.K.C.G.]

도시에서 그의 시를 상영했다. 이것들을 근거로 이오니아의 철학자들은 계급-전쟁에서 다두족(多頭族)의 편에 서서 프로메테우스의 깃발 아래 편입된다. 그리고 4세기에는 플라톤이 무지하고 반동적인 제우스의 역을 맡게 된다.

이오니아의 계몽을 가난한 자와 억눌린 자들의 해방과 연결된 대중 운동으로 묘사하는 것은, 5세기의 작가들이 보여주는 증거와 조화를 이루기는 어려울 것 같다. 아리스토파네스의 《구름》은 소크라테스가 가르친 무신론적 합리주의가 스트렙시아데스(Strepsiades)로 대표되는 농민계급에 친밀하고 적합하다는 점을 시사하지 않는다. 아낙사고라스의 친구들은 페리클레스와 아스파시아(Aspasia)의 동아리에 속해 있다. 에우리피데스의 어머니는 채소장수였지만, 그 자신은 전형적인 프롤레타리아가 아니었다. 프로메테우스는 톰슨 씨에 의해 '프롤레타리아의 창시자'로 불린다. 그리고 그는 고대의 프롤레타리아 계급이 노예계층이었다고 말한다. 저명한 소피스트들인 프로타고라스, 히피아스, 및 프로디코스의 강의를 듣기 위해 부호인 칼리아스의 집에 모인 청중들은 노예나 노동자 그리고 농민들이 아니었다. 소피스트들이 강의를 한 대상들은 여가를 누릴 만하고 강의료를 지급할 만큼 부유한 상부계층에 속하는 젊은이들이었다. 운이 나쁘게도 플라톤이 그런 상부 계층에서 태어난 것이다. 그렇지만 만일 아이스킬로스의 제우스처럼 플라톤이 (파링톤이 말하듯이) '이오니아의 과학적 전통과 대중적 계몽의 확산에 가차 없이 반대를 했던'[11] 무지한 반동주의자라면, 그것은 노동자의 교육적 결합에 동참함으로써 교육을 통해 교양을 쌓아 인간의 면모를 갖추는 데 실패했기 때문이 아니다. 이오니아 계몽의 마지막 절정인 에피쿠로스에 이를 때, 그의 저서나 또는 루크레티우스에서 보다 가난한 시민들이나 노예계급의 프롤레타리아의 사회적 복리를 위해 최소한의 관심을 드러내는 내용이 단 한 줄이라도 있는가? 루크레티우

---

[11] 위의 책, p. 130.

스한테서 이야기를 전해들은 멤미우스(Memmius)는 평판이 나쁜 귀족이었을 것이다. 그 시인은 원자론에 대해 널리 퍼져 있는 이론으로 말하지 않고, 그것은 아주 모호하고 혐오스러워서 무사 여신의 온갖 감미로움이 '대중이 낙담에 빠져 움츠러들게 되는' 일단의 고민거리를 덜어줄 필요가 있다고 말한다.[12]

이제 여기서 나는 파링톤이 취한 논증의 이런 입장을 검토하는 작업을 마쳐야겠는데, 아무튼 잘못 전달되지 않았기를 바란다. 이오니아의 자연철학을 근대적인 의미에서 순수 과학적인 것으로, 물질적 향상을 위한 박애의 정신으로, 그리고 대중운동의 결과로 묘사하려는 그의 시도는, 그 사실들이 19세기 초의 특징적인 결과물인 모든 역사에 대한 유물론적인 해석의 틀에 들어맞아야 한다는 신념에 따랐다는 것이 나의 결론이다.

이 글에서 남은 시간에 나는 반동적 과두체제의 지지자인 플라톤을 위해 약간의 변명을 덧붙이고자 한다. 파링톤이 다룬 주요 주제는 다음과 같이 고대 사회에서 과두체제의 문제이다. "삶의 고난과 대가의 불공정한 분배를 사물의 구성에 꼭 필요한 영원한 요소로 보는 그러한 생각을 어떻게 널리 퍼뜨릴 것인가, 그리고 이런 식의 우주관을 비판하려는 생각을 어떻게 억누를 것인가 대한 문제이다".[13] 이러한 정치적 원리가 시행됨으로써 과학은 아낙시만드로스로부터 기독교가 결정적으로 승리를 거두는 퇴락의 길로 빠지게 되었다는 것이 그의 주장이다.

이렇게 진리를 억압하고 미신을 널리 퍼뜨림으로써 가난한 자들이 그들의 처지를 계속 이어가도록 하는 부자들의 캠페인에서, 플라톤에게 딸린 운 나쁜

---

[12] 루크레티우스, iv. 8 이하. 나는 파링톤의 이러한 마지막 용어에 대한 해석에 동의할 수 없다. 그의 해석에 따르면, 루크레티우스는 "분명히 만일 그가 멤미우스의 흥미를 끄는 데 성공한다면, 그는 보다 폭넓은 청중들도, 즉 그 시인이 보답하려고 의도했던 일반 대중들도 납득시키는 데 성공할 수 있다고 생각했다"는 것이다.

[13] 위의 책, p. 27.

측면이 톰슨에 의해 간결하게 묘사되었다. 그의 말에 따르면, 펠로폰네소스 전쟁 이후 아테네의 사고방식은 도시국가를 유지하는 데 관심이 있는 소수와 그렇지 않은 사람들의 견해가 서로 날카롭게 갈려졌다. (도시국가를 폐지하면 노예제도를 포함한 사회적 불평등의 폐지가 틀림없이 수반되었을 것이라는 함축은, 역사에 비춰볼 때 정당화하기 어렵다.) 그가 말하기를, "관념론자들은 사회적 불평등을 받아들임으로써 도시국가에 대한 믿음에 집착하였는데 이런 믿음은 조금씩 순수한 생각과는 어울릴 수 없게 되어 갔다. 플라톤은 노예제도를 그가 제시한 이상국가의 기반으로 보았고 후진적 스파르타의 지주에 의탁하는 공산제를 표준으로 삼았다. 이 표준에 충실하여 그는 화가와 시인들의 활동을 극히 제한하는 현실에서는 있을 수 없는 법을 제정하였는데 그들이 지닌 가능성에서 창조적 상상과 풍부한 감성을 플라톤은 기존질서에 위해(危害)를 가하는 것으로 취급했다. 반면 그는 지배계급을 보다 확고하게 보장하기 위해, 계산된 거짓말을 널리 퍼뜨려서 사람들의 마음을 편견에 젖도록 오염시킬 의도로 환상적 교육체계를 이끌어냈던 것이다."[14]

톰슨은 여기서 두 가지 다른 혐의를 결합해서 플라톤을 비난하였다. 그 중 하나는 그가 도시국가의 조직을 유지할 것을 제안했다는 것이고, "막바지 국면에 접어들었다"는 사실을 보지 못했다는 것이다. 이것은 사실이다. 그리고 아리스토텔레스는 이보다 결코 더 현명하지 못했다. 그렇지만 플라톤과 같은 시대의 사람들 중 누가 더 나은 통찰을 제시했던가? 톰슨과 파링톤이 뚜렷하게 내세우는 유물론자는 에피쿠로스로서, 그는 플라톤이 죽고 나서 6~7년이 지나 태어났다. 알렉산드로스의 정복이 정치적 국면을 바꾸고 도시국가의 독자성을 파괴해버렸을 때 그는 어린 소년이었다.

둘째 비난은 전혀 다른 이유에 근거한다. 도시국가는 어떤 유형의 제도—전

---

[14] *Aeschylus and Athens*, p. 368.

제정치나 과두정치 또는 민주정치―라도 존속시킬 수 있는 틀이었다. 플라톤의 시대에 살았던 희랍인이라면 부자이건 가난한 자이건 누구든, 만약 그가 도시국가의 구조를 유지하는 데 아무런 흥미가 없다는 말을 들었다면, 그는 분명 당황스러워 했을 것이다. 특히 민주주의 옹호자라면 이렇게 대꾸를 했을 것이다. "실로 당신은, 한 사람을 제외하고 모든 사람들이 노예의 신분으로 사는 동방의 전제주의가 더 수준이 높고 더 행복한 유형의 사회라고 생각하는가? 아니면 당신은 우리를 헤로도토스가 묘사하고 있는 아주 기이한 형태의 풍습을 지닌 야만의 수준으로 돌리려는 것인가?" 톰슨이 '도시국가의 유지에 이해관계를 가진 소수'라고 말할 때, 그가 시사한 것은, 플라톤은 그 자신이 부유한 계급이어서 "유한계급의 배타적인 지배에 기반을 두고 사회를 안정시키려고 했다"는 것이다. 즉 스파르타의 지주들처럼 모든 도시국가를 과두정치나 금권정치(크세노폰이 그렇게 부른다)로 돌리려고 했다는 것인데, 이런 정치에서 이해관계에 얽힌 소수의 관심사는 도시국가의 틀을 유지하는 데 있는 것이 **아니라** 금권정치의 지배를 유지하는 것이다. 파링톤은 똑같은 흐름에서 플라톤의 체계를 과두제의 철학이라고 부른다. 그가 말하기를, "대중적 반란을 영원히 근절하고 확실한 기반 위에 계급이 분화된 사회를 구축하기 위해서 그는 통치상의 거짓행위를 필요로 했고, 그래서 인간들이 그 참됨을 영원히 의심할 수 없도록 그들의 영혼 위에 그것을 각인시켜야 했던 것이다."[15]

크로스만(Crossman)조차도, 그의 생동감 넘치는 저서 《오늘날의 플라톤 Plato Today》에서 이상국가는 "순 이론적 평등의 민주주의가 아니라, 귀족주의로서, 세습적 신분제도에 따른 문화인이 고통 받는 대중을 온정주의적 배려로 보살펴 준다"고 기술한다.[16] 그리고 그는 플라톤을 선전활동의 활용이나

---

[15] 위의 책, p. 94(참고, p. 119).
[16] *Plato Today*, p. 132.

또는 근대의 전체주의 국가에서 '고상한 거짓말'을 칭찬할 수 있는 인물로 묘사한다.

　대조를 하는 방식으로 플라톤이 실제로 제안했던 것이 무엇인지를 간략하게 되짚어 볼까 한다. 《국가》편에서 그의 근본적인 테제는 훌륭한 지도자가 되는 데 필요한 최상의 지성과 개성을 발휘할 수 있는 타고난 성향은 찾아보기가 매우 드물고 아주 쉽게 타락해 버린다는 것이다. 인간이라는 종족은, 엄격한 도덕적 및 지적 훈련과 실제의 삶에서 경험을 통해서 충실하게 능력을 갖춘 소수의 남성 또는 여성에 의해 국가가 효율적으로 통치를 받기 전까지는 그 고난이 끝나는 지점을 보지 못할 것이다. 플라톤은 인간은 오직 소수에 의해서 제대로 통치가 되고 그들 소수만이 가장 현명하고 가장 훌륭하다고 생각했다는 의미에서 과두제의 지지자이자 귀족주의자였다. 또한 그는 사람들이 통치에 필요한 능력을 대체로 타고난다고 믿었지만, 그런 능력은 사회의 어떤 계층에서도 나타날 수 있다고 보았다. 그들은 어린아이와 청소년기에 낮은 신분에서 벗어날 때에만 두각을 나타내어 전면에 나설 수 있다. 따라서 이상국가에서 모든 시민의 자녀들은 모두 똑같은 기본 교양을 받게 되어 있고, 그 기간 동안 그들의 행동은 다양한 종류의 시험을 거치며 치밀하게 관찰이 이루어진다. 가장 유망한 자는 출신 가문과 상관없이 추려질 것이고 엄밀한 학문과 도덕철학을 배우는 데 교육기간은 15년간이다. 각 단계마다 더 나은 선택을 하게 된다. 하부 영역에서 실제적인 경험을 15년간 더 한 후에, 지력과 개성에 대한 온갖 시험제도를 통과한 소집단의 남성과 여성이 국가의 최고위원회를 구성하게 될 것이다. 통치를 위해 그들이 갖추어야 할 자격조건은 인간이 얻을 수 있는 최상의 지혜를 갖추는 것으로, 이것은 인간으로서 바라마지 않는 우주의 질서에 관한 앎이자 만물의 참된 가치에 대한 앎이다. 그들은 인간이 살아갈 만한 참된 가치가 무엇인지를 알 것이다. 그래서 그들의 이웃보다 더 부유하고 더 강하게 하는 방법을 가지고서는 국가나 개인을 행복하게 해 줄 수는 없다는 것도 알 것이다. 이들 지도자들과 예하의 수호자들은 자신들의 돈이나 집 그리고 땅을 갖지 못하게 되어 있다. 그들은 셋째 계급인 생산자들이 제공하는 최소한의 생계로 금욕적인 내핍생활을 한다. 이 제3의 계급은 더 상위의 교육을 받을 자격이 주어져 있지 않다. 이 계급에 속한 자들은 크로스만이 '고통 받는 대중'이라고 부르고 마르크스주의자들이 '노동자'라고 부르는 자들뿐만 아니라, 재산가들, 경영자, 상인, 소매상인, 장인, 농부들을 포함한다. 이들은 정상적인 가정생활을 꾸려갈 것이다. 도시의 모든 재산은 그들의 관할 하에 있다. 그렇지만 누구도 부유하거나 가난할 수는 없다. 왜냐하면 부와 빈곤의 첨예한 구별이 계급-투쟁을 일으키고 국가의 통일을 무너뜨리기 때문이다. 그러나 제3의 계급은 실용적이고 생활에 필수적인 경제적 역할에 한정되어 있고, 정치에서 어떤 역할도 맡지 못하게 되어 있다. 생산자들은, 이번에는 수호자들에게 지불한 임금을 위해, 그들보다 더 현명한 사람들한테 훌륭한 통치를 받을 것이다. 현명한 이들은, 기질에서뿐 아니라 훈련을 통해서도, 이윤의 창출과 쾌락을 선호하는 동기부여보다도 그리고 세상의 권력에 대한 온갖 야망보다도 더 우월하다는 것이 입증된 자들이다.

타락한 제도의 유형을 살펴보는 8권에서, 스파르타의 금권정치는 내밀한 탐욕으로 오염되었다고 비난을 받는다. 그리고 과두제와 금권정치는 여전히 수많은 폐해들로 가득 찬 제도로서 더욱 낮은 등급으로 평가를 받는다.

플라톤의 제안은 이런 것이기 때문에, 그가 '실제로' 원했던 것이 재산을 소유한 유한계급의 배타적인 지배를 지속시키거나 아테네의 민주주의를, '고통 받는 대중을 세습적 신분제도에 따른 문화인이 온정주의적 배려로 보살펴 주는 귀족주의'로 대체하는 것이라고 주장하는 것은 공정하지 않은 것 같다. 이것이 플라톤의 의도였다면, 그는 서구 지주에게 급작스럽게 발작을 일으킬 수 있었던 해결책을 제시하는 대신 18세기 영국의 지주계급과 같은 제도를 만들었을 것이다.

톰슨은 플라톤이 "지배계급을 보다 확고하게 보장하기 위해, 계산된 거짓말을 널리 퍼뜨려서 사람들의 마음을 편견에 젖도록 오염시킬 의도로 환상적 교육체계를 이끌어냈던 것"이라고 더욱 가혹한 비난을 퍼부었다.[17] 크로스만의 언어는 (그는 마르크스주의자가 아니다) 한층 부드럽다. 그러나 그는 모든 시민에게 제공되는 기본교육이 '선전활동'으로 되어 있다고 말하면서, 이것을 플라톤은 '고상한 거짓말', '우둔한 대중의 행동을 통제할 기술'이라고 간주했던 것이다. "철학과 이성은, 진리가 아니라 편의상 거짓을 필요로 하는 대중들을, 그리고 반드시―그들 자신을 위해―지혜의 나무로 살아가지 못하게 금지당한 대중들을 편견에 빠지도록 오염시킨다."[18]

톰슨과 크로스만의 사이에서, 운이 나쁜 플라톤은 편견을 확산시킨 오염의 주범이라는 비난에서 벗어날 수는 없었을 것이다. 크로스만은 철학과 이성이 대중을 해롭게 오염시키는 독이라고 믿었다. 그렇지만 그 대신 톰슨이 대중에게 선전활동을 일으킬 때, 그는 자신이 계산된 거짓말로 대중의 마음을 오염시켰다고 말한다. 그의 동기도 얼핏 보기에 다소 혼란된 것 같다. 톰슨에 따르면, 대중들은 **그들 자신을 위해** 진리에 접근하는 것이 차단되어 있다. 즉 어리석은 대중에게 진리를 설명하는 것은 쓸데없는 짓이라는 것이다. 그렇지만 톰슨은 플라톤의 의도가 그 계급이 배타적으로 지배하는 것을 지속시키는 데 있다는 것을 에둘러 말하고 있다. 아마 일치하지 않는 이유는 '정직하지 못한 생각'에서 비롯되었을 것이다. 기껏해야 우리가 기대할 수 있는 것은, 대중들을 그들 자신을 위해 무지한 상태에 머물게 한다는 주장은 문화적 혜택을 입은 지주의 우월함을 확보하기 위해 그의 은밀한 욕구를 다른 사람들뿐 아니라 플

---

[17] *Aeschylus and Athens*, p. 368.
[18] *Plato Today*, pp. 130-1.

라톤 자신한테도 숨기고 있다는 점이다. 그러나 이들 두 사람은 누구도 이렇게 다소 초라한 변명으로 그의 혐의를 벗어주려고 하지 않을 것이다. 흔히 사람들은 기본 교양의 내용을 이루는 선전활동이 고의적이며 계산된 거짓말이라고 말한다.

다시 한 번, 이런 비난에서 《국가》편으로 눈을 돌려보자. 거기서 대체로 말하는 교육은 '환상'과는 거리가 멀고 (플라톤이 지적하듯이) 단지 아테네의 전통적인 시와 음악에 관한 교육으로 순수수학과 도덕적 개념에 대한 토론학습의 대학과정이 곁들여 있다. 그것이 중세를 거쳐 지금의 고전학 관련 대학으로 이어져 오는 기본적인 유형을 설정해 주었다. 초기단계에서, 플라톤이 제안한 조정안들은 주로 신화의 척결이었다. 그 동안 희랍의 어린이들이 신화에서 신과 영웅의 특성에 대한 개념을 받아들였다. 시인들의 허구는 정치적으로 부당할 뿐 아니라 허위라고 공공연하게 비난을 받았다. 특히 신들은 완벽하게 선하고 정직하게 묘사되어야 하고, 결코 악행을 저지르거나 인간을 속일 수 없는 존재였다. 희랍의 어느 작가들보다도 플라톤은 진리의 파악뿐 아니라 정직함에 대해서도 최상에 이를 것을 주장했다. '어떤 형태이든 진리가 아닌 것을 참지 않으려는 진리에 대한 사랑과 거짓에 대한 증오'는 철인 통치자의, 말하자면 참스승의 수난(master-passion)으로 선언되었으며, 여기에 그 밖의 다른 모든 조건들이 의존해 있다.[19] 극히 중요한 교육 분야에서, 그들의 관심이 자신의 사회적 우위를 공고히 하기 위해 계산된 거짓말을 퍼뜨린다는 것은 의아스럽다. 그렇지만 만일 그것이 그들의 관심사가 아니라면, (우리는 물론 물어볼 수도 있겠는데) 어떻게 플라톤이 《국가》편에서 어쩌면 단 한 줄이라도 보게 될 그런 '고상한 거짓말'이라는 표현을 쓸 수 있을까? 그런 말은 어디에도 나오지 않는다.

---

19 | *Rep.* 475, 485, 490.

'고상한 거짓말'은 '겐나이온 티 헨 프슈도메누스(γενναῖόν τι ἐν ψευδομένους)'라는 구절[20]을 그저 잘못 번역한 것이다. 겐나이온(Γενναῖον)은 '쇠고기의 허리 위쪽 귀한 부분'을 말할 때에만 '귀한'을 의미한다. 이 용어 그리고 이와 같은 뜻의 우크 아겐네스(οὐκ ἀγεννής)는 종종 플라톤이 대규모로 감동을 주거나 활기에 찬 어떤 것을 나타내기 위해 쓰인다. 더욱 중요한 것은 이 문맥에서 거짓말이 누구를 속이려고 하는 허위의 진술이라면 그런 의미에서 프슈도스(ψεῦδος)는 '거짓말'을 뜻할 수 없다. 프슈도스는 폭넓은 의미를 지녔다. 프슈도스는 주어진 사실에 대해 문자 그대로 산문체의 진술이 아닌 것도 포함시킬 수 있다. 신화, 시, 우화, 소설도 모두 프슈도스, 즉 **허구**이다. 데이비즈와 보간(Davies and Vaughan)이 '겐나이온 티 헨 프슈도메누스'를 '활기 넘치는 하나의 허구'로 번역한 것이 플라톤의 뜻에 한결 가깝다. 이 표현은 비유적인 신화를 끌어들이는 데 쓰였다. 이상국가의 창시자는 이 비유의 신화가 전통 안에서 수립될 수 있기를 바랐던 것인데 그래서 때가 되면 통치자들 자신을 포함해서 모든 시민들이 수용하게 되리라고 보았다. 이 신화가 지닌 첫째 교훈은 시민들이 자신의 조국을 모든 공격으로부터 보호해야 할 어머니로 생각해야 하고, 동료-시민들을 같은 땅에서 태어난 형제로 생각해야 한다는 점이다. 둘째는 헤시오도스가 금, 은 그리고 철로 인종을 상징하는 것은 인간은 모두 똑같은 능력을 갖고 태어나지 않는다는 근본적인 전제를 설명하기 위해서였다. 따라서 국가는 계층으로 분리될 수밖에 없고—어떤 계층에서 태어나든—가장 현명한 자가 통치자로서 상층부에 올라가야 한다. 그리고 나머지 구성원들은 더 낮은 계층에서 자신의 지위를 찾아 전체의 이익을 위해 그들이 할 수 있는 유용한 역할을 수행하도록 해야 한다.

이런 것이 마르크스의 동료들이 해독을 끼치는 선전활동이라고 비난을 했

---

[20] *Rep.* 414B.

던 소위 '고상한 거짓말' 인 셈이다. 어떤 철학자가 가장 중요한 정치적 명제라고 간주하는 것이 비유적 상상을 통해 구현되는 신화나 전설을 보편적인 의미로 받아들이라고 할 때, 그가 누군가의 마음을 계산된 거짓말로 오염시키는 것은 아니라고 감히 말하고 싶다. 게다가 플라톤이 자신의 계급 — '문화의 혜택을 받은 신분으로 세습되는 귀족주의' — 의 지배를 지속시키기 위해 그리고 '고통받는 대중'을 영원히 복종시키기 위해 이런 허구를 계획했다고 비난하는 것은 분명히 잘못이다. 이런 비유에 따르면, 만일 통치자가 자기 자녀의 금속성분이 철이나 청동으로 되어 있다면 "그들은 추호의 동정도 없이 그를 그가 지닌 재능에 적합한 곳에 배치해야 하고 그를 장인이나 농부의 계층 속으로 밀어 넣어야 한다. 반면에 만일 이 지배계급이 금이나 은으로 된 성분을 지닌 자녀를 낳는다면 그들은 그를 잘 키워(promotion) 그의 재능에 따라 수호자가 되게 할 것이다."[21]

한 개인이 지닌 적절한 지위가 일단 결정되고 나면 그는 그 지위에 머물러야 한다고 플라톤이 말한 것은 사실이다. 그리고 그가 여러 유형의 성향 — 부의 추구, 권력집착 및 진리의 애호 — 이 어린 시절에 분류될 수 있다고 생각한 것은 성급했다고 볼 수 있다. 이것은 이상국가의 몇 가지 특징들과 마찬가지로 실행하기 어려울 것이다. 권력과 부를 추구하는 자들이 정치조직의 권력을 장악하는 것을 막을 방도가 없기 때문에 인간은 고난의 끝을 결코 보지 못할 운명에 처해 있다고 할 수 있다. 플라톤 스스로도 결코 성공할 자신이 없었다. 어떤 유물론자들은 제멋대로, 플라톤을 이상향이란 실현할 수 없어도 어떠냐고 말하는 바보라고 생각한다.

만일 앞의 비판가들이 '고상한 거짓말'이라는 용어를 포기하고 더 부드럽게 '선전'이라는 표현을 쓰다면, 우리는 그들에게 선전은 반드시 거짓이 아님

---

21 | *Rep.* 415b. '잘 키운다는 것(promotion)'은 또 423c에서도 언급된다.

을 말해 줄 수도 있다. 그리고 전체주의 체제를 충심으로 추앙하는 자는 누구도 기본교육에서 선전을 거부할 자격이 없다. 플라톤의 입장을 논박하려면 자유주의의 관점에서만 가능하다. 가톨릭교회와 마찬가지로, 그도 구속을 받지 않는 영역에서 자유로운 사유와 자유로운 의사소통이 가능할 경우에 진리가 가장 잘 펼쳐진다고 믿은 것이 아니다. 극단적인 형태에서 이런 자유주의 원칙은 내가 보기에 결코 어떤 인간 사회에서도 받아들여진 적이 없다. 야만인과 마찬가지로 문명의 혜택을 입은 사람들도 항상 자기 자녀들의 생각과 습관을 고쳐서 집단의 전통종교와 도덕성에 순응시키려고 무던히 애를 썼다. 자유주의자와 권위주의자 사이에 놓인 쟁점들은, "이렇게 사회화하는 과정이 어느 정도까지 이루어져야 하고 합법적으로 권력당국에 의해 가르칠 수 있는 진리란 어떤 종류인가"이다. 그것은 자연과학과 인간의 역사에 관한 일시적인 진리인가? 아니면 가톨릭의 기독교 신앙과 같은 절대적인 계시의 진리인가? 아니면 나치 독일이나 러시아에서처럼 정치적 방편으로 이용되는 교조적 이론인가?

이런 물음들에 대한 플라톤의 태도는 영국 자유주의자들의 취향으로 볼 때 너무 권위주의적이다. 희랍 세계에서 플라톤이 살던 시대에는 사실 계시종교가 없었다. 그러나 그는 절대적 진리가 수학과 관련된 학문에서뿐만 아니라 도덕의 영역에서도 발견할 수 있으리라고 생각했다. 그렇다면, 그것은 그가 종종 모든 인간의 영혼에 내재한다고 주장하는 능력인 직관적 이성에 의해 발견될 수 있을 것이다.[22] 그것이 발견되었을 때, 나무랄 것도 없이 선전할 수 있는 신념체계를 제공할 수 있을 것이다. 그렇지만 지혜에 이르는 길은 좁고 문은 작다. 궁극의 진리는 (크로스만이 시사하듯이) 대중을 오염시키기 때문에 우매한 대중에게 그것을 고의로 알리지 않는 일종의 '지배계급'이 취하는 비

[22] *Rep.* 518.

밀거래가 아니다. 지금 상대성의 이론을 파악하는 것이 누구에게나 열려있는 것과 똑같이, 그 누구도 궁극의 진리에 접근할 수 있다. 그렇지만 대중은 결코 철학자일 수 없다. 그들은 도덕적 진리를 알고 있는 자들로부터 믿고 받아들여야 한다. 그것은 시와 신화의 상상력 풍부한 상징주의에 담아 그들에게 전달될 것이다. 만일 이것을 선전활동이라고 부른다면, 우리는 똑같이 예수가 갈릴리의 어부에게 가르쳤던 우화에 대해서도 그 용어를 그대로 적용해야 한다. 플라톤은 한결같이 그것을 '진리 자체'라고 부른다. 그는 어디에서도 그것을, 비록 거짓일 수 있을지언정, 지배계급에 유용한 믿음체계라고 말하지 않는다.

도덕적 진리는 플라톤이 생각하기에 종교적 진리로부터 분리할 수 없다. 파링톤은 과감하게 플라톤의 종교에 대비해서 에피쿠로스의 종교를 추켜세운다. 우리가 그 두 종교를 비교할 때, 두 철학자 모두 그들이 따랐던 전통의 국교(國敎)에 맞서 싸우라고 제의하지 않았음을 알 수 있다. 물론 전통의 국교를 따르는 것이 신에 대해 신화적 설명을 믿었다는 것은 아니다. 두 사람 모두 각각 자신들이 주장했던 윤리적 원리에 맞춰서 널리 유행하던 의인화된 신의 개념을 바꾸려고 시도했다. 그렇지만 플라톤은 '일단의 전통적 예배의식을 반동적으로 다시 강요한다는' 혐의를 받았으며, 거짓이라는 것을 알면서도 '일단의 전통적인 믿음을 유지하도록' 권장한다는 비난을 받았다. 반면 에피쿠로스는 그가 '대중의 종교'를 수용했다는 점에서 그리고 보통 사람들의 '대중적 신학'을 개혁했다고 해서 칭찬을 받는다.[23] 에피쿠로스가 그의 정원 밖에서 그리고 친구들의 울타리에 밖에서 일어나는 모든 일들에 대해 무관심한 것처럼 신들이 인간사에 대해 무관심한데도, 공정한 비평가라면(그런 사람이 있다면) 그는 (에피쿠로스와 똑같이) 이기적 쾌락주의자인 신들을 향해 보통 사람들

---

[23] | Farrington, 위의 책, 101, 155.

이 어떻게 해서 종교적 헌신을 느끼기를 기대할 수 있는지 의아해 할 것이다. 마르크스주의자는 에피쿠로스의 종교가 옳다고 하거나 또는 어떤 견고한 과학적 근거를 갖고 있다고 보지 않는다. 그러나 그는 사악한 인간에게 다음과 같은 점을 확신시키는 사회적 결과물을 냉정하게 바라본다. 즉 만일 인간이 자신의 개인적인 쾌락을 추구해 갈 때, 존재하지만 자기 자신처럼 이기적인 그런 신들을 두려워 할 이유가 전혀 없다는 것이다. 플라톤주의자들만이 신들은 선하고 인간을 배려하며 그리고 이승에서 처벌을 면한 죄악은 죽은 뒤에 벌을 받게 된다고 가르치는 그런 유형의 종교를 선호하는 것은 아니다. 불멸성 이론과 입교자에게 더 나은 운명을 부여한다는 이론은 귀족주의가 자신의 계급적 이익을 위해 존속시켰다고 주장하는데, 이 이론이 신분숭배의 집단들이 지닌 특징은 아니다. 그것은 신비 의식(儀式)에 속했던 것이고, 특히 오르페우스의 신비 의식에 속해 있었다. 엘레우시스에서처럼, 여기서도 민족과 계급의 구분은, 심지어 자유민과 노예의 구분조차도 무시되고 있다. 오르페우스 종교는 실제로 이런 구별을 넘어서 있고 기독교처럼 가난하고 억압받는 자에게 희망을 품게 했기 때문에 널리 퍼져 있는 운동이었다. 그것은 피타고라스 사상과 밀접하게 연관되어 있다. 그리고 불멸성에 대한 플라톤의 이론은 이 두 사상으로부터 깊은 영향을 받았다. 파링톤은 결코 오르페우스의 종교에 대해 언급하지 않는다. 이 책을 읽는 독자는 누구도 그러한 대중적인 종교운동이 있었는지 조차도 가늠할 수 없다. 과두제에 대한 그의 그림에서, "삶의 대가와 고통을 부당하게 배치하는 것이 사물을 이루는 영속적인 구조에 필요한 부분이라는 그러한 생각"을 퍼뜨리고 있는 플라톤의 모습은 어울리지 않을 것이다. 이것은 단지 《국가》편의 지은이가, 현세에서 부정의가 영속되기를 바랐기 때문에 불멸성을 가르쳤고, 현세의 부정의가 사후에 구제된다는 것을 가르쳤음을 의미할 수 있을 뿐이다.

에피쿠로스는 사실 지옥의 공포를 없앴다. 그렇지만 그는 또한 천국의 희열도 없애버렸다. 파링톤은 에피쿠로스의 이론에 대해, '이를 필요로 하는 모든 이들에게 진통 치료제를' 가져다 주어서 죽음의 순간에 개인적 특성이 사라져 버린다고 말한다.[24] 얼마나 많은 독자들이 루크레티우스의 제 3권에서 진통제를 발견했는지 의아스럽다. 일반 사람들 사이에 죽음의 공포가 얼마나 널리 일반화되어 있는지도 나는 모른다. 그렇지만 그런 공포가 있는 곳에서, 흔히 그들을 공포에 떨게 하는 것은 절멸을 예상해서 그런 것이 아닌가? 만약 그렇다면, 에피쿠로스가 없애버렸다고 주장하는 죽음의 공포가 실제로는 불멸을 부정함으로써 증가되었다. 서구의 인문 정신이 전체적으로 에피쿠로스의 위안을 거부한 것이 플라톤의 잘못인가?

이 짧은 글에서 나는 많은 물음들에 대한 답변을 유보할 수밖에 없었다. 결론을 다시 정리해 보겠다. 나는 역사에 대한 경제적 해석이 폭넓은 테두리에서 종교적 및 철학적 사유에 일정한 설명을 제시했다는 사실을 부정하지 않는다. 그렇지만 우리가 택한 영역을 좁혀갈수록, 그리고 창시자나 사상가 개인에게 더 가까이 다가갈수록, 그들의 이론을 물질적 재화의 생산에서 경제적 동기나 교환과 서로 연관시킬 가능성은 줄어든다. 6세기, 5세기 그리고 4세기를 거치며, 우리는 세계사에서 유례가 없이 무리지어 등장하는 위인들을 만나게 된다. 내가 판단하건대, 공정한 마르크스주의 이론이라면 위대한 인물이란 우연의 산물로서, 이 우연한 일들이 일시적으로 역사적 사건의 진행을 휘저을 수 있는데, 이것은 마치 지각변동이 전체적으로 본류의 흐름을 바꾸지 않으면서 개울이 흐르는 방향을 틀어놓는 것과 같다고 주장하는 것이다. 철학자의 이론체계와 시인들의 삶에 대한 통찰은 개성이 매우 강하고 비범한 정신에 의해 창조된 것이다. 내가 권하고 싶은 말은, 그들이 사회적 또는 경제적 변화의 끊임없는 흐름을 간접적으로 반영한다기보다는 일련의 우연의 산물로 간주되

---

24 | Farrington, 위의 책, 125.

어야 한다는 것이다. 철학자들과 시인들이 동일한 양태의 사회에서 동일한 생산과 교환 양식을 갖춘 동일한 사회의 계급에 속하는데도 서로 모순관계에 있으며, 할 수 있는 한 가장 크게 엇갈린 견해를 고수한다는 사실을 달리 어떤 식으로 설명할 수 있겠는가?

부록 : 콘퍼드의 고전학 관련 연구목록

단행본
Thucydides Mythistoricus (Arnold, 1907).
From Religion to Philosophy (Arnold, 1912).
The Origin of Attic Comedy (Arnold, 1914, Cambridge, 1934년 재판).
Greek Religious Thought (Dent's 'Library of Greek Thought', 1914).
The Laws of Motion in Ancient Thought (교수 취임 강의, Cambridge, 1931).
Before and After Socrates (Cambridge, 1932).
Aristotle's 'Physics' (with P. H. Wicksteed, Loeb Classical Library, 2 vols. 1929, 1934).
Plato's Theory of Knowledge (Kegan Paul, 1935).
Plato's Cosmology (Kegan Paul, 1937).
Plato and Parmenides (Kegan Paul, 1939).
Plato's 'Republic' (서문과 주석이 딸린 번역서, Oxford, 1941).

단행본에 기고한 논문
'The Origin of the Olympic Games' (in J. E. Harrison, *Themis*, Cambridge, 1912, 1927년 개정판).
'The *Aparchai* and the Eleusinian Mysteries' (in *Essays and Studies presented to William Ridgeway*, Cambridge, 1913).
'Memoir of A. W. Verrall' (in Verrall, *Collected Literary Essays*, Bayfield와 Duff 편집, Cambridge, 1913).
'Mystery-Religions and Presocratic Philosophy' (in *Cambridge Ancient History*, vol. IV, 1926).
'The Athenian Philosophical Schools' (in *Cambridge Ancient History*, vol. VI, 1927).
'The Invention of Space' (in *Essays presented to Gilbert Murray*, Allen and Unwin, 1936).
'Greek Natural Philosophy and Modern Science' (in *Background to Modern Science*, Cambridge, 1938).

간행물에 기고한 논문
Classical Review
'Plato and Orpheus' (XVII, 1903).
'Elpis and Eros' (XXI, 1907).

'Hermes-Nous and Pan-Logos' (XXVI, 1912).
'The so-called Kommos in Greek Tragedy' (XXVII, 1913).
'The Idea of Immortality' (XXXVII, 1923).
'Note on Aeschylus, *Eumenides* 945' (XXXVIII, 1924).
'Note on Plato, *Theaetetus* 209 D' (XLIV, 1930).
'Note on [Plato,] *Eryxias* 393 B' (XLVI, 1932).
'A New Fragment of Parmenides' (XLIX, 1935).
'Note on the *Oresteia*' (LIII, 1939).

Classical Quarterly
'Note on Plato, *Phaedo* 105 A' (III, 1909).
'Hermes, Pan, Logos' (III, 1909).
'Psychology and Social Structure in the *Republic* of Plato' (VI, 1912).
'Mysticism and Science in the Pythagorean Tradition' (XVI과 XVII, 1922, 1923).
'Anaxagoras' Theory of Matter' (XXIV, 1930).
'Aristotle, *Physics* 250 A9-19와 266A 12-24' (XXVI, 1932).
'Parmenides' Two Ways' (XXVII, 1933).
'Innumerable Worlds in Presocratic Philosophy' (XXVIII, 1934).
'Aristotle, *De Caelo* 288 A 2-9' (XXXIII, 1939).

Journal of Hellenic Studies
'Was the Ionian Philosophy Scientific?' (LXIII, 1942).

Greece and Rome
'Plato's Commonwealth' (IV, 1935).

Mind
'Mathematics and Dialectic in Plato, *Republic* VI and VII' (XLI, N. S. 1932).
'The "Polytheism" of Plato : an Apology' (XLVII, N. S. 1938).

Hibbert Journal
'The Division of the Soul' (XXVIII, 1930).

New Adelphi
'Psychology and the Drama' (I, 1927; 원래는 'The Origin of the Drama'라는 제목으로 Transactions of *New Ideals in Education*에 1922년에 처음 실림).

Newnham College Letter
'Memoir of Jane Ellen Harrison' (1929).

역자후기

　이 책의 저자인 F.M 콘퍼드는 《종교에서 철학으로》(남경희 옮김)와 《소크라테스 이전과 이후》(이종훈 옮김)로 우리에게도 잘 알려져 있는 희랍철학 연구의 대가이다. 앞의 두 저작과 달리 《쓰여지지 않은 철학》은 그동안 한국에서 번역 출간되지 않았던 콘퍼드의 논문들을 모은 유고집이며, W.K.C 거스리가 회고문을 쓰고 편집하였다. 거스리는 이 저작에 실린 논문들 중 〈쓰여지지 않은 철학〉이 콘퍼드의 탐구 정신을 가장 잘 드러낸다고 보아, 책의 제목을 '쓰여지지 않은 철학'으로 정했다.
　콘퍼드의 제자이기도 한 거스리는 박종현 교수가 번역한 《희랍철학입문》의 원저자이자 아직 번역되지 않은 《희랍철학사》의 저자이다. 《희랍철학사》는 거스리를 세계적인 학자로 알려지게 만든 총 6권의 대작으로서 희랍철학에 관한 방대하면서도 매우 엄정한 시각을 보여주고 있다. 《희랍철학사》는 아직 국내에 번역 소개되어 있지 않지만, 《희랍철학입문》은 서양고전, 특히 희랍철학이 낯설었던 때에 일찍이 우리에게 그 안내서로서의 역할을 충당했으며, 고전의 가치를 조금이라도 아는 이들에게는 지금도 필독서로 읽힌다.
　거스리는 콘퍼드를 "새로운 탐구를 하는 데 전혀 피곤해 하지 않는" 학문적 열정을 지닌 학자로 회고한다. 이러한 열정적 태도를 가졌던 콘퍼드는 당대가 옹호하는 개념이나 견해에 무의식적으로 전제되어 있는 근본적 가정을 그대로 흘려버리지 않았다. 어느 시대이고 어떤 쟁점에 대해 원하거나 원하지 않거나 벗어날 수 없었던 유산을 간직하고 있기에, 콘퍼드는 새로운 주제로 나아가기보다는 보이지 않는 유산으로 전해져 오는 것들에 대한 탐구에 몰두했다. 그래서 그는 《종교에서 철학으로》에서 "명료한 철학적 진술에 이르는 사유의 양식은 이미 신화의 비추론적 직관에 함축되어" 있다고 하였다. 이는, 그의 탐구가 내적으로 '선개념'에 바탕을 두고 있다는 증거이다.

당대는 그 이전 시대와 '선개념'에 바탕을 두고 내적으로 연결되어 있다는 점은 일관되고 기본적인 콘퍼드의 입장이다. 가령 〈문학과 철학에 깃든 무의식적인 요소〉라는 논문에서도 마찬가지이다. 이 논문에서 콘퍼드는 역사가에 대해 비판을 가하려면 그가 이미 처음부터 취하고 있는 사유양식에 주목할 것을 요구한다. 즉 경제학이 태동하기 이전에 이미 형성된 사유양식에 대해 먼저 살펴볼 것을 권한다. 그리하여 "과거도 없고 전통도 없는 인류사회는 존재하지 않았다"고 했던 것이다. 철학이나 그 외의 학문들이 신화에서 곧장 유래하는 것이 아니라 서로 다른 통로를 거치되, 어느 한 개인과 무관하면서도 그들 각자가 무의식으로 간직하고 있는 것들이 있다. 그러한 무의식적인 상태를 동일한 원천으로 하여 각 학문의 영역이 일정한 통로를 거쳐 나아가게 된다는 점을 살펴볼 수 있다.

2장에서 다루는 〈천체의 음악〉은 시작부터 아베크 족의 정서를 느끼게 한다. 달빛이 어려 있는 분위기에서 사랑하는 두 연인의 달콤한 속삭임이 이어진다. 매우 감상적이다. 그러나 주제는 엉뚱한 쪽으로 흘러간다. 살을 맞대고 몸이 주는 즐거움을 누리려할 텐데 이야기의 흐름은 전혀 그렇지 않다. 몸은 티끌이다. 그러니 한낱 부질없는 존재에 불과하다. 그러나 이 티끌이 불멸의 존재가 될 수 있으니 이것 또한 조화로운 일이 아니겠는가. 질서를 가진다는 것은 한계를 가지는 것인데, 그 한계지음이 무한에 대한 척도가 된다. 그리하여 무한과 어우러짐이 되는 것이다. 티끌과 같은 몸이 영혼의 불멸성과 어우러지지 않는 한, 몸은 그저 티끌일 뿐이다. 수학자들의 영혼을 넘치는 기쁨에 빠져들게 했던 것은 무엇인가? 천체가 어떤 굉음소리를 낸다면 누군들 그 굉음소리를 듣지 못하겠는가? 그렇지만 천체의 음악은 소리 그 자체가 아니다. 물질로 된 어떤 전달체가 아니므로, 그것을 물질과 관련되어 있는 소리로 보는 한 결코 들을 수 없을 것이다. 연인들의 속삭임이 천체의 음악으로 나아간다는 것이 서구사상사에서 무엇을 뜻하는지를 2장의 논문에서 살펴볼 수 있겠다.

3장의 논문 〈쓰여지지 않은 철학〉은 콘퍼드의 철학적 탐구 자세를 보여준다. 우나무노(Unamuno)는 "철학적 탐구를 위해서가 아니라 어떤 것을 찾기 위해 철학적 탐구를 한다"고 말했다. 콘퍼드는 이 점을 거미와 그물의 비유로 설명한다. 거미가 짜 놓은 그물은 당대의 작품이다. 그러나 철학자인 거미는 보이지 않는다. 작품을 남긴 작가들 또는 철학자들은 거미처럼 그물 뒤편으로 몸을 숨긴다. 숨어있는 철학자의 정신이 어떤 것인가에 대한 것이 진정으로 철학적 탐구의 대상이 된다는 점에 관심을 기울인다. 그래서 우리가 아주 흔하게 받아들이는 개념들은 실상 각 시대마다 같을 수가 없는데, 자신들의 시대에서 취하고 있는 관점이나 개념이해를 기준으로 지난 시대의 저작을 보는 것은 매우 위험한 탐구자세가 된다고 콘퍼드는 경고한다. 그 예로서 그는 시간과 공간의 개념을 간략하게 살펴본다. 시간이나 공간이라는 추상적 개념은 시대마다 다르고 또 당대에는 이러한 추상적 개념의 지배를 받게 된다는 점을 보여준다.

4장의 논문에서 다루는 플라톤의 《국가》는 그의 참스승인 소크라테스의 평전이라고 해도 지나치지 않을 것이다. 플라톤의 고민은 그의 스승이 겪은 생애에 있다. 한번도 다른 사람을 옭아매려고 한 적도 없는 소크라테스가 다른 누군가에 의해 터무니없이 옭아매여 죄를 뒤집어 쓰는 현실에 대한 고민이다. 대화편을 통해 스승의 길을 보여주는 과정에서 가장 극적으로 대립되는 인물은 칼리클레스이다. 그는 소크라테스에게 "철학을 포기하고 일상에서 자신의 본분을 다할 것"을 충고한다. 그런데 이런 칼리클레스는 결국 플라톤의 시각에서는 소크라테스와는 정반대로 "신의 친구도 인간의 친구도 될 수 없는 강도와 무법자의 삶"을 살아가는 인간이다. 결국 알려진 바와 같이 플라톤은 철학적 소양을 갖춘 정치가를 양성하는 학교를 세우기로 결심한다. 이 장에서는 플라톤이 경험한 현실과 고민 그리고 인간의 유형에 따라 어떤 공동체가 가장 바람직한 것인지에 대한 논의가 담겨 있다.

5장의 논문에서 다루는 주제는 '에로스'이다. 넓게 보면 열정이고 좁게 말하면 욕구이다. 그래서 에로스는 "모든 형태의 욕구가 지닌 충동"을 가리킨다. 인간이 지닌 욕망의 흐름이 어떤 곳으로 향하느냐에 따라 거기서 얻는 즐거움도 달라진다. 지식을 향해 있을 때는 영혼이 간직한 즐거움을 향해 간다. 그렇지 않고 반대로 치닫는 욕망으로서의 에로스도 있게 마련이다. 위로 향해 나아가려는 욕망은 각 단계마다 날아가기 위해 날개가 자란다. 그것은 프시케가 에로스에게서 받는 날개이다. 그렇게 해서 날개를 달고 날아가서 도달하는 목적지는 어디인가? 4장에서 본 칼리클레스와의 대조를 통해 인간의 영혼이 어떤 곳을 향해 가느냐에 따라 그의 인생도 달라진다는 것을 보여준다. 《국가》편에서 철학자는 '왕 중의 왕으로서 자신을 다스리는 왕'이다. 칼리클레스는 힘과 권력으로 다스리기는 하겠지만, 자신을 다스리는 왕으로 볼 수 없을 것이다. 나아가 칼리클레스는 태양과도 같은 신을 보고 인간의 삶을 가치있게 하는 것이 무엇인가라는 물음을 물을 수조차 없다. 이런 물음이 가능하다면 그리고 인간의 삶을 가치있게 하는 것이 무엇인지를 아는 자는 명실상부하게 왕 중의 왕으로서 자신을 다스리는 왕이라고 할 것이다.

6장의 논문에서는 고대의 자연철학과 근대의 자연과학을 비교한다. 고대의 자연학은 '사물의 본성에 관한 탐구'이다. 세계는 생명체에서 자라난다. 그래서 진화형과 창조형으로 나뉘게 된다. 진화형은 데모크리토스에서 볼 수 있고, 창조형은 플라톤이 추구하는 도덕적·철학적 유형의 자연철학이다. 어느 것이 되었든 당대로서는 관찰의 범위를 넘어서 있다. 원초적 무질서의 상태를 본 적이 없다. 어떻게 질서가 원초적 무질서에서 생겨나고 생명이 태어났는지를 본 적도 없다. 그리하여 고대의 자연철학과 근대의 자연과학을 방법과 목적에 따라 구별해서 다룬다. 자연철학은 "무엇이 실제로 궁극적으로 있는가?"에 대한 탐구라면, 근대의 자연과학은 "세계의 만물은 어떻게 움직이는가?"에 대한 탐구이다. 이런 주제들이 왜 탐구의 목표가 되는가에 따라 콘퍼드의 논의를 따라가면 그가 지닌 탐구의 열정도 함께 느끼게 된다.

7장의 논문은 헤시오도스의 계획을 크게 셋으로 나누어 다룬다. 우선, 신들의 여러 세대를 구분한다. 그리고 우주생성론으로서 질서의 형성과 인류의 탄생에 주목한다. 셋째는 최고통치자로서 제우스를 논의의 중심에 놓는다. 신들의 계보에 따른 각종 일화는 서로 별개로 되어 있는 조각들이 아니라, 하나의 전체로 연결되는 이야기라는 점을 콘퍼드는 입증한다. 그렇게 해서 《창세기》는 마르두크 신화에 대한 야훼의 반성이듯이, 헤시오도스의 우주생성론은 제우스의 신화적 찬미에 대한 합리적 반성이 된다. 야훼가 리바이어던을 살해하고 마르두크가 티아마트를 살해하는 것은 '기묘한 환상'도 아니고 근거 없는 사유도 아니다. 별개로 떨어진 사건들이 아니므로 배경이 없었던 것이 아님을 보게 되는 것이다.

마지막 논문에서 콘퍼드는 최근의 두 저서를 통해 마르크스주의적 역사 해석을 고대철학에 적용해서 살펴보고 있다. 당시 역사개념은 노동계급의 운동이라는 '새로운 사실'에 의해 바뀌게 된다. 엥겔스는 적대계급의 탄생은 당대의 경제적 지위의 산물이며 이것이 실질적인 기반을 이루며, 이를 토대로 각 시대의 종교적·철학적 및 그 외의 개념들을 설명하고 있다고 보았다. 나아가 정치적인 제도의 전반적인 상부구조를 설명할 수 있다고 보았다. 이런 진술은 매우 포괄적인 의미를 담고 있지만, 콘퍼드는 이런 점에 주목하기보다는 적어도 일부 철학적 개념이 어떤 점에서는 매우 애매한 구절로 된 사회적인 기원을 간직하고 있다고 생각하는 입장이었다. 그리하여 파링톤과 톰슨의 두 저서를 검토하면서 자신의 견해를 피력한다. 우선 파링톤이 에피쿠로스의 원자론을 지지하는 세 가지 이유를 검토한다. 즉 원자론이 과학적 참이고, 물질적 진보에 공헌하고 나아가 박애주의를 담고 있다는 점에서 지지를 보낸다. 이런 이유에 적합하기 때문에 원자론은 대중의 철학으로서 플라톤의 철학과 대립을 이루게 된다. 플라톤의 철학은 '선전활동' 이고 '고상한 거짓말' 에 불과하게 된다는 것이다. 그렇지만 '진리가 아닌 것을 참지 않으려는 진리에 대한 사랑과 거짓을 증오' 하는 철학으로서 플라톤이 참스승으로 모신 소크라테스가 어떻게 수난을 받게 되었는가에 대한 철학을 물질론적인 기준에서 평가할 수 없다는 점이 콘퍼드가 취하는 입장이다. 지혜에 이르는 길이 좁고 설령 그 길을 따라간다고 하더라도 진리의 문에서 그것을 통과하는 것은 참으로 어렵다는 점이 플라톤의 입장임을 강조한다. 상대성 이론이 누구에게나 열려있듯이 지혜에 이르는 길도 누구에게나 열려 있다. 그래서 지혜의 길은 소수정예만을 위해 마련된 길도 아니다. 나아가 지혜는 '지배계급' 이 비밀리에 거래하는 것일 수 없으니 결코 고상한 거짓말일 수는 없다는 것이다.

자신의 시대가 가진 시각에서 고전을 읽는 것이 아니라, 당대 저작을 그 작가의 정신에서 읽는다는 것은 고전읽기에서 매우 중요하다. 이런 점에서 콘퍼드의《쓰여지지 않은 철학》은 희랍철학뿐 아니라 나아가 고전학을 대하는 하나의 전형을 보여준다고 하겠다. 또한 콘퍼드의 이 글들은 오늘날 우리가 어떻게 살아가야 하는가에 관한 대답을 암시해주기도 한다.

이런 말을 한번 생각해보자. '운동의 비운동, 비운동의 운동.' 이 말은 고상하게 들릴 수도 있다. 콘퍼드의《쓰여지지 않은 철학》을 읽으며 나는 다소 엉뚱하게도 이런 고상한 언표를 떠올리곤 했다. 그러나 저 문장에 한두 글자를 보태서 '운동권의 비운동적 삶, 비운동권의 운동적 삶' 이라고 해 보자. 자극적인 표현일 수도 있다.

  우리의 현실에서 학문과 사회의 괴리, 그리고 개인과 공동체의 갈등이 있다면 그것은 이미 소크라테스 시대에도 있었다. 이런 괴리와 갈등양상을 보며 소크라테스는 인간의 본질을 묻는 문제가 중요하다는 점을 통찰했다. 콘퍼드도 그 통찰을 알았기에 단순히 소크라테스의 업적을 기리거나 철학적 탐구가 인간의 활동에서 중요하다는 것을 말하지 않는다.

  공동체의 개인에게는 위로 가는 길과 아래로 가는 길이 열려 있기 마련인데, 공동체를 위한다고 해서 그것이 위로 가는 길이요, 개인을 위한다고 해서 아래로 가는 길은 아니다.

  인간의 영혼만이 스스로 운동하는 힘을 가졌으며, 이 영혼은 자신이 본래 있던 곳으로 가고자 한다. 그러나 영혼이 가려고 하지 않는 길이 있다. 아래로 가는 길은 영혼이 가고자 하는 길이 아니라 영혼 바깥에 있는 어떤 것에 의해 끌려가는 길이다. 그것이 권력과 금력일 수도 있지만, 다수가 받아들이는 믿음일 수도 있다. 어떤 믿음을 갖는다고 해서 반드시 영혼이 제 스스로 가고자 하는 길은 아니라는 것이다.

  영혼의 불멸성, 그것은 영혼이 처음부터 있었고 나중까지 남아있는 것으로, 그런 영혼으로 사는 삶이 '영혼불멸의 삶'이 되겠다. 그렇다면 불멸하는 영혼으로 살아가는 자는 시간과 공간을 바라보는 자라야 하지 않겠는가. 콘퍼드의 이 글들이 그러한 통찰과 결단에 기여할 수 있을 것이다.

2008년 7월

이명훈

쓰여지지 않은 철학
The Unwritten Philosophy and other essays

초판 1쇄 2008년 7월 15일

지은이 | F. M. 콘퍼드
옮긴이 | 이명훈

펴낸곳 | 라티오 출판사
출판등록 | 제300-2007-151호(2007.10.24)
주소 | 서울시 종로구 계동 140-50, 4층
전화 | 070)7018-0059
팩스 | 070)7016-0959
웹사이트 | ratiopress.com

ⓒ 이명훈 2008

이 책의 무단 전재 및 복제를 금합니다.

ISBN 978-89-960561-1-9 93100